U0109832

思想創造時代

創造時代

孫中山與中華民國

王爾敏・著

孫中山先生遺像
（此係傅秉常博士家藏，有國父英文簽名）

自序

　　吾生平治史，惟以研究孫中山啟步最晚，得以自稱是末學後進。此須作兩層解說。前一層，我自大學一年級上課是必修《三民主義》課，每周二小時，全年之課程，老師乃是孫德中教授，分別以綱領講授。孫老師溫文儒雅，語氣柔和低緩，毫不顯露激切誇張，大聲強調。同學俱視為一種政治課，聽講不甚用心。沒有講義，卻要抄筆記。我捨不得用好本子抄寫，只用一種器材登記表之背面空白方便作筆記本，但我未嘗逃課缺課。不過對於孫老師決無任何挑剔。到我退休後垂老之前，讀到《世界日報》上下古今有孫老師姪兒孫常煒先生專門介紹孫德中先生，到此方知孫老師乃北大學生，是五四愛國運動時當天第一個跳進曹汝霖居宅之人。真是方知有眼不識泰山。回想大學畢業以後，當年所抄筆記，早已丟棄無存，更難說一年之課學得若何知識。接著大學畢業，立即要受一年預備軍官訓練。特別是頭四個月在鳳山陸軍官校接受入伍訓練，我是預備軍官第三期，據說是向來最嚴格一期。真的是天天出汗，濕透軍服。可是在此期間，陸軍官校每人發給一批課外參考書，並未開課，令學員自讀。此批參考書無非是《三民主義》、《孫文學說》、《民權初步》、《實業計畫》，外加一種《民生主義育樂兩篇補述》。此類書別人看不看我並無所知，而在我則是完全通讀一遍。雖然如此，我之領悟與心得，仍是毫無增長。須知此些書吾閱讀時乃是句句圈點過，即令是記得大致輪廓，却亦無助於增長學問。從這一層看，既

上課，又閱讀不少書，却未使學問長進，我並未知覺如何纔是走入治學門徑。

　　現在跳到第二層的事態變化。我在民國 43 年接受預備軍官訓練，44 年結業，結業之後，就追隨業師郭廷以先生到中央研究院近代史研究所任職。列於夫子門牆，我自是後生晚輩，一切要觀察學習。此時近代史所同仁並無人研究孫中山，而全院之中，只有史語所徐高阮先生時常向我談論孫中山，他真是良師益友，經他解說，啟導我一些思辨方向，開始重視近代史研究所無人看重之人物與史事。徐先生亦向我談論曾國藩、康有為。須知中央研究院風氣，人人俱是大學者，個個自恃博學，那會有人去研究孫中山呀！我雖然啟悟一點，也決不會自願研究孫中山。別家不說，近代史研究所包括郭廷以所長，自亦早看到學界同道之中，尚有一個機關黨史委員會是專以研究國民黨史及孫中山為專職，同是學人學者，自應有專攻畫分。是以近代史所不能與黨史會做重複同一樣工作。自然呈現，彼此應守一定領域。至於我與徐高阮先生交談而取得之見識智慧，則是我累積之學問基礎上構成一種儲藏而已。故我在中央研究院前後二十二年，未嘗想到要研究孫中山。

　　時勢乘轉，一切俱難逆料。在民國 66 年（1977）我受聘到香港中文大學任職，我為到港之後難免與各方學者作學問交流應對，特別先在台灣詳讀新出之帛書《老子》與《孫臏兵法》，甚至全部閱讀錢鍾書之《談藝錄》。以免與他人談話被人家無意中問倒。那知到香港後所遇問題並不會應付不來。我初到香港，中大校長尚是李卓敏先生，不到兩年李氏退休，由馬臨先生接任校長，他對我很是禮遇尊重，我深心感懷欣慰。轉眼即八〇年代，忽有一天歷史系主任孫國棟先生電話告知我，香港商紳馬姓（忘其名字，係先施公司東主）向馬校長請校方派學者到大會堂講孫中山，因為此是近代史領域，馬校長要他轉商我願不願去講演，以便通知校外馬先生與

我聯絡。想想此是不容推卸的使命，硬着頭皮也得去講。我自然一
口答應，但倉促準備，我全不知從何講起。自然想到徐高阮先生與
我多年交談，到此就自然想到他。徐氏已亡故多年，他生前在民國
52 年出版一本書：《中山先生的全面利用外資政策》，並加親筆題
字，贈送我一冊，我自讀過，且留存紀念。此際我必須馬上披掛上
陣，正可拿來應急。於是我便開出講題，定為孫中山先生的全面利
用外資政策。香港大會堂是人烟聚集之地，五方十界各色人物俱會
到達，內人周氏陪我到場，使我可以壯膽。講完並無高人出而問難，
找麻煩者自更無有，使我寬心許多。此次拿徐先生書抵擋一陣，不
可不虛心反省，深怪自己努力不夠，由是自此重讀《國父全集》、《國
父年譜》，立意要找些疑難之處，深加考究。想想此時啟步，已八
〇年代初，只能算是後生晚學。我料不到未及兩年系主任又通知我
馬校長受到前次那位馬先生要求，要請我再到大會堂講孫中山，此
時我自一口答應，相信已非吳下阿蒙，我已具充分準備，不再是倉
卒臨陣磨槍。第二次大會堂講演，仍是內人陪伴。我自然有信心與
各界高手較量過招。自此以後，學生們來邀我講孫中山，特別要指
定我解答國父的遠見，此是《遠見》雜誌給予人們的線索，我於是
就講《國父遠見，歷久彌新》，此題亦在珠海書院講，亦在文化協
會講，講稿並刊登在《文協通訊》上，只是把小註給刪削去了。此
文尚存，但不擬收載本論集中。又有天主教明愛中心學生們要我講
孫中山，並指定要我講《孫中山理想中的現代中國》，此文已收入
本論集。此外海員公會也請我講孫中山，我人在江湖，身不由己，
如不好好研究孫中山，教近代史怎能推託逃避。

　　我原以為硬着頭皮下功夫研究孫中山是一件教書副業，未料不
期然趕上潮流，此時台灣與美國及中國大陸均興起研究辛亥革命及
孫中山，大型國際會議一個接一個召開。在台灣不但有近代史所相
邀請，而同時革命史專門名家秦孝儀、李雲漢多次召集大型國際會

議，承他們不棄均邀我參加，有商務艙機票來回一張，並在圓山飯店招待食宿，因此我每參加一會必提供一文，直到我退休之後，在 2005 年由香港中山博物館提供我加拿大來回機票，邀請我講演，此時即生平中最後一次做孫中山之研究論文。直迄今時，未再作此一領域之著作，我自抱持學問自信，卻毫不自滿。亦定計到此為止。我的研究著作時程，十分簡明確定，最早是 1981 年（民國 70 年）所作：〈中華民國開國初期之實業建國思想〉，收載於民國七十年《中華民國建國史國際會議論文集》，第 2 冊。文中並與張謇、康有為及孫中山三人在建國之初所提之以棉鐵、物資、財政（張、康二人主張）以至全面利用外資（孫氏主張）之建國方針。顯見我是大受徐高阮先生之啟發。（附記：我向時論著，提及徐高阮先生者有十餘次，每一文只算一次）最近時之一篇，乃是 2005 年（民國 94 年）受邀為香港中山博物館所講演之〈孫中山先生之革命大計與興國遠謀〉。最早之一篇未收入本書，而最後之一篇則冠於本書之首。吾萍踪垂老暮年，實亦無志再有續作。

我充分了解，只是一般讀書，即令很是用心，仍與做研究專題不同。兩者之區別關鍵，一般讀書，不免寬泛無界，若做研究則不免要刻意抉發書中極小領域中所藏存之有用資料。因是我之研究孫中山只能說是從八十年代開始，亦即自 1981 至 82 年纔有一點論著表現。

要清楚，當自八十年代之專門學者，大陸上不敢說，我在香港只知道有陳錫祺一位。但我熟知台灣學界，早有李雲漢、蔣永敬兩位學者，已早是國民黨黨史及孫中山全面文獻之權威學者。尤其李雲漢先生是參預《國父年譜》及《國父全集》之重要編者。又有同事張玉法學長早已於辛亥革命史有重大成就。陳三井學長亦早已掌握孫中山在海外行動。此外吳相湘之《孫逸仙先生傳》二大冊亦已問世。甚至學弟李金強博士亦於辛亥革命成權威名家，我實瞠乎其

後，蝸步初展，必須自承末學，怎敢濫竽充數。算來自八十年代我
纔進入情況，乃是瞞不住別人的。

在二十世紀末尾數年，承久負盛名的國父文獻權威史家李雲漢
先生美意引重，邀我與他合撰有關民族主義、民生主義之合作研
究，而使我附驥出版兩書。我自深心感承特愛，亦慶幸不期而與碩
學共列。惟決未敢得意忘形，除此之外，我於 1981 年至 2005 年之
間，亦因講演與開會提文，共積累孫中山研究之作有十五篇之數，
未嘗計慮結集出版。未料世勢推移，今年八月起忽而見報上展開有
關孫中山生平之討論，並有《世界日報社論》民意論壇諸家叢抒所
見，像是有論點出現爭議。鄙人自不會騰論報端，以為應將向時所
作暴表於世，重在澄清史實，絕不參與辯論。若果不符史實，儘可
質疑問難，吾亦不憚與高人交手過招。

學問不怕爭議，乃是天下公器，任人皆可表達意見。惟史料客
觀存在，史實會愈久愈能澄清，論證史據，決難任意曲解，此是史
學所仗之堅實依據，事事件件會逐步呈顯於世。鄙人於孫中山之研
究，乃就史實線索，與可見史料，從而建構各樣足以昭信之史實細
節。呈獻於世，供後之識家採擇，撮成一書，以就教於時賢後聖。

本書所涉論者，大致略作提要申述，只談結論，不再引證史料，
但若書內正文未作引舉，則可在此序中附載史料來源。

第一，關於歷史地位問題，我相信孫中山在中國歷史上是軼越
湯武，遠邁漢高帝、明太祖。在世界歷史上，我認為在二十世紀之
政治領袖（其他各類不計）之中，只有美國總統威爾遜（Thomas
Woodrow Wilson）、和孫中山、印度的甘地，此三人堪稱是二十世
紀偉大政治家。我建議我們有自信自愛之民族，應該尊重孫中山，
是足以代表中華民族之尊嚴光榮。理由俱載拙書。

第二，關於孫中山個人的崇高志節與領袖稟質，我認為最值國
人景仰尊敬。想想他之救國動機，早見於青少年時之上鄭藻如書與

上李鴻章書。在十九世紀已是思想先驅。想想自 1896 年倫敦蒙難，以至 1912 年創建中華民國，其間十六年孤身奔走三洲兩洋，席無寸土，手無寸柄。孑然一身，受盡洋人歧視、日本警察喝斥追逐，可謂包羞忍辱，隱姓藏名，躲避清吏之通緝。須知若履中國土地，必死無疑，十九世紀之唐才常即以自立會而受戮，自是前車可鑑。凡此十六年抱志奔走，實需堅毅不屈，不移初志。我人設身處地思想，一人如何忍受如此長久折磨？如此崇高人格，以極大犧牲為救國救民奔走，豈可不生同情感受其困阨艱苦之經歷？

　　第三，關於孫中山革命領袖與國家元首之取得，是眾望所歸，無所質疑。拙書已有舉證，尚有不少散見之資料，現將世人未前見之二種，以見革命時期與共和初奠之文字流傳。其一為鼎革之前，有一種宣傳革命之《新三字經》，係廣州出版，引敘革命志士有徐錫麟、章炳麟、鄒容、汪精衛、吳樾、史堅如等人，在此須直引原書，以見真據：

> 孫逸仙，想報仇。行革命，滅滿洲。數十年，不變志，以三民，為主義。史堅如，當吳樾，炸滿奴，拚流血。前者仆，後者繼，不自由，枉人世。（引自《新三字經》，此書現藏香港圖書館）

　　第二種史料，是共和初奠，久居上海之文人朱文炳，在自辛亥年以至民國元年、二年之三年期中，歌詠上海光復作《竹枝詞》五百首，當年出書題名：《海上光復竹枝詞》（民國 2 年出版）。在此略舉三首：
　　其一、

> 武昌起義眾人驚，報館齊張革命聲；爭向門前探捷報，望平街上路難行。

其二、

　　主張革命首孫文，還賴黃興助建勳；一例街頭懸照片，萬人崇拜表殷勤。

（以上二首，俱是辛亥年，武昌起義後在同期數日間之作也）
其三、

　　臨時總統頌孫文，十七年前已共聞；革命今朝償素顧，功成引退亦超群。

　　此首詩重要之處，須加申解。其詩自是作於民國元年三月之後，而詩句有云：十七年前已共聞，則當直指十九世紀 1896 年倫敦蒙難之時起，其奔走革命至民國元年，恰為十七年整。紀其革命功績，此為當年寫實。孫氏十七年艱難締造，手創中華民國。其有功於國，無人能望其項背。鄙人願負一切史證之責，請閱拙書。

　　第四，孫中山之時代先驅地位。孫氏自光緒 16 年上書鄭藻如，已表露其拯救農民貧窮而立志於農業技術改良之獻力。其行動見於光緒 20 年上李鴻章書以及光緒 21 年（1895）之發起創立農學會。同時期知識界而考求農業技術改良者，只有陳熾（字次亮）與孫中山有文據提供世人。國人之相近學者皆晚於孫氏。其他務農會亦晚於孫氏。在十九世紀昌言農業技術改良者，只有陳、孫二人為先驅。其他人少有文獻表述。

　　以奔走革命而言，孫中山自 1896 年起，已是領先群倫，若唐才常、畢永年、黃興、劉道一、秦力山、陶成章、章炳麟、鄒容、徐錫麟、秋瑾亦俱晚於孫氏。當 1905 年，日本東京成立同盟會，是合併興中會、華興會、光復會以及留日知識分子擴大組成。所以

共推孫中山為同盟會總理，乃是自然必循之勢，乃眾望所歸。史實如此，不容後人曲解。孫中山之革命先驅地位，屹立不搖。

第五，孫中山有其自己哲學，是即行易知難學說，為孫氏自創，並著有《孫文學說》一書，儘可參考。但我決不贊成有些名家把《三民主義》系統化哲理化。因為孫氏講述三民主義是口說口義，以古今史事常理申說，並非創建哲學體系。宜待之如《論語》、《孟子》以至宋儒之語錄，有人要做成體系又要畫圖表，乃是對三民主義之破壞，只能當作各人之讀書心得可也。我看若強把三民主義哲學化，只是點金成鐵。

在此首述五點，旨在申解重大關節，未盡本書之全義。若再續說，雖至十餘點不能盡攬全書內容，惟望識者翻閱本書，自可採擇各自需用之點。此序略陳大端，在為世人昭信，非炫術自表也。尚祈學界各家能曲諒之。

本書之決定問世，始於本年（2010 年）8 月，曾商之陳三井學長，多承其指示方略，代籌出版瑣事，深心感謝。打字排印之期，又拜託張秋雯、魏秀梅兩位女士代為讀校，多勞二位盡力費神，謹註感謝之忱。

附記：本書扉頁所印中山先生像，乃國父生前簽名贈送傅秉常博士者，傅家
　　　後人送給香港學者鄧偉賢先生。此承鄧兄交我刊登，特申感謝。

中華民國 99 年 10 月 10 日國慶日寫成

目　次

孫中山先生的革命大計與興國遠謀

一、緒言

　　最近三十年研究孫中山者日趨熱烈，專家學者俱有重要著述問世，專題論文可以萬計，大型長篇傳記中外學者出品亦累數十種計。而較全面精深者有吳相湘、傅啟學、孫穗芳、張緒心、美國學者高理寧（與前者合作）、史扶鄰等中山先生傳記之現代長傳。其時代風氣自是承受西方長篇巨傳體制的影響，且以研治者選擇趨向亦俱傾向追求偉人生平烈跡，用以為提供世人見賢思齊之啟導。中國史學界自二十世紀以來，即已廣加開拓偉人傳記之一項領域。相信中山之傳記將會續有發展，亦必後來居於優勢。

　　鄙人研治史學已五十餘年，習慣上、志趣上，俱不以寫長傳大傳為目標。決不反對，亦不非議他人之撰著各樣大傳，我此生仍守短傳格局，在各類編著之名人書牘，所作短傳自有百數十篇，非堅僻自是，實循馬、班、陳、范之前徽，正史傳記之舊軌。不暇於當代追逐新潮流而已。

　　環顧海內研治中山先生生平中大端細節，專精深入，各擇重點，任一細故放大考究，其論域之千變萬化，觀點之歧異絕繁，不但矛盾牴忤，難作衡平，抑且糾纏是非，竟至南轅北轍。惟百川競流終歸宿於大海，時移勢易，定論自亦將澄澈完成。此亦俱仗學人

群趨，著述充棟，終將為後之賢哲取資以撰寫醇正之作。吾之參與孫中山研究之專論，已三十年，自信每作皆有貢獻，論文與書，學界儘可覆按，逢此人才鼎盛時代，願盡一分力量，決不是隨潮流湊熱鬧，識者儘可據拙著提出批評指教。但必須以文字公開討論，可以以文會友。

時代巨輪邁越二十世紀，當近至尾閭，1997－1998 之間，西方傳媒，特別是美國報界，經過回顧性的評估，由權威報紙《時代周刊》端出來一件二十世紀一百個偉人的排名譜。其中只開列四位亞洲人即毛澤東、甘地、胡志明、王維林四人，這充分反映白人眼光之偏重倚輕，報界人士之現實淺薄、知識貧乏、鑽研不深、考察不周、評斷不精，令人遺憾。且與鄙見在史學判斷上很有出入。不過在 1998 年 6 月，中山先生孫女孫穗芳女士，已先立即撰文駁斥。刊於同年《世界周刊》745 期（美洲《世界日報》星期附刊），佔三個頂頁篇幅，學者自可覆按。[1] 無須在此重述。

三十年前，徐高阮先生曾在《中華雜誌》批評這些趨時如蟻的報人，特用英文字指喻，標出 snobbery，意思就是勢力眼，看風色定論調。（今在此文舉稱徐高阮大名，已是第十次）。自二十世紀以來，時代波濤劇烈起伏，兩次世界大戰，史無前例，人事變幻，亦如巨浪中大泡小沫，可見其乘浪狂飆播揚，而轉瞬間與流水共逝。似此滄桑泡幻，常人眼花繚亂，茫然不知所措。這正可使投機取巧之輩魚目混珠。二十世紀無論政界、學界、教育界、宗教界，出現此類貨色最多。往往譁眾取寵，風靡當代，被這類假料搶盡鋒頭。當此青黃不接的中國，最見披猖。可稱之為敗類走紅時代。而今環觀世界，相循二十世紀追逐新流風，無論中西，於今尤烈。好則移

---

[1] 孫穗芳撰，〈評選二十世紀最具影響力的政治領袖不應忽略孫中山〉，收載《亞洲周刊》，745 期。

步換形，日進新境，人得擴充見聞；壞則盜偽之徒叢生，乘機變幻，令人難辨真假，以至望風乘流者，迷惘醉心，自陷機巧，全神投注，百死無悔。蓋不獲真智，難存定識。真假不辨，正邪不分，終使賢良正直者喑啞無聞，鑽營取巧者濫竊高位。史家若不出而撥亂反正，終不免於肖小之信口雌黃。我今如此諷議當世，你將不免質疑。願出一點時聞消息，當可據以說明世俗之汶暗，時評之多變。不重學術上之定論，專恃民意調查奉為圭臬。徒歎人心不古，人情澆薄。輿情時論之起伏低昂，無論美國、中國，無不隨風氣轉移，全無定準，真可悲也。請看下舉實證：

21 日為一年一度的「總統日」（President's Day）CNN／今日美國報／蓋洛普民調和馬里蘭州華盛頓學院，為「總統日」各自進行「最偉大總統」兩項民意調查，美國開國元勳華盛頓總統在這兩個民調中排名滑落到第六和第七；最偉大的總統分別是林肯和雷根；現任總統布希在華盛頓學院民調中排名第六。

華盛頓向來是美國學童心目中的「國父」，他在 1799 年逝世後，美國國會以決議案通過李將軍（Richard Henry Lee）追悼華盛頓的頌詞：「在戰爭中是第一人，在和平時是第一人，在國人心中是第一人。」

不過，華盛頓學院所做的民調當中，美國民眾認為林肯是最偉大的總統；CNN／今日美國報／蓋洛普民調中排名第一的則是雷根。

華盛頓學院的受訪民眾當中，最偉大的總統排名為林肯（20%）、雷根（15%）、羅斯福（12%）、甘迺迪（11%）、柯林頓（10%）、布希（8%）和華盛頓（6%）。

CNN／今日美國報／蓋洛普民調中，20%民眾認為雷根是最偉大總統，約 15%選擇柯林頓和林肯，12%選擇羅斯福和甘迺迪。

整體而言，46%民眾知道華盛頓在獨立戰爭中率領「大陸軍」（Continental Army）作戰；三分之二民眾知道華盛頓的妻子叫做瑪莎（Martha），住在維州波多馬克河岸上的維農山（Mount Vernon）；但知道瑪莎和華盛頓住在何處的年輕人不到半數。[2]

　　請不要誤解我順手引據一篇普通報紙的新聞，並不起眼，一則關係時代風氣，需要抓住，二則翻閱當天報紙容易，稍過時日，再去追尋就困難萬分。

　　閱報此聞，令人慨歎美國人民代表是粗鄙現實，意志浮動，隨世風轉移，歷史知識不足，人才賢劣不分，令人齒冷。華盛頓世遠代湮被人遺忘，此歷史家之失職也。須知華盛頓乃是英雄造時勢，有其奮鬥，纔有美國，這樣開國偉人，被抑為六名、七名，是暴露志無定識，胸無主宰。可笑可歎。試想：沒有華盛頓，那有美國？沒有美國，那有美國人？當代的美國人不知飲水思源，真是喪盡天良。

　　下面再引一段對我們更具參考性的消息報導：

新華社 19 日報導，歐洲首個孔子學院——北歐斯德哥爾摩孔子學院——18 日（當地時間）在斯德哥爾摩大學中文系掛牌成立，成為歐洲首個成立的孔子學院。

---

[2]　《世界日報》美洲版，2005 年 2 月 21 日，A6 頁引美聯社報導。

報導引述大陸國家對外漢語教學領導小組辦公室副主任張
國慶說，瑞典是歐洲首個成立孔子學院的國家，這是因為瑞
典的漢學研究傳統好，斯德哥爾摩大學又非常重視此項目。
據稱，比利時、法國和德國也正醞釀成立孔子學院。

張國慶說，大陸在世界各地與當地大學建立孔子學院的目
的，是為了像德國的歌德學院、西班牙的塞萬提斯學院等一
樣，在全球傳播漢語文化。

北歐斯德哥爾摩孔子學院理事長、上海復旦大學國際文化
交流學院院長朱永生表示，復旦將對北歐孔子學院進行全
面支持。[3]

　　這是一則令人欣慰的好消息，是中國對於孔子儒學向世界推
廣，也是把中國文化向世界展示，值得正視崇重。事到今日，已見
國人清醒回頭看到自己的文化，自己國家的聖賢，撿回來自信心、
自尊心，甚是不易。我是不折不扣的二十世紀一位史家，又是專門
研治近代，眼前閱歷，親身體驗，可以說熟見熟知二十世紀自 1920
年代以來風狂浪潮。

　　自 1917 年起，始作俑者有胡適主張文學改良，陳獨秀主張文
學革命。接著就發展到新文化運動，先不以開創新文化入手，卻一
意猛勇打倒推翻固有文化，更發展到但凡中國固有俱不順眼，寧要
打倒；但凡洋氣，無不捧若天神，崇敬不遑。終於在三十年代出現
打倒孔家店，同時將孔夫子降為孔老二。其勢延到六十年代，終於
出現了批孔揚秦，知識分子被打為臭老九。中國如此自伐自毀，自
壞長城，立即造成二十世紀之文化虛無，在世界歷史上完全少見，
世上沒有一個國家一味討厭自己祖宗，攻伐自己文化如此其烈。這

---

[3] 　《世界日報》，美洲版，2005 年 2 月 20 日引新華社報導。

也可以算是一項奇蹟。今日已是第三個世代（三十年為一世），終於驀然回頭清醒過來，中國文化該是有救了，怎不令人欣喜？

看了前引時聞論據，可以明白中西，特別具有影響力的傳播媒介，其學識之深淺，見識高下，心地正邪，良知明暗。這些關係重要。我當時無意反駁美國大報對孫中山的冷漠。但自己就從事歷史研究，龕正當世不正之說。我於 2003 年 7 月 19 日寫成「孫中山在二十世紀之歷史地位」，於 2004 年 4 月刊於台北《近代中國》以為學界、政界、新聞界各方參證之據。如有質疑，可以書面過招，如果我筆鋒利刃所及，邪說自遭削平。我有充分信心，不再言辯。今著此文亦要與天下相見，要見真章。

二、身世學養與信行風品

本節將通敘孫中山畢生學養行誼思想志節，以具體確實資料，直證孫中山之偉人節操形象，不多加評論分析，而簡明點到為止，可供讀者自酌。這當然要以重點式陳敘，難免其跳躍揀擇，不作年譜式排列，亦非傳記性書法。特先聲明，免有爭議。

孫中山自己的名字，有其自我載述。出於前清光緒二十二年（1896）十月，向英國漢學家翟爾斯（Herbert Giles）以中文作其生平身世自述：

> 僕姓孫名文，字載之，號逸仙，籍隸廣東廣州府香山縣，生於一千八百六十六年華曆十月十六日。幼讀儒書，十二歲畢經業，十三歲隨母往夏威仁島 Hawaiian Islands，始見輪舟之奇，滄海之濶，自是有慕西學之心，窮天地之想。是年母復回華，文遂留島依兄，入英監督所掌之書院 Iolani College,

Honolulu 肄業英文。三年後，再入美人所設之書院 Oahu College, Honolulu 肄業，此為島中最高之書院。初擬在此滿業，即往美國入大書院，肄習專門之學。後兄因其切慕耶穌之道，恐文進教，為親督責，著令回華，是十八歲時也。抵家後，親亦無所督責，隨其所慕。居鄉數月，即往香港，再習英文，先入拔粹書室 Diacison Home, Hongkong，數月之後，轉入香港書院 Queen's College H. K.。又數月，因家事離院，再往夏島 H. I.，數月而回。自是停習英文，復治中國經史之學。二十一歲改習西醫，先入廣東省城美教士所設之博濟醫院 Canton Hospital 肄業，次年轉入香港新創之西醫書院，College of Medicine for Chinese, Hongkong。五年滿業，考拔前茅，時二十六歲矣，此從師游學之大略也。文早歲志窺遠大，性慕新奇，故所學多博雜不純，於中學則獨好三代兩漢之文，於西學則雅癖達文之道（Darwinism），而格致政事，亦常流覽。至於教則崇耶穌，於人則仰中華之湯武暨美國華盛頓焉。See London and China Telegraph, 26, Oct. 1896.[4]

讀孫氏早年自述，此最具參考價值。名字、生平、與中西學問根基，俱已明白宣述。省却疑議討論。

孫中山自署之名，尚有譜名孫德明，是慣常用於家人近親所自謂。可見於清宣統三年（1911）武昌起義前西歷八月十九日致其嫂夫人（孫德彰妻），信中自署：叔德明字[5]。此即其慣常與家人自用譜名。

---

[4] 《國父年譜》，下冊，扉頁圖版，景印，國父手書中文自述。民國八十三年（1994）十一月增訂本，羅家倫、黃季陸主編，秦孝儀、李雲漢增訂，台北，中國國民黨黨史委員會出版。

[5] 《國父全集》，第三冊，159 頁，台北，中國國民黨黨史委員，民國七十年八月再版本。

　　當然世人共喻，在政治上、學術上、教育教材上，我們俱用孫中山這個名字。這是孫氏早年在日本寄居活動所使用的一個假託之名，換言之是革命家在困難環境中而使用之化名。在此不必詳解，看看二十世紀之中國，用化名使作正名之人可排出百名以上，並不稀奇，無須詫怪。惟學界、政界仍有不少人很慎重的以為不妥。最早有同盟會老會員，也是國民黨元老的李根源氏先說出孫氏使用中山一名的動因時際原委，再表示其感到不妥。所記頗值參證：

> 孫先生何以號中山？壬癸之間（指 1902－1903）在橫濱住日人中山宅，因託中山名。丙丁之間（指 1906－1907）又改名高野。未幾仍用中山。蓋避清廷偵緝也。孫先生對人唯稱我孫逸仙。從未聞自稱孫中山三字。今全國公園、馬路、禮堂，無不以中山名者，香山縣且改名中山縣，原意欲紀念孫先生，用孫文二字可，逸仙二字亦可。乃以倭人之姓占遍禹域，恐非吉徵。心竊憂之。[6]

　　在近代史名家之中，李定一亦反對使用中山之名。吳相湘作傳則定名為《孫逸仙先生傳》，表現史家之慎重，俱有道理。

　　鄙人私見，在其他文中已作表示，以為史家採用孫中山名諱，無須多慮。其義何持？拙見以為孫中山先生亡命海外，奔走革命大業，自 1896 年被清廷通緝追拿，以至 1911 年，長期浪跡於三洲兩洋（歐、亞、美三洲，大西、太平兩洋）奔波於革命之拓展，同志之聯絡。十六年間，可謂歷盡艱辛，受盡困阨，何曾有一事暢順，一時遂心。無論白人、日人，什九遭受白眼。尤其日本便衣警察追

6　李根源著《雪生年錄》，四十餘年前讀此書，雖薄薄一冊，而史料豐贍。時方在編輯清檔，未定研究宗旨，不經意而鈔錄下來，未經註頁次，亦未考版本。甚是抱歉。

蹤，隨時大聲呵斥羞辱。其用中山之名，正此包羞蒙恥、忍辱負重之時。故用孫中山之名，正以紀念孫氏海陸風濤之折磨、肇建民國之劬勞。鄙見以為世人共曉孫中山之名諱，於理可通，於情無違。我們不可以溝澮之量，度滄海之容。孫氏一生未嘗計較細節也，史家重在知人知世，何須在名諱上聚訟不休。

孫中山對友人或大眾平民，俱自稱為僕，前引其對翟爾斯自敘即為明證。其對本國民眾謙稱公僕。鄙人有專文曝表。[7]中國近代自光緒二十一年（1895）年嚴復介紹西方的公僕稱謂，在這百年來自稱公僕者有梁啟超、鄭觀應、張謇和孫中山，總計不過五人。要自中國建立共和的民主之國，於今將有一個世紀，但凡政治首領，巨宦政要，大人先生，廟廊堂皇，有幾人曾自稱公僕？有的是山大王格調，有的是太祖高皇帝風派。只有人民恭維他、崇拜他，要全國公民山呼萬歲。予聖自雄，倨然帝威。民國時代，有此元奸巨憝。荒謬至極。無一人表現謙卑，奉人民為國主之意。自是潛竊名位，靦不知恥。於此自可見出英雄偉人自具超卓風品。拜託讀者請多閱讀孫氏就職宣言、公開談話，自見吾言之有本也。

關於孫中山的出身家世如何？這用不著學者費神研考，他有清楚自表，是平民出身，農家子弟，既無門蔭，又非豪富，實在平凡平常。但其講到身世，連帶而及全國廣眾農民之饑困，一意要致力農功，拯焚救溺。故此早日申敘頗值舉證：

> 某也，農家子也。生於畎畝，早知稼穡之艱難。弱冠負笈外洋，洞悉西歐政教，近世新學。靡不博覽研求。至於耕植一門，更為致力。誠以中國自古養民之政，首重農桑；非如邊

7 王爾敏撰：〈中國近代之公僕觀念及主權在民思想〉，《中華民國建國八十年學術討論集》，台北，1991年刊。

> 外以遊牧及西歐以商賈強國可比。且國中戶口甲於五洲，倘
> 不於農務大加整頓，舉行新法，必至民食日艱，哀鴻遍野，
> 其弊可預決者。[8]

此項史料出於清光緒二十一年八月十八日（1895.10.6），以創立農會徵求同道同志。自是孫氏個人早期文獻，具見其胸懷眼光之寬仁慈愛、穩慎從事之力求西法。且屬文典雅曉暢，可供記誦。自見國學根柢之厚。

說到孫中山的生平學養，在西學方面，倫敦蒙難後向英國各界敘述甚詳。見於翟爾斯教授自敘所受中西教養，前面已引，自勿多敘。惟見孫氏不止西學有成，而其中國學問亦俱表現學殖深厚。孫氏少有自陳，一般淺見者頗不信孫氏中學之博雅。鄙人留意曾草撰：〈孫中山與其中華文化傳統素養〉一文，2000年刊於《近代中國》[9]。我也指出，這些中國傳統學問，是在香港期間受到師友教導的影響。區逢時、王炳耀、楊襄甫俱是其最重要的國學師友。我敢在此宣白，孫中山悟性高，真是天縱聰明。我願列舉一些重要實例使識者參酌比較。在此要分開兩層，每層各舉二例。這是嚴肅討論，不能不鄭重其事。第一層次是在一般性的高學問水準言，舉例一：民國七年（1918）孫中山對胡漢民、朱執信表達對中國詩的看法：

> 先生曰：中國詩之美，逾越各國，如三百篇以逮唐宋名家，
> 有一韻數句，可演為彼方數千百言而不盡者；或以格律為束
> 縛，不知能者以是益見工巧。至於塗飾無意味，自非好詩。
> 然如「床前明月光」之絕句，謂妙手偶得則可，惟決非尋常

8　《國父全集》，第三冊，第12頁，創立農學會徵求同志書。
9　王爾敏撰：〈孫中山與其中華文化傳統素養〉，台北，《近代中國》，135期，56－74頁，2000年2月刊。

人能道也。今倡為至粗率淺俚之詩，不復求二千餘年吾國之粹美，或者人人能詩，而中國已無詩矣。[10]

此段議論詩學之言，明指中國之詩優於各國，出於二十年代，至今可使人有多重領悟，可有爭議，却決不簡單。此請曉於詩學之家以作估斷可也。

舉例二：在此自當一見孫中山詩才。民國前六年（1906）孫中山弔輓同盟會同志劉道一，其詩如次：

半壁東南三楚雄，劉郎死去霸圖空。尚餘遺孽艱難甚，誰與斯人慷慨同。塞上秋風悲戰馬，神州落日泣哀鴻；幾時痛飲黃龍酒，橫覽江流一奠公。[11]

我國衡量人之學養，詩文視為一切學問根基。吾遍讀孫中山遺著，習見世人公同推重之作，足以睥睨一代者有上李鴻章書、農學會緣起，皆早年之作。有民報發刊辭、五權憲法講演皆為同盟會時作。有孫文學說序、實業計畫敘、第一次全國代表大會宣言，俱係二十世紀時代代表之作。相信孫氏學問造詣，同時代中為前驅先知。以超卓同代而言，明顯當位列嚴復與梁啟超之前。[12]

由於國人向來少見對孫中山學識稟質的真實評比，本文不得不進一步勘定孫中山的天縱才識，肯定是超卓一代。也舉以下兩例。在此要舉示孫氏傑出的才識智慧，乃是超越恒流舉世無兩。舉例

---

10 《國父全集》，第二冊，第 842 頁。
11 《國父全集》，第四冊下，第 1394 頁。
12 王爾敏撰：〈孫中山先生在二十世紀之歷史地位〉，《近代中國》，156 期，台北，2004 年 4 月刊。

一，百年來演述治國者眾矣。請看孫中山是如何講解？民國五年
（1916）七月十七日在上海尚賢堂講演。

> 昔陳平以宰肉喻宰天下，今請以建屋喻建國可乎？中西人
> 建屋有一大異之點，可於其舉行之典禮見之。國人築屋先
> 上樑，西人築屋先立礎。上樑者，注目於最高之處；立礎
> 者，注目於最低之地。注目處不同，其致用自異。吾人作
> 事，尚向最上處立志，但必以最低處為基礎。最低之處，
> 即所謂根本也。國之本何在乎？古語曰：民為邦本。故建
> 設必自人民始。[13]

　　不要以為孫中山當年判別中西建築思想之不同是很普通。實際
百餘年來，只有孫氏提示其間差異。再借喻政治，與老子的治大國
如烹小鮮，陳平之做宰相宰國如宰肉，乃是異曲同工，雖是常見之
事，卻有高妙之理。此即天縱聰明過人之節。這樣纔配稱偉大，纔
配稱哲人。

　　舉例二，民國十三年（1924）二月十七日，孫中山在廣州講述
民族主義第四講，其中對於西方帝國主義有精要探討。這且不論，
在其言論中最值得普告國人，最具有通識中西政治之眼光者，在其
指出今日所見之帝國主義，在中國的古來習慣上、認識上是叫做「勤
遠略」，請看其言：

> 歐戰之前，歐洲民族都受了帝國主義的毒。甚麼是帝國主義
> 呢？就是用政治力去侵略別國的主義。即中國所謂的勤遠
> 略。這種侵略政策，現在名為帝國主義。歐洲各民族都染了

---

[13]　《國父全集》，第二冊，第353－354頁。

這種主義，所以常常發生戰爭，幾幾乎每十年中必有一小
戰，每百年中必有一大戰。其中最大的戰爭，就是前幾年歐
戰。這次戰爭可以叫做世界的大戰爭。[14]

　　像這樣一個會通中西的重要概念，世人解悟不夠，不以為奇，
無人看重。只有李雲漢先生與鄙人合著《中山先生民族主義正解》
書中，曾向世人引稱孫氏之特識。[15]似乎仍無人知道這是極難得，
極需要，必能識通中西，方可有此觀點。當然豐富的學養是最基
本的條件。鄙人甚願負責在此解說。我個人做學問能有一定成就，
是五十年來研究中國近代思想史。所著思想史論文不下五六十
篇。所接觸晚清官紳士大夫展示思想言論者不下三百餘人。（其中
專是講變局者約有九十人）這中間人物講起：「聖王不勤遠略」者，
包括匿名揭帖亦不到十件，但決與帝國主義概念扯不上關係。可
舉之人物有王韜和薛福成二人稍加重視。在民國時代所接觸這一
代學者教授、政治家、外交家、軍事家、文學家、哲學家、史學
家有一百數十人（單是語文改良家已有八十餘人）。如此人才鼎
盛，卻並無一人聯想到這兩個概念的關係。這一世紀，除了孫中
山的講解，絕無一人具此觀點。這正可見孫氏識見之邁越群倫，
出類拔萃。即須於中國知識有深入了解，又須真能看清西方帝國
主義之真義，二者缺一不可。於此正足見出孫氏學養造詣之深厚。
識力之敏銳過人。

　　就近百年來各界常識或學者演述，大致肯定孫中山是一位大思
想家、大革命家、大政治家，研治學者以累千計，常識見解以累百

---

[14] 《國父全集》，第一冊，第35頁。

[15] 李雲漢、王爾敏合著《中山先生民族主義正解》，第191頁，於中山先生所
　　述「勤遠略」之言，早有提示申解，台北，台灣書店，1999年2月印。

萬計，這樣的天下共識是無法搖撼的。國人共喻，學者定說，是無可懷疑的。我個人是長久服膺，惟至此需要涉論孫中山的思想學說。

我曾有著文簡單交代。孫中山在十九世紀是一位農業改良先驅，且是領先時代。同一文中也交代孫中山自 1896 年起成為革命家，與同代人物來比，也是革命先知。於此當勿贅述。[16] 代表孫中山的政治思想言論者，自有《三民主義》、《五權憲法》、平均地權、節制資本、實業計畫以至全面利用外資政策。這些早為世人熟論，俱可看出孫中山思想之博大深厚。但凡世人習見習聞，於此提到即可，原亦無須反覆絮叨。我僅願在此表達一點，和前人說法不同理解。明白說出，我願負責的說，我決不贊成前賢將「三民主義」體系化、理論化。我無意一竿子打倒前賢，但要嚴肅表達我看法的不同。像前輩名家戴傳賢、蔣中正、崔書琴、任卓宣、崔載陽這些三民主義著作名家，在同一時代，刻意將三民主義體系化、哲學化，尤其任卓宣先生，我在做學生時代聽過他兩次講民生主義哲學，我俱不能信從，也決不會追隨。我自是欽佩他們的用心與研究工夫，建立體系，有者列成表系，真是功夫獨到。當然我也肯定他們的學問和智慧。我認為這是他們個人研讀三民主義的心得，仍屬於他們個人。我勸世人仍得捨棄他們的著作，直接去讀《三民主義》。須知要把三民主義體系化、哲學化，並不能抬高孫中山地位，首先就會被哲學家挑剔。須知孫中山講述三民主義是口解口義，一般通俗性講演，不是演述自己的哲學。我們要待之以如老子的《道德經》、孔子的《論語》和《孟子》七篇，要使人人各自領會，不是自建一個哲學系統。我的理解到此，是十分簡易淺顯，不求高深玄奧，孫氏宗旨原不在此。

---

[16] 王爾敏撰：〈孫中山先生在二十世紀之歷史地位〉，《近代中國》，156 期，台北，2004 年 4 月刊。

　　孫中山除了他豐博的政治思想外，也有他所建造的哲學學說，那就是行易知難，在他生平講演俱標示「知難行易」。他在民國七年（1918）所著成的《孫文學說》自是重要代表。世人莫以為很平常，這也是三千年來歷史上首見，別人不提，而孫氏提出，就當視為孫氏獨創。世人亦莫要等閒視之，孫氏提出，在他個人是很認真。在著手寫書之前一年，民國六年（1917）七月二十一日曾在廣東學界講演，開始提出這一發千載之覆的哲理學說。[17] 及其《孫文學說》於民國七年完成後，又在民國十年（1921）十二月九日在廣西桂林向學界講解「知難行易」。[18] 孫氏是僕僕風塵，反覆講述，根本用心，是釐正國人安故守常的沉溺心習，要認識到起而力行的重要。是在哲學道理上喚醒民眾。這套哲學是孫氏獨有，世人已具常識，不待多敘。

　　孫中山自己的思想學說，有其確定內涵，學者早有共識。至於其人很可貴很高明之處，是自己早定下來他的畢生學術思想屬性，省卻後人費心研判。民國十年孫氏在桂林與俄國顧問馬林一段對話，甚具參考價值：

> 馬林曾問先生曰：你的革命思想基礎是甚麼？先生答曰：中國有一個正統的道德，自堯、舜、禹、湯、文、武、周公至孔子而絕。我的思想就是繼承這一個正統的道德思想，來發揚光大的。[19]

　　如此明確肯定，我們後人自可免於多費心思。一切應尊重主人自白，不待辭費。

17　《國父全集》，第二冊，第 379－380 頁。
18　《國父全集》，第二冊，第 466－476 頁。
19　《國父年譜》，下冊，第 1168－1169 頁。

三、倡率知識分子革命：誓約、宣言、主義、方略、章程

　　鄙人曾作研究，並提陳肯定結論。認為以近代思想先驅地位言，在近代人物中孫中山居於嚴復、梁啟超之前。鄙人又研究證明，在十九世紀末季，正當孫氏青壯年之時，孫氏是一位農業改良思想家，也是同時代前驅，自 1894 年算起，孫氏又是早於張謇、蔣黻、羅振玉、朱祖榮、徐樹蘭等人，可與陳熾並為有著作之農業改良家。

　　現在要討論到革命的本題，首先就遇到學界所主倡的革命性質問題，它的來源背景，非一言所能說盡，亦不免有左右爭議。大做文章也難於澄清。在此自要避開迎面巨石，繞過去談別的。我不要陷入一個爭持不下的泥淖。

　　簡單交代革命性質原來有一個說法，認為清末所生起的革命是資產階級革命。我不以為是，也不加信從，但不反對他人服從這個說法。另有一個說法，認為這是全民革命，各樣人才俱已加入。是張玉法所主張。我很相信，也服從此說。另有一個說法萌芽於六十年代，而為近年受人重視。是認為孫中山的革命是知識分子的革命。已有李雲漢、蔣永敬服從此說。我是附驥在後，深深信服此說。本文內容就是按著這個理路進行研討。

　　明確的史實，是清光緒二十二年九月（1896）孫中山被誘捕囚禁於中國駐英使館。經其師康德黎醫士（Dr. James Cantlie）營救而脫險，使孫中山博得國際聲名，革命英雄形象即已範鑄而成。革命領袖之質資亦無人能望其項背，同時代人物尚有何人能與之比侔？

關於孫中山倫敦蒙難後之僕僕流浪海外，幾至觸處俱是荆棘。遠遁日本、檀香山、香港，均不易存身，真是辛苦勞頓。惟其英雄偉人聲名，則是遠播海內外。近時旅澳洲史家黃宇和專就其早期行徑詳加研究，指證孫氏英雄形象之形成。[20]足補前期不少空白。

雖然黃宇和澄清了孫氏覊留英倫的言論政見與交游行蹤，但孫氏離英之後，浪跡四海，漂泊浮沉。行無定址，居無定處，以逋逃之身，孑然孤雁，無儔無侶，無依無靠，真是備歷艱難，備嘗辛酸。這一時期，是否仍如前時之名噪一時，聲播四海？世人不見有何定斷，不免心存質疑。我曾於拙文〈孫中山在二十世紀之歷史地位〉中，提示證據，說明孫氏名望仍在與日俱增。有力證據，要從反面討尋，現舉兩處向未曝露的重要史料：

其一出於光緒二十三年九月十一日（1897.10.6）《實學報》所載王仁俊的「民主駁義」：

> 孫文者，亂臣賊子也。陰謀不軌，遁跡海表，自英相請釋，而漏網者貳矣。於是以歐洲為逋逃藪，悍然倡議改立民主。一欲將中土開闢，自沿海以達衛藏，俾得通商。一欲各省都會設電綫建鐵路，天下同軌，俾無阻隘。甚至謂中國人心携貳，以本朝非中國血脈。（原註：見香港《循環報》西六月二十號檀香山西字報）作奸犯科，公然昌言之，以附於外國新授之律法。[21]

其二出於《格致新報》，第三期，光緒二十四年三月十一日（1898.4.1）所譯英國《泰晤士報》：

[20] John Y. Wong： The Origins of an Heroic Image, Sun Yat-sen in London, 1896－1897, Hong Kong, 1986 年印。

[21] 《實學報》，第五冊，上海，英大馬路泥城橋，光緒二十三年九月十一日刊。

華人孫文，潛謀不軌，華官捕之甚急。孫乃逃至倫敦。經英官驅逐出境，乃逃至美國，繼又逃至日本。意欲寄迹台灣，幸逃法網。奈抵台時，中國密拿者已隨之而至。孫遂求援於日，即將此人拘獲，得以幸免無事。今思寄迹台灣不如仍回香港較為妥適。因自日本橫濱寄書港官，詢其可否來港。英官答以如欲保護則可，倘將來事生不測，圖陷中國，殊於英有未便，恐不能袒護。其新聞紙抵，則訝之曰：前次駐英時尚能保護，何今日來港反欲止之？同是英土，何先後之不同如此？是誠有所未解也。[22]

於此兩報可見，孫氏遁避海外，迴旋於緹騎網罟，棲棲惶惶，如懸蓬流轉，是何等窮躓孤立？不靠堅毅志氣，何以偷生求活？英雄偉人本質，正在其十六年長期艱辛歲月中之志節毅力，這就是超越恒流，非常人所能忍受。

孫中山遠離國土，奔波於三洲兩洋，鼓吹革命，謀救國家於沉淪，而手無寸鐵，席無寸土，囊無寸金，要仗侍甚麼去推翻滿清政權。簡單明白說，是靠知識、靠思想、靠文字、靠講說。概括而言，就是靠知識分子的革命。與湯武之諸侯革命，劉邦、朱元璋之農民革命並不相同，三千年來，前所未有。這就是實體可見的這一代的革命之性質。我願據實展述，這一次革命性質的內涵。

甲、誓約

湯武革命，自是有力量之諸侯的行動，其必鄭重誓師，本於尊奉天命，非似後世盟誓之意涵。劉邦、朱元璋之起兵，未見誓告之

---

22 《格致新報》，第三期，上海，光緒二十四年三月十一日刊。

行動，仍須仰恃天命，而同行將士自亦共誓同心，未嘗有誓約盟書傳世，尚待史家考索。而孫中山之革命，誓約為一重要內涵。標明革命宗旨，簡潔明確，代表近世特色。其所本根源，當濫觴於明清間之天地會，而為洪門傳承。

孫中山革命誓約，最早最確定之件草成於 1903 年（癸卯）。精要明確嚴正宗旨廣大目標，俱已突顯。1903 年 12 月 17 日，孫氏自檀香山致書國內同志。特附誓約全文於其後：

> 詞曰：聯盟革命人□□□當天發誓，同心協力，驅除韃虜，恢復中華，創立民國，平均地權。矢信矢忠。如有異心，任眾罪罰。[23]

在同一函中，孫氏亦明白寫出宣誓儀式做法。這最清楚。孫中山在 1903 年即把平均地權列入革命誓詞，那裡會是資產階級革命？不可厚誣孫中山。

在此有一點曲折必須交代。閱讀史料，有一個記載提到清光緒二十年（1894）十一月孫中山在檀香山成立興中會。會中立有誓詞是：「驅除韃虜，恢復中華，創立合眾政府，倘有貳心神明鑒察。」[24]這是跟著檀香山成立興中會宣言章程而來。這在國人中雖無甚異見，卻有不少人懷疑這個宣言的出現如此之早並其一開始就要會員作宣誓的誓詞。吾尚不具信心而採錄這個早期的誓詞。鄙人態度保守，相信孫中山 1903 年在檀香山所開寫誓詞並宣誓儀式之說明，應是最可靠之實據。接著在 1905 年就有可靠證據的相承襲的史料可見。一個是美國金山重訂致公堂新章所載，與孫中山

---

[23] 《國父全集》，第三冊，第 29 頁。
[24] 《國父全集》，第二冊，第 885 頁。

1903 年所寫誓詞完全相同，載於第一章綱領之第二條，無須重複開列。[25]這一文獻的可靠性，是因其刊登於 1905 年 11 月 26 日東京所創刊的《民報》第一期。尤其值得令人深信其革命宗旨之點，是致公堂本身為洪門會黨，在這一重要章程上，是註明傳統使用的天運年號。乙巳年即是 1905 年。至孫中山自己加入同盟會誓詞，亦全同於致公堂宗旨，並用天運年號乙巳年。

另一個旁證文獻，是 1906 年 10 月龔春台在湖南江西交界瀏陽、醴陵、萍鄉的起軍。孫中山有致前敵統領龔春台的一封照會，文中提到中華革命軍宗旨，就是完全照刻誓詞全文，一字不易。尤可注意這道照會使用年號是「黃帝紀元四千六百零四年歲丙午（1906）十一月二十六日。這是代表同盟會成立後，共同使用的年號。[26]

關於同盟會中華共和革命軍的起義史事，以其地方偏遠，為時短短數日即被清軍驅散，遂至記載缺略不詳，世人將信將疑。惟鄙人親編湖南袁氏家藏書牘，其中袁思亮旗下洋瓷廠廠長沈明煦於丙午年十月二十八日（1906.12.13）在醴陵致書袁氏，詳述革命軍之紀律嚴明、不擾民居，自是當地親見親聞，所言甚為可據。[27]於此則足證同盟會革命行動，自足見出革命性質與品質。尤其自 1903 年孫氏所寫興中會誓約文詞，接連而結合 1905 年美洲致公堂誓約，1906 年同盟會共和革命軍所奉孫氏照會。足以可證前後沿承之一貫。蓋只有孫氏始是貫串興中會、致公堂、同盟會三者融而為一的精神領袖。

---

25 《國父全集》，第二冊，第 887 頁。
26 《國父全集》，第一冊，第 762－763 頁。
27 王爾敏編《袁氏家藏近代名人手書》，第 605－620 頁，台北中央研究院近代史研究所，2001 年 2 月印。

乙、宣言

湯武革命，祭天誓盟，即是宣示武力革命，自具宣言之義，却較原始而不同於今世之宣言。孫中山倡組興中會，當具昔年倡組農學會故實，而必不免申說宗旨意向，則其擬定創立興中會宣言，本屬自然，無可懷疑。且學界史家，追溯原始，自亦多相信早期 1894 年 11 月 24 日之檀香山興中會宣言與 1895 年初香港成立興中會宣言。[28]世人未嘗不有異辭爭論。吾且不敢自以為是，但請學者留意此類宣言行文文體，我則相信，其立說語詞俱多同於晚清四十年間文筆說詞，自《東方雜誌》、《新民叢報》以及《民報》諸刊物出，此類文體早已淘汰不見，視類此宣言為十九世紀末之作而非二十世紀之作，則信其至為確當。總之，拙見相信此兩篇宣言，為十九世紀之作。若無更新更有力之說，鄙人即抱此觀點。這兩個宣言是今日最廣見的文獻，人人俱知，無必要直接徵引。不僅是內涵有參考價值，實質上國民黨的創黨紀念日就是根據檀香山興中會誓言。但未含有任何政治聯想，可請免作猜測。熟見的資料似無須反覆抄錄。

丙、主義

「主義」是近代新詞，氾濫於各樣著作，經鄙人研考，得見此詞創生於前清光緒二十三年（1897）七月二十一日《時務報》王仁俊所撰《實學報》敘，其第一款云：「本報之設，以講求學問考覈名實為主義。」[29]王氏之外，同年十二月初一日《時務報》刊載梁

28　《國父全集》，第一冊，第 755－759 頁。
29　《時務報》，36 冊，上海，光緒二十三年，七月二十一日刊。

啟超「湖南時務學堂學約」有云：「今設學之意，以宗法孔子為主義」。[30] 凡此例證，世人不察其權輿之本。惟至二十世紀開始之初，既為游日學者，廣加傳布於士林，遂得習見於《新民叢報》與《民報》文章，孫中山固亦首先展現於《民報》發刊辭之中。

孫中山《民報》發刊辭，當為一代不朽文章，無論內容之充實，運思之周密，詞藻之典雅，行文之簡明條暢，俱可供選為高中國文之課。真可傳世。惟為本文立言於知識分子革命之信仰根荄，仍須於此引括，以為論據：

> 夫繕群之道，與群俱進，而擇別取舍，惟其最宜。此群之歷史既與彼群殊，則所以掖而進之之階級，不無後先進止之別。由之不貳，此所以為輿論之母也。余維歐美之進化，凡以三大主義：曰民族、曰民權、曰民生。羅馬之亡，民族主義興，而歐洲各國以獨立；洎自帝其國，威行專制，在下者不堪其苦，則民權主義起，十八世紀之末，十九世紀之初，專制仆而立憲政體殖焉；世界開化，人智益蒸，物質發舒，百年銳於千載，經濟問題繼政治問題之後，則民生主義躍躍然動，二十世紀不得不為民生主義之擅場時代也。是三大主義皆基本於民，遞嬗變易，而歐美之人種胥冶化焉。其他旋維於小己大群之間而成為故說者，皆此三者之充滿發揮而旁及者耳。今者中國以千年專制之毒而不解，異種殘之，外邦逼之，民族主義、民權主義殆不可以須臾緩，而民生主義歐美所慮積重難返者，中國獨受病未深而去之易。是故或於人為既往之陳跡，或於我為方來之大患，要為繕吾群所有事，則不可不並時而弛張之。嗟

---

[30] 《時務報》，49 冊，光緒二十三年十二月初一日刊。

夫！所陜卑者其所視不遠，遊五都之市，見美服而求之，忘其身之未稱也，又但以當前者為至美。近時志士舌敝唇枯，惟企強中國以比歐美；然而歐美強矣，其民實困，觀大同盟罷工與無政府黨、社會黨之日熾，社會革命其將不遠。吾國縱能塊跡於歐美，猶不能免於第二次之革命，而況追逐於人已然之未軌者之終無成耶。夫歐美社會之禍，伏之數十年，及今而後發見之，又不能使之遽去。吾國治民生主義者，發達最先，睹其禍害於未萌，誠可舉政治革命、社會革命畢其功於一役；還視歐美，彼且瞠乎後也。[31]

這篇文獻正確代表孫中山的政治思想，其言論固自代表同盟會革命宗旨與方向，在一代思想上亦足以為光明前導，為中國開出廣遠希望。全文綜滙精華，有四點嚴要之處。一則簡約概述世界創生三大主義之創生與演進。文字簡賅周備。二則提示群義，指出世界潮流動力，暗示社會達爾文主義衝擊之烈。此在當時學者只有嚴復（1896）、孫中山（1905）二人是中國近代群學思想之啟導者。三則明指中國此次之革命將超越歐美政治之樊籬。四則指出《民報》使命，以先知先覺為天職。嗣後孫氏講起先知先覺者不下十次。

丁、方略

方略之為文獻集，昔無專用之制，而盛清康、雍、乾各朝，國家征戰大事，俱以專案刊印成書，直迄清末，其制不斷。如《平定羅剎方略》、《平定回部方略》、《平定準部方略》、《剿平粵匪方略》、《剿平捻匪方略》等是。

---

[31] 《民報》，第一號，日本東京，1905 年 11 月 26 日刊。

　　中國革命而有方略，則是始自同盟會，在同盟會初創時期由孫中山、胡漢民、汪精衛三人議訂草成。史家推證其成於丙午之歲（1906），由其使用天運年號，大致可信其為初起軍事行動而為同盟會最早之機關文獻。後來各地革命起義，隨時用之，並隨時亦有所修訂，惟體制已定，其不同版本俱只是文字稍異，無重大差別。惟在 1911 年河內出版法文本《革命方略》，當係根據海防、鎮南關、河內之黨軍修訂本而譯成者。

　　革命軍行動，而得以有一個方略規畫各樣遭遇，採用手段步驟，此在中國史上並無前例，同盟會創於 1905，而《革命方略》草成於 1906，自足見出孫中山與其親信同志胡漢民、汪精衛等人所秉持所思慮的義軍義旗為國為民犧牲戰鬥的崇高精神。其進退成敗均必受到後人紀念尊敬。

　　同盟會《革命方略》，是原書五十餘頁以至法文繙譯俱自標示同盟會編製，應可信任其真，勿以版本文字各異而有所質疑。方略體製完密而有系統。願附列特要，舉示其章節原目於次：

　　1、軍政府宣言（用天運年號）。

　　2、軍政府與各處國民軍之關係。

　　3、軍隊之編制。

　　4、戰士賞恤。

　　5、軍律。

　　6、招軍章程。

　　7、招降清朝兵勇條件。

　　8、略地規則。

　　9、因糧規則。

　　10、安民布告。

　　11、對外宣言。

　　12、招降滿洲將士布告。

13、掃除滿洲租稅釐捐布告。[32]

雖只有大綱十三款,實其中又有細目,內容詳備,條目分明,全部方略約達二萬餘字。雖以同盟會為發布之本源,而以國民軍軍政府為執行大本營。具見同盟會領袖之信心意志與帷幄運籌之決斷。這是革命行動之指導方略。

戊、章程

章程雖涉瑣細,有其關鍵性需要,代表舉事之章法,行事之定則,成事之保證,事後之依據。前古未有,亦是近代革命運動一項特色。

孫中山領導革命陣營的最重要章程是「中國同盟會總章」,原以油印本成章,分量不大而條目詳備。原在 1905 年於日本東京創立中國同盟會,此總章應即為立即產物,惟見記載,此一油印之本,係 1906 年 5 月 7 日修訂之本。其重要性自無若何差別。

「中國同盟會總章」共有二十四條,其特點可簡開如次:

其一,定會名為「中國同盟會」。

其二,「本會以驅除韃虜,恢復中華,創立民國,平均地權為宗旨」。

其三,凡入本會,須立盟書。

其四,本會設總理一人,由選舉產生總理及議員。

其五,總理對外有代表本會之權,對內有執行事務之權。

其六,執行部設有:庶務、內務、外務、書記、會計、調查六科。

其七,議事部,設議員,由全體會員選舉產生。

---

[32] 《國父全集》,第一冊,第 285-311 頁。

其八，本會分設支部，國內設五部，國外設四部。

其九，會章之修改，須由會員五十人以上，或議員十人以上，
或執行部等提議，交議事部議准，方可進行修訂。[33]

同盟會總章，具黨綱形式，較前時之興中會之組織實大為精密完
備。更重要之點，設立支部，在國內是網羅天下英才。而國外部尤具
現代特色，前古所未見。這四部分為南洋（以新加坡為中心）、歐洲
（以比京布魯賽爾為中心）、美洲（以金山大埠為中心）、檀香山（以
火奴奴魯為中心），這個特色何在？此即延續興中會之革命事業，特
以美國金山與檀香山為革命之根本也。我人應當加意看重此點。

以上臚舉一個革命黨團的功能重點，特就誓約、宣言、主義、
方略、章程五項內涵，以勘定孫中山所創組領導之革命，絕與前古
不同，自是知識分子革命之本色。例證俱在，尚望信而勿疑。

四、肇造民國與國宏圖

孫中山自 1896 年起，因受清廷通緝，即已長期流浪在外，游
走三洲兩洋有十六年之久。早於世界大勢瞭如指掌，歐美文物制
度，深契於心。尤於西方政治思想學說，亦洞察其優絀利弊，有所
比較裁度，長期醞釀，於救國建國設想立國體制與富國至計，俱已
有所籌畫而成竹在胸。

當 1905 年旅日學生和各派革命領袖，在日本東京發起組成革
命團體之同盟會，其時孫中山已在海外漂泊十年，無論閱歷亡命辛
苦困頓，見識歐美各國之政情規模，遍讀哲學思想之論著，廣接旅

---

[33] 《國父全集》，第二冊，第 897－899 頁。

外華人華工之結緣,故在東京與學者學生交談講演,自是識見資歷俱廣受革命同道欽服,亦自然被推尊為同盟會總理。當可謂是膺天命合輿情。前修已多論著,特簡約申敘,以明背景淵源。

同盟會組成前後,孫中山有數次講演,頗為關係到其所展現政治領袖之責任與思想宗向之指引。即如前節所陳舉民族、民權、民生三大主義。進一步在 1906 年,即亦演述其創建民國之政治格局,雖其時手無寸柄,席無寸土,而却為國家未來,提出一個五權憲法的政府設計,具見偉大首領之信心雄圖。茲於本節,將以約論孫中山建國興國之深思遠謀。

甲、肇造民國政府

二十世紀初十年代,中國誕生一個中華民國,這是史實,惟具重大意義,須使世人深切重視。其一,此是中國五千年來歷史上開創一個新世局,古老國家將展現全新政治格局,不同於前代。其二,就全部亞洲而言,所當近代新運,這是亞洲第一個共和國,雖落在歐美之後,却在亞洲、非洲、澳洲廣大領域實領風氣之先。中國士民應是慶幸有此一日。孫中山之領導革命,當配稱為是英雄造時勢。國人推尊,自有其道理。這裡舉一個少人注意的小例,略可見出當年輿情所向。不是高文典冊,而是民間幼兒蒙通的《中華民國共和三字經》:

> 孫逸仙,復漢仇,行革命,滅滿洲。武昌起,黎元洪,與黃興,湯化龍,此三士,真英雄,轉瞬間,天下從。民主立,大總統,共和國,運不窮。[34]

---

[34] 《中華民國共和三字經》,民國元年三月,共和書局印,現藏台北,中央研

　　民初人心之歙然忻向共和，蓋明示其欣逢曠代之盛典，非常之奇遇，其舉國歡騰之情，已長注青史，我人治史，當熟審而謹記之。

　　孫中山要為中華民國建立何等樣政府？當同盟會成立一年餘，1906 年 12 月 2 日，孫中山在日本東京《民報》發行一週年的紀念會上講演，已經聲言預示，要創建五權憲法之政府。將其革命目的建國宗旨說得清楚明白：

> 總之，我們革命的目的是為眾生謀幸福，因不願少數滿洲人專利，故要民族革命；不願君主一人專利，故要政治革命；不願少數富人專利，故要社會革命。這三樣有一樣做不到，也不是我們的本意。達了這三樣目的之後，我們中國當成為至完美的國家。
>
> 尚有一問題，我們應要研究的，就是將來中華民國的憲法。憲法二字，近時人人樂道，便是滿洲政府也曉得派些奴才出洋考察政治，弄些豫備立憲的上諭，自驚自擾。那中華民國的憲法，更是要講求的，不用說了。兄弟歷觀各國的憲法，有文憲法，是美國最好；無文憲法，是英國最好。英是不能學的，美是不必學的。英的憲法，所謂三權分立，行政權、立法權、裁判權各不相統，這是從六七百年前由漸而生，成了習慣，但界限還沒有清楚。後來法國孟德斯鳩將英國制度作為根本，參合自己的理想成為一家之學。美國憲法又將孟氏學說作為根本，把那三權界限更分得清楚，在一百年前，算是最完美的了。一百二十年以來，雖數次修改，那大體仍

究院歷史語言研究所。吾門人張心愷女士 1999 年 6 月，所著碩士論文：《明清時代蒙學施教所啟導之文化典範與應世智能》，首次使用此項史料。

然是未變的。但是這百餘年間，美國文明日日進步，土地財產也是增加不已，當時的憲法，現在已經是不適用的了。兄弟的意思，將來中華民國的憲法，是要創一種新主義，叫做「五權分立」。[35]

孫中山在這同一個講演，第一次提到國家的各級官吏，是全國人民的公僕。自此次以後，孫氏申述做人民公僕之義者不下十次。這可顯見孫氏所建立之民國，遠遠與歷代不同。雖然較早嚴復於1895年介紹西方之公僕觀念，是最早前驅，梁啟超於1903年亦介紹西方官員謙稱公僕。但均不同於孫氏之言中國官吏是人民公僕。然此三人言論俱當待之以思想先驅。

孫中山所建造的中華民國，世人應當注意，與歷代所大大不同之處，重要解義見之於孫氏於民國六年（1917）二月二十一日所撰的《民權初步》序：

何為民國？美國總統林肯氏有言曰：「民之所有，民之所治，民之所享。」此之謂民國也。何謂民權？即近來瑞士國所行之制，民有選舉官吏之權，民有罷免官吏之權，民有創制法案之權，民有複決法案之權，此之謂四大民權也。必具有此四大民權，方得謂為純粹之民國也。[36]

孫氏這樣明示人民手中政權之四權，正是民國的開新時代所規定的民國政府基礎。質直的明確的說來，就是孫氏一生所最強調的

---

[35] 《民報》，第十期，1906年12月20日，日本東京出版。
[36] 《國父全集》，第一冊，第667頁，《民權初步》。

主權在民觀念。他一生所表白不下十次。現略舉一項民國十一年之
資料：

> 中華民國之建設，以何為基礎乎？吾知人必無疑無惑而答之
> 曰：以人民為基礎。然人民如何而後得為中華民國建設之基
> 礎乎？吾知答之不易也。
>
> 夫主權在民之規定，決非空文而已，必如何而後可舉主權
> 在民之實。代表制度，於事實於學理皆不足以當此，近世
> 已能言之矣。然則果如何而能使主權在民為名稱其實乎？
> 近來論治者於此問題多所忽略，而惟日以中央集權或地方
> 分權甚或聯省自治等說相徵逐。夫此數者果遂足以舉主權
> 在民之實乎？夫所謂中央集權或地方分權甚或聯省自治
> 者，不過內重外輕內輕外重之常談而已。權之分配，不當
> 以中央或地方為對象，而當以權之性質為對象。權之宜屬
> 於中央者，屬之中央可也；權之宜屬於地方者，屬之地方
> 可也。[37]

　　像是宣示主權在民這一觀念，在孫氏自然看待，多次引稱，
奉勸同胞切勿等閒視之。史家亦當載筆傳之青史。鄙人歷觀二十
世紀學者教授、大人、先生、政壇魁杰、議場名嘴。除了孫中山
立誠篤信，宣白於世。此外並無一人具此省識，有此信念，作此
主張。那些百里為王的軍閥鼠輩，自不足論，而有些偉大人物，
多是最看重自己的豐功偉業，以天下英主自恃，早忘記自己是人
民公僕，更思考不到主權在民，歡迎萬民三呼萬歲，並非人民下
賤，而是偉大的統領應該享足人民愛戴。民國已經肇造百年，而

---

[37] 《國父全集》，第二冊，第177頁。

自袁世凱起，多人想做太祖高皇帝。這與孫中山思想來比，真有天淵之別。

乙、民生四大需要

在此不擬多加引敘中山民生主義內涵與其用心宗旨。世人亦俱知孫中山民生主義是為謀求利用富民的一個政治思想體系，學者往往導入哲學建構，不免走火入魔，世人熟見，且勿具論。鄙人有所研治，並附於名家李雲漢先生合著《中山先生民生主義正解》一書，可供資證。[38]

要平實看待中山之主張民生主義，講解民生主義，實至為簡明淺顯。其目標不過是為國民創造幸福，在著文與講演之中，多次提到為大眾造最大幸福。也就是使中國致富，人人可懂，豈有深奧？[39]

二十世紀中國政治家為國謀求致富強盛，能把人民福祉放在優先第一位者，以孫中山最突出最信持，說來亦最簡單最通俗，此所謂偉大不在高深，而在與人心民心齊等。孫中山要建設中國，是考慮人民切身的四大需要：衣、食、住、行。就這麼簡單明白。沒有任何政治家、學問家的主張更比孫中山簡單易懂。但在歷史上，古今來只有墨子在為君治國言，先重視人生中的食、衣、住、行。載於《墨子》七患篇。而近代人物則只有孫中山所講的民生主義，自是國人共知，不須引論。

---

[38] 李雲漢、王爾敏、于宗先合著：《中山先生民生主義正解》，2001年9月，台北，台灣書店出版。

[39] 王爾敏撰：〈孫中山理想中的現代中國〉，《國史館館刊》，復刊第十號，第5－22頁，1991年6月刊。

　　值得我們注意的，是孫中山表現十分重視，而親筆開列於其所著：《建國大綱》首要條目：

> 一、國民政府本革命之三民主義，五權憲法，以建設中華民國。
> 二、建設之首要在民生。故對於全國人民之食衣住行四大需要，政府當與人民協力共謀農業之發展，以足民食。共謀織造之發展，以裕民衣。建築大計畫之各式屋舍，以樂民居。修治道路運河，以利民行。[40]

　　這一資料，自然很普通很常見，却是重要，當知道這是列於國家政綱，不是隨便說說。做一個領導人如不信持，不執行，不推行，違背孫中山理想事小，而辜負全國人民，乃是誤國之大罪。

　　實踐民生四大需要之建設，孫中山早於民國八年（1919）之《實業計畫》中有具體的執行計畫。即其書中的五大工業建設。《實業計畫》共有六大計畫，分別為基礎建設，如國際商港、沿海漁港、全國水系及六大鐵路系統。以至民生主義食衣住行之建設。五大工業則列為第五計畫之中。分別是糧食工業、衣服工業、居室工業、行動工業與印刷工業，俱是專對國民生活需要，而推動這些工業建設。在第五計畫中，以實際執行類項與步驟分別推動這五大工業。具見孫中山之貫徹其為人民謀福利之主張。[41]

　　簡單說，民生需要之五大工業，是全國工業化之輕工業部分，只是要代替昔日傳統人工，盡量以機器做到大量生產，滿足龐大人口需要。如食品工業是各地多設麵粉工廠、榨油（特別是豆油）

---

[40]　《中山先生墨迹選萃》，第 25－26 頁，香港，中原出版社，1986 年 11 月印。
[41]　《國父全集》，第一冊，第 632－643 頁，《實業計畫》之第五計畫。
　　　又，王爾敏撰：《實業計畫》之時代背景及建國功能，《中華民國歷史與文化學術討論集》，第 60－99 頁，台北，1984 年印。

工廠、機器屠宰場等等，可以快速運銷市場。衣服工業則是開設大紡織廠、毛紡廠與織布工廠、製衣工廠、鞋襪工廠等，以供眾廣人民需要。居舍工業則先建附屬之水泥廠，建材金工木工鐵骨廠，以及磚瓦工廠。行動工業則是以國家力量開建鐵路，製造鐵軌，火輪機車，並造輪船以開航運。印刷工業關係人民知識教育，必須有造紙廠、印刷廠、裝訂廠之設置。此雖是簡單條舉，而發展則是無限。[42]

丙、全面利用外資政策

孫中山經長期旅訪歐美，甚熟各國近代興盛過程，尤於美國之修建鐵路，多注意其資金來源，比較中國之貧弱，絕無大量資金可籌，亦無人才可用，自亦更缺乏築路、造軌、製機車、修鐵路，以至經營營運之法。自必在肇建民國之先，已有所思慮。及至中華民國創立，一則急需挽救當前貧弱之困局。二則既已身在邦國有權有責，自須早日宣布與推動建設國家之道途。

這裡要談，是孫中山的全面利用外資政策，這是為國家要做的建設行動之一，雖是他個人的設想，却是一國共赴的行動。這十分重要，也得在民國史上看成是第一個突破窮困謀國家迅致富強的政策。無論其後來因袁世凱的種種阻滯，並刻意破壞同盟會勢力而快速發生宋教仁的被刺。惟孫氏的全面利用外資政策，則應看待為忠謀碩畫，為國為民。

孫中山擬畫全面利用外資，入手之方是計畫在十年期中建二十萬里鐵路，這不是全局構想，而最先起步，選定以建造鐵路為優先。

---

[42] 王爾敏撰：〈實業計畫之時代背景及建國功能〉，《中華民國歷史與文化學術討論集》，台北，1984 年印。

客觀情況所限，孫氏於民國元年四月完全推讓放棄大總統職位，始即著手專門從事建設國家大計。方向為發展實業，選擇自建造鐵路入手，而資金的籌措，則是利用外資。我人可見其元年五月二十日對香港《士蔑西報》（英文報，原名 *Hong Kong Telegraph*，因其報主人名 Smith 而稱《士蔑西報》）記者對話，已見孫氏胸有成竹：

> 訪問謂：近日香港華商勸省城商人不可用洋人資本，以免瓜
> 　　　　分之禍，此說是否？
> 孫答以：塗說。
> 問：中國不得不用外款乎？
> 答謂：然，此乃舊日之政見用於今日者也。吾儕將勸導商人，
> 　　　使彼等知借用外款乃為互相利益起見。
> 問：將款作何用法？
> 答：用以辦各種實業，如建設新城邑、開通全國及建築鐵路
> 　　等，皆為要政。
> 問：興農業用款多否？及能仿效英美兩國開墾如許之田畝否？
> 答曰：予不能料，然此固要政。[43]

　　這項談話，反映孫氏退位後最早說出利用外資建設國家的構想。這次談話明見端倪，而孫氏當在積極擬畫之中。到八月內定已完成其建造全國鐵路定稿，八月尾即赴北京。據孫氏自談話透露已在八月內繪製成鐵路計畫圖，於到北京之時交予交通部參考。民國元年九月二日，中山在北京鐵道協會歡迎會上講演，正式宣示其利用外資興造鐵路計畫：

43　《國父全集》，第二冊，第 800 頁。

今日修築鐵路之困難問題，即借債問題。今日若能修築鐵路，惟有歡迎外債，不能反對外債。若反對外債而欲修鐵路，則鐵路必無修成之望。鄙人深信外債之不足以禍國，且深信借債修路與中國有百利而無一害。即現在所有已修之鐵路，無不獲利。即如京奉鐵路尚不十分發達，每年所獲之利，已屬不資；京張鐵路為其餘利所修，此可概見。又如東清、南滿兩鐵路，為日俄兩國所修，似與我國無利，然亦不然。當東清南滿兩路未成之前，滿洲之大豆，僅由營口一處出口，每年出口不過一百餘萬，自兩路修成之後，今則達一百萬萬以上，皆因兩路交通之利，故東三省農民，受益匪淺。此猶他國修成之路，我猶受益如此，若我自修之路，更當受益何如？故今日我國，如欲立足於世界，惟有速修鐵路，以立富強之基。不然，外人之勢力日益伸張，而鐵路政策，實足以亡人家國。鐵道協會之組織，即以鼓吹提倡為宗旨，想諸君亦必以鄙言為然。[44]

此次初到北京，孫氏即將所擬定利用外資計畫，向鐵道協會作明確表述。代表孫氏全面利用外資政策的推動啟步，雖是口頭宣達，而亦足表現執行之決心。

元年九月十四日，中山在北京與各報訪員見面，接受訪問，其大計畫利用外資修建鐵路，是最受質詢問題。孫氏答覆更為具體明確，值得世人參酌：

何君問：中山先生謂借款與包工二者，將來究竟如何辦法？請先生說明。

---

[44] 《國父全集》，第二冊，第 257－258 頁。

> 先生答云：鄙人主張最好是批給外人包辦，借款由外國銀
> 　　　　　行，使與政府相涉。其次即組織中西合股公司，
> 　　　　　准外人入股。然此層辦法，終不如批給外人包辦
> 　　　　　為妥善。此種辦法，在外國甚普通，惟中國人則
> 　　　　　不知此中利益。鄙意以為三項皆須利用外人：
> 　　　　　（一）我無資本，利用外資。（二）我無人材，
> 　　　　　利用外國人才。（三）我無良好方法，利用外人
> 　　　　　方法。且鐵路專門人材，全地球未必能有百人，
> 　　　　　故美國一鐵路公司顧問，月薪十餘萬，較總統多
> 　　　　　至數倍，其公司總理諸人更無論矣。我國包工修
> 　　　　　路，其專門人材始能受其利益。[45]

　　在同一場各報訪問之對話中，孫氏對於批撥外商全部包工之方式，有更明確表示，而在此次交談中，清楚的說明建造鐵路之計畫地圖已交到交通部，順便即一一指出所擬計畫中之鐵路幹線，十分具有參閱價值：

> 將來批定包修合同，自應由公司出名與外國資本家交涉，不
> 用政府名義，以免引起國際交涉。至於邊地鐵路，恐起外交
> 問題，可以先從內地修起。若取開放主義，即准日、俄投資，
> 亦未嘗不可。不過關係主權之事，不能喪失，即如保路兵應
> 由我自派，但求主權不喪失，無論何國包修，皆未嘗不可。
> 又全國路線計畫，曾擬有一圖，現在交通部未取回，大致係
> 分數條幹線：（一）從廣州到成都。（一）從廣州到雲南大理。

45　《國父全集》，第二冊，第825頁。

（一）從蘭州到重慶。（一）從長江到伊犁。（一）從大沽到廣東、香港。（一）從天津到滿洲各處，其大概如此。[46]

自在北京會見總統袁世凱起，孫中山商定創立鐵路總公司，並計畫招攬外商會聚評估其建設計畫，擬議亦準備親赴歐洲、美洲與大財團商討利用外資辦法。凡此亦俱經孫氏向報界宣告，刊出消息。[47]

想不到中山正忙於為建設國家奔走，而袁世凱包藏禍心，即對同盟會員展開暗殺。民國二年宋案之後，一切計畫全成泡影。

丁、門戶開放主義與國際合作計畫

民國元年（1912）九月初，孫中山既在北京宣示全面利用外資政策，就同時政治家、學問家而言，自是最突出、最急效、最勇邁、最具遠識的建國主張，興國良謀。同一時代能夠為國家建設提出一套遠大計畫者，若張謇所主張的「棉鐵救國論」、「父教育、母實業」，以及康有為所主張的「物質救國論」和「理財救國論」。均遠遠瞠乎其後，不及孫氏之精深博大，具體有效。同年中孫氏僕僕風塵，奔走南北，為其全面利用外資政策宣說講解。包括通信論著，反覆言辨，不下三四十次。惟在同此申述利用外資之際，隨帶提出另一主張，即是門戶開放主義。

孫中山既是主張全面利用外資，在民國元年一開始即表達門戶開放主義。肯定之最早日期是民國元年九月五日下午四時，在北京迎賓館的演說中提出：

---

[46] 《國父全集》，第二冊，第 826 頁。
[47] 《國父全集》，第二冊，第 829 頁，民國元年十月五日，向《大陸報》記者宣示。

今人多以為外交問題無從解決，其實不然。我若改變閉關主義而為開放主義，各國對於我國種種之希望，必不能再肆其無理之要求。暹邏在前清之時，視之不如高麗、安南，人口僅有五百萬，且為專制政體，較之我國從前時代，殆有過之。然至今能保其獨立國之資格，其領土如故，主權如故，無他，即用開放主義。使其國中之礦山鐵路，皆准外人經營，不加以種種限制，因開放其小者，而獲保全其大者。即如俄國之製造廠、兵工廠，皆用英、美人為之。日本、意大利國其關於製造事業，亦多由英人主持。[48]

孫氏洞觀世界潮流，從立國根本上也主張門戶開放主義，民國元年十月二十二日，在南京向各界歡迎會講演：

現今世界日趨於大同，斷非閉關自守所能自立；但開放門戶，仍須保持主權。如日本先時，亦不樂與外人交通，近數十年，因開放門戶，遂成亞東強國。暹邏亞洲之貧弱國耳，近數十年，亦因開放門戶，遂得獨立，收回領事裁判權。可知開放門戶，不論強弱，能行此政策，必能收效。我國向多持保守主義，忽聆開放門戶之說，必多反對。不知即以修造鐵路一事而言，如不恃開放主義，則吾國人必無此財力，雖有政策，亦徒託之空言。甚願全國一心，不倡反對，使外人信用投資，鐵路易底於成；而各項政策，皆得因此而進行，中華民國富強，庶幾可恃。[49]

---

48 《國父全集》，第二冊，第 263 頁。
49 《國父全集》，第二冊，第 313 頁。

具見孫氏在建國起始，即大力倡議門戶開放，當日國人不免疑慮其太過樂觀大膽，包括其大氣魄的全面利用外資，更使庸眾驚詫，迂士譏疑。由是孫大砲之名，隨世之愚懦揚風而起。

孫中山在民國元年雖然高唱利用外資，並主張門戶開放。但是在元、二兩年準備階段，一切剛要啟步，卻被宋教仁被刺殺之案而遭重挫，想想在袁世凱這樣貪權怙勢，利慾薰心的顢頇官僚遺種，孫氏興國遠謀是難於實現的。接著袁世凱權迷心竅，由總統獨裁而進一步圖謀帝制，終受國人唾棄，蔡鍔討袁義旗一舉，全國人民響應，袁氏親信亦紛紛倒戈伐袁。遂於民國五年（1916）六月羞憤而死，留下爛攤子立即進入軍閥割據時代，真是中國之不幸。袁世凱誤國之罪可以數得清嗎？

適當民國七年（1918）十一月第一次世界大戰結束，孫中山適在上海剛草撰《孫文學說》至於尾聲，即當此世界變局呈現，盱衡歐戰動員人力物力之量，各國投巨資而求善後復員之急切。大量勞工之歸宿，軍火、軍械、戰車、戰艦之處置。若果不能善後，必至造成經濟蕭條、資本家破產。因是孫中山即於此末尾兩月，思考到一個國際合作開發中國資源的計畫，最初擬具英文本，用以分送各國重要領袖。而其中文本稱為：「國際共同發展中國實業計畫書」。有說明、有具體項目。最初附錄於《孫文學說》之末尾，具見成於民國七年。後一年（民國八年）孫中山又完成十分詳備的《實業計畫》大著。這一篇文獻，即改列為《實業計畫》正文最前，作全書「緒言」。須知這一緒言是保留最初語氣，行文申敘，全是對著外國政要和資本家講的，茲當引據，以供參證：

> 如當整理戰後工業之際，無處可容此一年二百一十九萬萬之貿易，則其工業必停，而投於是之資本，乃等於虛擲，其結果不惟有損此諸生產國之經濟狀況，即於世界所失亦已多

矣。凡商業國無不覓中國市場，以為消納各國餘貨之地。然
戰前貿易狀態，太不利於中國，輸入超過輸出，年逾美金一
萬萬。循此以往，中國市場不久將不復能銷容大宗外貨，以
其金錢貨物，俱已枯竭，無復可持與外國市易也。所幸中國
天然財源極富，如能有相當開發，則可成為世界中無盡藏之
市場。即使不能全消費此一千二百十九萬萬之戰爭生產賸
餘，亦必能消費其大半無疑。

中國今尚用手工為生產，未入工業革命之第一步，比之歐
美，已臨其第二革命者有殊。故於中國兩種革命，必須同時
並舉，既廢手工採機器，又統一而國有之。於斯際中國正需
機器，以營其鉅大之農業，以出其豐富之礦產，以建其無數
之工廠，以擴張其運輸，以發展其公用事業。然而消納機器
之市場，又正戰後貿易之要著也。造巨礮之機器廠，可以改
製蒸汽輾壓，以治中國之道路；製裝甲自動車之廠，可製貨
車以輸送中國各地之生貨；凡諸戰爭機器一一可變成平和器
具，以開發中國潛在地中之富。此種開闢利源之辦法，如不
令官吏從中舞弊，則中外利益均霑，中國人民必歡迎之。[50]

　　於此可以看出中山先生的世界眼光與卓越才智。像這樣偉大的
國際合作計畫，在二十世紀是首見，十九世紀則絕無。而謀中國加
速富強，真是一個興國遠謀。

　　二十世紀之世界正是帝國主義者爭殺掠奪鈎心鬥角的時代，惟
在各自貪利，那裡存有國際合作思想？領袖偉人，注重擴張地盤，
是強凌弱、大欺小的世局，因是無人關心孫氏之呼籲，亦並輕藐這
樣一個貧弱國家的政治領袖。世勢轉乘，出人意料。未想 1939 年

---

[50] 《國父全集》，第一冊，第 511－512 頁，《實業計畫》。

發生第二次世界大戰，破壞傷亡更是慘烈，到 1945 年大戰結束，各國都已困敝饑饉，美國自是富厚。而由國務卿馬歇爾提具一個歐洲復興計畫（European Recovery Program），這一計畫專給西歐各國，可以見出由美國推動戰後復員的國際合作計畫。這一類的西洋大國的復興歐洲計畫，十分重要，正可謂是世界史上第一次。但若上溯至第一次大戰後，孫中山的計畫，構思啟念，孫氏早已在數十年前向世人展示。有何不同？

五、結論

我們看孫中山生平之人格品誼、智慧才識、中西學問、世界眼光、立身之誠信、為人之謙和，以至世變情勢之警悟，立國因應之識斷，俱能見出是一位超卓當世偉大政治家之格局。鄙人曾有專文論述，無須重複。

無論世界領袖或中國領袖，客觀比較，最易裁斷。十九世紀以來之所謂世界領袖，稱不得是偉大領袖，自拿破崙以至俾斯麥，乃帝國主義者政治家，宗旨在擴張爭奪，至二十世紀之希特勒、史達林、邱吉爾、羅斯福，俱是世界禍亂根源，看他們到處救火，實亦到處放火。有何偉大可言。須知這是全世界大問題，今日地球快要毀滅，能要小國貧民負責？這些世界偉人就無責任？拙文曾經提出二十世紀偉大政治家只有美國總統威爾遜、中國之孫中山和印度之甘地。只有不用爭殺處置世變，方是真正偉大。今日西方帝國主義仍心不死，世界亦繼續動盪，總之，和平無日，毀滅有期。想想誰應負責，便看得清楚。甚麼偉大的世界領袖，都藏到那裡去了？

　　回頭說到中國的現代史，要看誰是最壞惡的主政者，誰是真正為國為民的偉大領袖，從基本上一個共和國建造來看，也很容易看出，二十世紀民國時代的偉大政治領袖自當推尊孫中山。

　　這裡無意批評甚麼，但要簡略的提示孫中山做一個政治領袖的作為、用心、氣度、識斷，學者用來各自比較可也。

　　第一，二十世紀中國，除了清末的一段，有九十年是共和時代，從孫中山個人是自 1896 年起，就在立志革命創造這個民國時代。凡我國人，人人都當重視這個新時代是以人民為主、老百姓為尊的時代。看看這一百年來，誰認真的把共和國看成共和，當作共和的政府為民服務。可以比較的認識到領袖自待如何？待人民如何？待國家百政如何？有人像孫中山講到「天下為公」嗎？

　　第二，身處共和國時代的政治領袖與各級官吏應該先認清自己的地位對於全國人民，或一方百姓，不是萬民山呼萬歲的帝王或坐擁堂皇的父母官，要知道身擔責任是為他人多數的國家主人服役做事，任何大政全是職責所當的服務。不要自私、自蔽、自尊、自大，把天下人民任意驅使，做成一點事業成就，看作曠代功勳，尤不當視為對人民有甚麼大恩大德，無限感恩，當作救星。這種太祖高皇帝思想，仍在我們的上官中有很深魔力。都不脫粗鄙虛驕的帝王思想。看看孫中山生平處處以人民之公僕自況，虛心自下。近代人物中只有孫中山一人處處強調「主權在民」，一生所言不下十次。比較以觀大可以心平氣和。

　　第三，做一個政治領袖必須存心放著對歷史的責任，要懂得繼承前代遺產，遺產包括一切文化、文物、領土、人民俱是。不能抱著打天下創業帝王思想，也不可具有不見古人而成了始皇帝思想，我看除了孫中山大多仍是這樣君臨天下的思想。連滿清那樣，進關以來也要充分接受固有文物制度、風俗習慣。為明思宗正帝位立宗廟，保護十三陵，朝謁明孝陵。尤其在北京重修歷代

帝王廟，此廟明代只崇祀十一位帝王，而到清康熙崇祀一百四十餘位。以歷代以來繼承者自居，只換朝代，不改統緒，只改服輿，不改文化，何況這還是異族。我們的各樣政客，做得到嗎？我們的政治偉人該想一想。歷史責任是甚麼？近代最易見多例。孫中山所據廣東大元帥府這個小局面，以中國國民黨名義通告宣言，定九七國恥紀念日。何謂九七國恥，就是 1901 年九月七日與十一國訂下辛丑條約，中國人民要賠償四億五千萬兩白銀。雖是滿清時代，却是列強侵略欺服中國，即做政治領袖，此仇不能忘記，此恨不能消除，具見孫中山為全國注意到歷史責任。[51] 鄙見以為政治家一定要通悉歷史，要負起歷史責任，不是一天發達一天興盛就忘掉一切。這不是個人問題，是億萬人民之心，百世之仇不可忘，人民纔有上進奮鬥之心。中國有句古話，百世之仇可復也，要政治家幹嗎？要你為國家民族負永久之責。像 63 禁烟紀念，乃中國飽受列強帝國主義者侵略壓迫之始，像 77 必須永久定為國恥紀念日，因為這是數千萬人生命犧牲而救亡圖存的民族奮鬥，在歷史上最巨大、最艱鉅、最嚴酷，中國國力幾於耗盡，這是全民族心血精神生命財物的最澈底呈獻，歷史上永遠不能忘記這一日，否則只能做禽獸，受人宰制。政治家要想為後人留點稱讚，不是寫幾本傳記就能達成目的，當然白費心機。

　　　　　　乙酉之歲清明節（2005,4,5）寫於新大陸之柳谷草堂

---

[51] 《國父全集》，第一冊，第 908－912 頁。

興中會同盟會與中華民國國號之創生

　　中國自十九世紀起遭逢有史以來空前未見的大變局。國人適應變局之宗旨，亦歷經多次選擇試探與改變，終乃走上推翻專制政府之政治革命，同時並亦推翻滿清統治。於是而得於 1912 年建立中華民國。中華民國之建立，所代表的歷史意義甚大。主要是結束數千年來專制政治，由君主政府化為民主政府。在中國歷史上是劃時代的創舉，為中國後世確立民權統治的政局。這項史實的呈現，並非一朝驀然降臨。實由於長期的思想醒覺與革命志士的犧牲奮鬥而艱苦得來。值得國人長存記憶，並謹慎愛惜與堅持繼承。

　　中華民國創建，國號的命義，代表正大的立國宗旨。它的創生，也非一朝形成，而是早有醞釀，並為革命志士抱持奮鬥，流血犧牲，力求實現者。凡我中華民國國民，不能不詳細考究，熟知其來歷。

　　何以定國號為中華民國？早在民國建立前五年（1907）章太炎在《民報》第 15 期，發表專文〈中華民國解〉，作有詳備的解說。主要立說根據，本於歷史累積形成的中國稱謂。以「中華」一詞為文化一致之族類共名，並為華人歷世習慣的通稱。[1]

　　「中華」一詞是代表中國民族文化獨有品質與特色，當是本之於歷史。「民國」一詞則代表近代民權思想之醞釀綜合而創生。以

---

[1]　王爾敏撰：〈「中國」名稱溯源及其近代詮釋〉，《中國近代思想史論》，頁441−480。

孫中山所定的宗旨，則為民有、民治、民享的民主國家。試看孫氏
在民國前六年（1906）在《民報》一周年紀念會中所講可知：

> 總之，我們革命的目的是為眾生謀幸福，因不願少數滿洲人
> 專利，故要民族革命；不願君主一人專利，故要政治革命；
> 不願少數富人專利，故要社會革命。這三樣有一樣做不到，
> 也不是我們的本意。達了這三樣目的之後，我們中國當成為
> 至完美的國家。[2]

在此雖是舉 1906 年孫氏的講話，並非他偶然提及，而是孫氏
畢生列為奮鬥目標，自其更十年前組織興中會時即為立會宗旨。因
是建造民國一義，實為孫氏領導革命力求達成的最終目的。可知經
歷艱苦得來，為中華民族孕育誕生一個新政局的重大命義。

孫中山自民國前 18 年（1894）開始奔走革命，雖以推翻滿清
統治為職志，實在微弱起始時期即持堅定立場，明顯標示出中華地
位與光復志節。起始，1894 年 11 月 24 日（清光緒 20 年 10 月 27
日）在檀香山所定興中會立會宗旨，即可清楚明見。

> 是會之設，專為振興中華維持國體起見。蓋我中華受外國欺
> 凌，已非一日，皆由內外隔絕，上下之情罔通，國體抑損而
> 不知，子民受制而無告。苦厄日深，為害何極！茲特聯絡中
> 外華人，創興是會。以申民志，而扶國宗。[3]

---

[2] 《國父全集》，第 2 冊（臺北，中國國民黨黨史委員會，民國 62 年），頁 205。
[3] 羅家倫主編、黃季陸增訂：《國父年譜》（臺北，中國國民黨中央委員會黨
史史料編纂委員會，民國 58 年 11 月），頁 61。又《國父全集》，第 1 冊，頁 755，
有檀香山興中會宣言全文。

次年（1895）在香港創立興中會，立會宗旨，亦明白宣揭振興中華之義。與檀香山興中會合觀，當可見出孫氏所以定名興中會的正確意義。茲並略舉其宣言條章於次：

> 本旨宜明也。本會之設，專為聯絡中外有志華人，講求富強之學，以振興中華，維持國體起見。蓋中國今日，政治日非，綱維日壞，強鄰輕侮百姓。其原因皆由眾心不一，祇圖目前之私，不顧長久大局。不思中國一旦為人分裂，則子子孫孫世為奴隸，身家性命，且不保乎！急莫急於此，私莫私於此；而舉國憒憒，無人悟之，無人挽之，此禍豈能倖免。倘不及早維持，乘時發奮，則數千年聲名文物之邦，累世代冠裳禮義之族，從以淪亡，由茲泯滅，是誰之咎？識時賢者，能無責乎？[4]

當然我人均知，國人種種著作，引用「中華」一詞，原極普通，或可視為平常語詞。惟在興中會立會宣言中所言中華二字，實具有嚴肅意義，為「興中」目標之重點所在，不當與普通語詞混為一談。於此我人當可曉然孫中山組織興中會之用心。同時在近代思想上已醞釀形成一個中國國族土地的總體代稱，尤其與世界列邦對待立場而言，中國、中華實較大清帝國應用普遍。顯著的例證，當不晚於1903年（清光緒29年，民國前9年），孫氏在此年11月（西曆12月）於檀香山發表〈駁保皇報〉一文，比較分析，駁斥保皇黨。足以見出中華國度的肯定意旨：

> 彼開口便曰：「愛國」。試問其所愛之國，為大清國乎？抑中華國乎？若所愛之國為大清國，則不當有「今則驅除異族謂

4　《國父全集》，第 1 冊，頁 757。

之光復」之一語自其口出；若彼所愛之國為中華國，則不當以保皇為愛國之政策，蓋保異種而奴中華，非愛國也，實害國也。[5]

孫氏在 1903 年之提出「中華國」一詞，正足見出興中會宗旨的一貫維繫，亦即孫氏畢生奮鬥始終堅持的一定主張。

事實上「中華」、「民國」兩詞聯屬共見，亦在同年 12 月孫氏在檀香山為興中會所開誓詞中出現，為興中會四項大事的核心重點。茲舉誓詞全文如後：

詞曰：聯盟革命人□□□，當天發誓，同心協力，驅除韃虜，恢復中華，創立民國，平均地權，矢信矢忠，如有異心，任眾罪罰。[6]

此外，孫氏更於同年在檀香山火奴魯魯市創立「中華革命軍」，作為「中華革命軍」之誓詞與前者亦完全相同。[7]

次年（1904 年，清光緒 30 年，民國前 8 年），孫中山在美國東西各埠奔走，鼓吹革命。秋間到達紐約。與留學生王寵惠商同起草告歐美人士書。題為：The True Solution of the Chinese Question（中國問題之真解決）。該宣言書中首次引稱 Republic of China 一詞，為中華民國之英文譯稱的最早定名。[8]

---

[5]　《國父全集》，第 2 冊，頁 62。

[6]　《國父全集》，第 3 冊，頁 29。

[7]　羅家倫主編、黃季陸增訂：《國父年譜》，頁 174。

[8]　《國父全集》，第 5 冊，頁 120：Now it is evident, in order to solve this burning question, and to remove the source of disturbance to the peace of the world, that a new enlightened and progressive government must be substituted in place of the old one. In such a case China would not only be able to support herself, but

　　以上所列例證，皆為興中會時期，逐漸醞釀形成中國人自我稱謂的國家名號。其萌芽成長，與興中會宗旨密切有關。正可見出孫中山的理想高遠，及其創建中華民國的用心。

　　民國前 7 年（1905 年）8 月 20 日（清光緒 31 年 7 月 20 日）孫中山會同黃興、宋教仁、馬君武、胡漢民等三百餘同志，在日本東京成立中國同盟會，並公推孫中山為總理，實為革命組織的重大結合，革命運動的重大進展。惟在此之前，於 6 月 28 日（7 月 30 日）已事先籌備組會細節，商討誓詞問題。並決定誓詞仍沿興中會舊規，遵依孫氏所定四大重心，是即：「驅除韃虜，恢復中華，創立民國，平均地權。」用為同盟會立會宗旨，與會同志的精神中樞。[9]茲開同盟會誓詞全文，備供參考：

　　　聯盟人廣東省香山縣人孫文，當天發誓，同心協力，驅除韃虜，恢復中華，創立民國，平均地權，矢信矢忠，有始有卒，

---

would also relieve the other countries of the trouble of maintaining her independence and integrity. There are many highly educated and able men among the people would be competent to take up the task of forming a new government, and carefully thought-out plans have long been drawn up for the transformation of this out-of-date Tartar Monarchy into a " Republic of China". The general masses of the people are also ready to accept the new order of things and are longing for a change for better, to uplift them from their present deplorable condition of life. China is now on the eve of a great national movement, for just a spark of light would set the whole political forest on fire to derive out the Tartar from our land. 又，此項英文譯稱之出現於 1904 年，係承蔣永敬教授提示，因得查考《國父全集》，補引入註。此外又承蔣教授將其近著：〈同盟會成立的時代意義〉影印稿帶來香港，俾得參考。蔣教授此作係今年 8 月 20 日紀念同盟會創立八十週年紀念的一個講演稿。謹此聲敘，以表感謝。

9　羅家倫主編，黃季陸增訂：《國父年譜》，頁 196－199。

如或渝此，任眾處罰。天運乙巳年六月二十八日、中國同盟會會員孫文。[10]

就 1905 年同盟會誓詞所見，有兩點值得注意：其一、是在宗旨上完全直接繼承興中會。而四大重心之二：一在「中華」，一在「民國」，尤其志在創立民國，實充分實踐孫中山的奮鬥志節。同盟會重要構成成分，興中會之外，尚有華興會與光復會分子，俱能服膺孫氏所定誓詞，亦均可見出彼此革命目標本有一致之處。[11]

其二、就孫中山自宣誓詞所見，又可分作兩點解釋。一則孫氏用「天運」年號問題。「天運」年號是洪門志士起事時慣常使用的年號，具有悠久的歷史背景。較早者可以上推至清乾隆 51 年（1786）臺灣天地會林爽文起義所通用的「天運」年號。繼至清咸豐 3 年（1853）上海小刀會起事，亦用「天運」年號。足見「天運」一義，在南方秘密會社中影響之深遠。[12]孫中山在美國加入洪門，故能自然沿用其固有年號。此後各地中華國民軍起義並亦廣泛引用「天運」年號。二則可以特別提出之點，是孫氏誓詞所繫的日期：「天運乙巳年 6 月 28 日」，此一日期適為同盟會成立前，各方志士各地領袖在東京聚議籌備同盟的重要日子。孫氏解說立會宗旨，並先自宣誓，實具率先倡導意義。同時孫氏之為思想指導以及實際革命領袖，於此可以明見。

---

[10] 《國父全集》，第 2 冊，頁 897。同前書，同頁所載，1906 年，「中國同盟會總章」第二條所示立會宗旨云：「本會以驅除韃虜，恢復中華，創立民國，平均地權為宗旨。」

[11] 張玉法：《清季的革命團體》（臺北，中央研究院，1975 年印），頁 301－320。

[12] 王爾敏：〈五口通商初期上海地區暴亂事件所反映秘密會社之生機及適存環境〉，《香港中文大學中國文化研究所學報》（香港，1981 年印），第 12 卷，頁 65－87。

　　同盟會成立之後，為建造民國的革命運動，勢力大增。同時創刊《民報》，有文字宣傳鼓吹，革命認識也愈趨於廣泛明顯。中華民國政府雖然尚未能成立，而為建立「中華民國」之宗旨目標，則已成為革命志士的共同理想。因是而「中華民國」一個整體名號，即於次年產生。在 1906 年 12 月 2 日（清光緒 32 年 10 月 17 日）《民報》發行一週年紀念會上，正式出現「中華民國」國號之稱謂。有兩個重要文獻，為今日可據之參考：

　　其一、是章太炎的紀念祝詞：

　　　我漢族昆弟所作民報，俶載至今，適盈一歲。以皇祖軒轅之靈，洋溢八表，方行無閡。自茲以後，惟不懈益屬，為民斗杓，以起征胡之鐃吹，流大漢之天聲。白日有滅，星球有盡，種族神靈，遠大無極。敢昭告於爾丕顯皇祖軒轅，列祖金天、高陽、高辛、陶唐、有虞、夏、商、周、秦、漢、新、魏、晉、宋、齊、梁、陳、隋、唐、梁、周、宋、明、延平、太平之明王聖帝，相我子孫，宣揚國光，昭徹民聽，俾我四百兆昆弟，同心戮力，以底虜酋愛新覺羅氏之命，掃除腥羶，建立民國。家給人壽，四裔來享。嗚呼！發揚蹈厲之音作，而民興起，我先皇亦永有衣歸，民報萬歲！漢族萬歲！中華民國萬歲！[13]

　　其二、是孫中山發表演說，主講民生主義及五權憲法要義。在此講演中多次稱述「中華民國」：

　　　尚有一問題，我們應要研究的，就是將來中華民國的憲法。憲法二字，近時人人樂道，便是滿洲政府也曉得派些奴才出

---

[13] 《民報》，第 10 號，1906 年 12 月 20 日刊。

洋考察政治，弄些豫備立憲的上諭，自驚自擾。那中華民國的憲法，更是要講求的，不用說了。兄弟歷觀各國的憲法，有文憲法，是美國最好；無文憲法，是英國最好。英是不能學的，美是不必學的。英的憲法，所謂三權分立，行政權、立法權、裁判權各不相統，這是從六七百年前由漸而生，成了習慣，但界限還沒有清楚。後來法國孟德斯鳩將英國制度作為根本，參合自己的理想成為一家之學。美國憲法又將孟氏學說作為根本，把那三權界限更分得清楚，在一百年前，算是最完美的了。一百二十年以來，雖數次修改，那大體仍然是未變的。但是這百餘年間，美國文明日日進步，土地財產也是增加不已，當時的憲法，現在已經是不適用的了。兄弟的意思，將來中華民國的憲法，是要創一種新主義，叫做「五權分立」。[14]

除以上同盟會領袖明白宣示「中華民國」稱號之外，而在國內各省起義軍（湖南、江西、雲南、廣西），凡發布文告公檄，均多以「中華國民軍」自命，並用「天運」年號。其所依據，則以1906年同盟會本部所編「革命方略」為根本。「中華民國」一詞，並見於此四大綱領之中。而「同盟會革命方略」首要宗旨，仍以「驅除韃虜，恢復中華，創立民國，平均地權」為其革命運動之四大綱領。是以自同盟會組成之後，「中華」、「民國」之意旨，更廣泛構成革命活動的重要目標。[15]

---

[14] 《國父全集》，第 2 冊，頁 205。原載於《民報》，第 10 號。

[15] 「同盟會革命方略」，《國父全集》，第 1 冊，頁 286 云：「三、建立民國　今者由平民革命，以建國民政府，凡為國民皆平等以有參政權。大總統由國民公舉，議會以國民公舉之議員構成之，制定中華民國憲法，人人共守。敢有帝制自為者，天下共擊之」。又各地起義之「中華國民軍」，若萍鄉、瀏陽之龔春台所傳檄文，見《國父年譜》，頁 221－225；若欽州起義之王

　　章太炎的祝詞與孫中山的講演，為「中華民國」以國家名號稱謂的最早紀錄，距離「中華民國」肇建之前尚有六年之久。足以見其經久思考，醞釀成熟。同盟會革命志士，躬行實踐，可以中華國民軍誓表以為代表。茲舉「同盟會革命方略」所載誓表全式，以備參證：

> 中華民國國民軍誓表
> 入營充當中華民國國民軍軍人姓名當天發誓：
> 第一、遵守國民軍宗旨，驅除韃虜，恢復中華，創立民國，平均地權，矢信矢忠，有始有卒。
> 第二、服從國民軍軍律，如有違犯，甘受罪罰。
> 年歲　籍貫
> 左大指模
> 天運　年　月　日　立[16]

　　據以上所論各節，略知自同盟會草創「革命方略」(1906)，「中華民國」之建國目標與國家名號，已為孫中山及其同志時時在履踐實行之中。俱可概見，自興中會以來，以至同盟會先後革命活動，所期以努力實現的一種政體與政權。尤其自 1906 年起，這個國家名號更被鮮明標出。

　　「中華民國」一詞，確被當時同盟會分子作過嚴肅思考。章太炎於 1907 年（清光緒 33 年）撰著〈中華民國解〉一文，反覆思辨，作一透闢申解。茲略舉其定名宗旨：

和順，所發〈告同盟兄弟父老書〉，見《國父年譜》，頁 247-251。前後二者均以「中華國民軍」為鮮明標幟。
[16] 《國父全集》，第 1 冊，頁 293。

中國云者，以中外別地域之遠近也。中華云者，以華夷別文
化之高下也。即此以言，則中華之名詞，不僅非一地域之國
名，亦且非一血統之種名，乃為一文化之族名。故春秋之義：
無論同姓之魯衛，異姓之齊宋，非種之楚越，中國可以退為
夷狄，夷狄可以進為中國，專以禮教為標準，而無有親疏之
別。其後經數千年，混雜數千百人種，而其稱中華如故。以
此推之，華之所以為華，以文化言可決知也。故欲知中華民
族為何等民族，則於其民族命名之頃，而已含定義於其中。
以西人學說擬之，實採合於文化說，而背於血統說。[17]

《民報》刊布章太炎的〈中華民國解〉，顯示對其詞旨認識的
深刻與信持的堅定，自足以見出同盟會之一致立場與建國理想。

同盟會革命活動進展至 1910 年（清宣統 2 年），又有一次重大
改變。孫中山與各地同志在海外奔走經營，在歐美較易施展，在亞
洲南洋各地，則頗受各列強殖民地政府禁阻驅逐，革命同志甚受干
擾。主要由於各國禁止秘密會社活動，但不禁止各類政治團體。特
別是明白標示政黨組織及思想宗旨，西方各國多予保護。孫氏為適
應時勢需要，於 1910 年 2 月 27 日（清宣統 2 年正月 18 日）將中
國同盟會改稱為「中華革命黨」，同時並將入黨誓詞，作重大改動。
即將自同盟會創立以來的四大宗旨：「驅除韃虜，恢復中華，創立
民國，平均地權」十六字，改為：「廢滅韃虜清朝，創立中華民國，
實行三民主義」十八字。[18]

孫中山之改稱中華革命黨，實為適應時勢環境，便於活動起
見。僅止做到對外使用名詞的改變，而內部各同志之間，則仍保留

---

[17] 《民報》，第 15 號，光緒 33 年（1907）刊。
[18] 羅家倫主編、黃季陸增訂：《國父年譜》，頁 299−300。

同盟固有名義。至其改變名稱理由，亦於同年 8 月致鄧澤如書中明白說及：

> 至於盟書之改良，則殊非捨重就輕，乃再加嚴密耳。其前之中間四語，今改為三語，各包一主義（當指民族、民權、民生），以完其說。其前之中國同盟會會員字樣，今改為中華革命黨黨員，以得名實相符，且可避南洋各殖民地政府之干涉。蓋各殖民地有例嚴禁私會，而法、英兩殖民地前年已公認革命黨為政治之團體，法安南送黨人出境，而英殖民地收納之是也。若同盟會之名，在各殖民地皆未註冊，彼官吏可視為私會，非如革命黨之名有案可稽也，故盟書用之為宜（美洲、檀島已一律用之矣）。至團體與團體之往還，兩者俱可並用，隨人擇之。[19]

我人於孫氏更改盟書所見，自興中會開創以來的革命理想並未有任何改變，惟在三句宗旨之中，已明白揭示「創立中華民國」之目標。未來時日雖不可預期，但其抱持正大宗旨，當堅信終久必能實現。於此亦足以見出孫氏領導革命之遠大眼光與堅強信心。

滿清末造，並時政治思想家之提出創建民主共和國之理想，並以為奮鬥目標者，以孫中山及其所創興中會為領導前驅，實居先知

---

[19] 《國父全集》，第 3 冊，頁 125。同前書，頁 134－135。1910 年 11 月 10 日，孫中山致王月洲親筆函亦將更改盟書式樣開明如後：近日確係改訂新章，免收入會費，及更改盟書。茲付上新章一分，並盟書格式如下：
聯盟人　省　府　縣　名當天發誓，同心協力，廢滅韃虜清朝，創立中華民國，實行民生主義，矢信矢忠，有始有卒，如或渝此，任眾處罰。
中華革命黨黨員　押
主盟人　介紹人
天運年月日立

先覺地位。自 1905 年同盟會創立，則「中華」、「民國」國號已隱然存在於誓詞之中。而次年章太炎、孫中山即以「中華民國」國號指稱此一國家，時在民國正式建立之前六年。

孫中山創建中華民國理想，為國為民，目光遠大，抱持崇高理想。自創立興中會以來，先後為此理想奮鬥。直迄辛亥革命成功，民國肇造。然不久竟為袁世凱所篡奪，表演帝制醜劇，終而歸於身敗名裂。孫中山見及中華民國國體之動搖，乃於帝制消滅之後，於民國 5 年（1916）7 月 15 日公開演講，重新詳細解釋「中華民國之意義」。全部思想精義，強調「民」之關係重要。茲舉其所論：

> 顧僕尚有一重大意志，欲白於今日者，諸君知中華民國之意義乎？何以不曰「中華共和國」，而必曰「中華民國」？此「民」字之意義，為僕研究十餘年之結果而得者。歐美之共和國，創建遠在吾國之前。二十世紀之國，當含有創制之精神，不當自謂能效法於十八、九世紀成法，而引為自足。共和政體為代表政體，世界各國，隸於此旗幟之下者，如希臘，則有貴族奴隸之階級。直可稱之曰「專制共和」。如美國則已有十四省，樹直接民權之規模，而瑞士則全乎直接民權制度也。雖吾人今既易專制而成代議政體，然何可故步自封，落於人後。故今後國民當奮振全神於世界，發現一光芒萬丈之奇采，俾更進而底於直接民權之域。代議政體旗幟之下，吾民所享者，祇一種代議權。若底於直接民權，則有創制權、廢止權、退官權。但此種民權，不宜以廣漠之省境施行之，故當以縣為單位。地方財政完全由地方處理之，而分任中央之政費。其餘各種實業，則懲美國托拉斯之弊，而歸

諸中央。如是數年，必有一莊嚴燦爛之中華民國發現於東大陸，駕諸世界共和國之上矣。[20]

孫氏在此發揮行使民權的步驟宗旨，用特加強主權在「民」的意義。其崇重人民地位，曾引據漢代劉邦的歷史故事作一極洽切的譬喻。可以開列於後，以見孫氏對於「民國」一義的信念：

> 但欲民國之鞏固，必先建其基礎，基礎不必外求，當求諸全國國民之心中。若國民身受民權之庇護，識其為無上光榮，則自必出死力以衛民權，雖有拿破崙在國中，亦莫吾毒。然如何而能使國民知民權之無上光榮乎？僕試以歷史上之事實喻之：昔漢高祖初得天下，諸將叫號不寧，自叔孫通制定禮儀，乃始識天子之尊嚴。國民者，民國之天子也，吾儕當以叔孫通自任，制定一切，使國民即於尊嚴之地位，則國民知所愛，而視民權如性命矣。[21]

與人民對待而言，政府各級官吏，孫中山向來屢以「公僕」稱呼，雖一國元首，亦不例外。在同一講演中孫氏自言其大總統經歷，即作如是觀點。兩者對比考究，當可明見孫氏的識見氣度，光明正大之政治風範。尤其明標宗旨，創制尊崇國民制度，真是高瞻遠矚。今日閱讀，亦不能不深深感動，景仰其為人。茲舉其所言，俾與前面引文作一比較觀察：

---

[20] 《國父全集》，第 2 冊，頁 352。
[21] 《國父全集》，第 2 冊，頁 352－353。

第一任總統，不知者且視為尊如皇帝。而僕則否，故決意讓之袁世凱，使天下知做總統當如是。做公僕之不當爭，不必爭，以樹民國之大本。而世之君子有以僕荒廢厥職者，僕聞之滋樂。但僕因不願人之爭總統而讓之，而籌安會居然亦不願人之爭總統而倡帝制，可謂同志矣。[22]

　　孫中山創建民國，有其長期思考與奮鬥的經歷，其顯著特色，特在於「民國」一義，而對於中華民族之永久貢獻亦在於此。我人尚須特別注意者，孫氏對於中國構成分子之同胞，俱予以「國民」之稱號。其一、反映近代民族主義思想普遍之特色。中國知識分子思想言論，自十九世紀末葉以來特重「國」之意義，若國地、國權、國學、國粹等等不一而足，而主要用心，更着重主權所有一端。其二、與孫氏早期革命活動經歷有關，孫氏所發動起義活動，俱用「中華國民軍」名義，尤自同盟會創立之後，本之於「革命方略」，多以此為起義名號。其三、孫氏自革命以來之重視「國民」一詞，當有其堅定信念與重大思考。可以直觀解釋者，在於國家政權之所屬，質言之，即是國中一分子之義。即凡往昔之生民、人民、平民、部民、屬民、齊民、良民、小民、草民、下民、頑民、四民、黎民、庶民、居民、鄉民、市民、游民、眾民等名稱，均不能與之等量齊觀。只有一個較晚出的「公民」一詞，意義可以接近，但是法律意旨重於政治意旨，不及「國民」一詞的隆重寬泛。我人生存於民國世代，不能不珍惜做為「國民」之要義。在孫中山生平革命經歷中醞釀形成，使我同胞億萬之眾獲此尊貴名號，不可輕易忽視。我人閱讀孫中山自立誓言，足可證明其用心之深。茲略舉其詞於後：

---

[22] 《國父全集》，第 2 冊，頁 351。

夫革命先烈既捨身流血，而為其極艱極險之破壞事業於前矣，我國民宜奮勇繼進，以完成此容易安全之建設事業於後也。國民！國民！當急起直追，萬眾一心，先奠國基於方寸之地，為去舊更新之始，以成良心上之建設也。予請率先行之。誓曰：孫文正心誠意，當眾宣誓，從此去舊更新，自立為國民，盡忠竭力，擁護中華民國，實行三民主義，採用五權憲法，務使政治修明，人民安樂，措國基於永固，維世界之和平。此誓。中華民國八年正月十二日，孫文立誓。[23]

　　孫氏立誓自為國民，擁護中華民國，亦足見其自重其民，自重其國之志。今若託付一國大政，為全國國民表率，國家政府首長，實由其本身即是國民之一分子。如此元首，做為國家主人之全國國民們那有不愛戴仰重的道理？

　　環觀同一時代各類思想家之言論主張，排滿之論不少，而創建共和之言者甚稀，稱述「中華」者尚有，直言「中華民國」者則僅止孫中山、章太炎二人。惟孫章之外，尚有梁啟超值得注意。梁氏民權思想表達於其 1902 年（清光緒 28 年）所著小說：《新中國未來記》，發表於 1903 年《新小說》雜誌。

　　梁啟超以通俗文學宣傳政治理想，以其所創《新小說》開風氣之先，對於近代文學，為先知先覺，貢獻甚大。而其身體力行，更親自撰著《新中國未來記》小說，作一具體實驗。梁氏在此小說中所反映出的政治理想，頗具先知先覺喚醒國人意旨。簡約其要點以備參考比較：

　　其一、梁氏心目中的「新中國」的未來，是一個共和國體。而並非君主立憲。雖未明言民國，宗旨實無異趣，與興中會相同。

---

[23] 孫中山：《孫文學說》，第六章：「能知必能行」。

其二、實現共和之假想年代，是此書問世後十年，直截來說就是 1912 年（1902 之後十年）。此小說開端「楔子」即作如是估計。自光緒 28 年之「壬寅」年起，至六十年後另一壬寅，作為新中國開國五十週年（當為 1962 年）。未料此語，至十年後正遇辛亥革命成功，為其百分之百言中。[24]

其三、此一共和國之形成方式，是自帝政制度退讓過渡而來。梁啟超借其小說人物孔覺民在維新五十週年紀念的講演中說出：

> 其實六十年前那裏想還有今日？又那裏敢望還有今日？我們今日得擁這般的國勢，享這般的光榮，有三件事是必要致謝的。第一件、是外國侵陵壓迫已甚，喚起人民的愛國心。第二件、是民間志士為國忘身，百折不回，卒成大業。第三件、是前皇英明，能審時勢，排群議，讓權與民。這三件事便算是我這部六十年史的前提了。[25]

其四、小說中敘述維新五十年慶典，各國國王皇后、大統領及夫人、全權使節，均會集於南京，參與慶典。作者雖未明言定國都於南京，而小說的暗示卻又很十分具體，亦頗值得注意。

以上四端，頗與十年後創建中華民國史實符合。梁氏雖非革命黨，而能默察大勢，指出時代潮流所趨，亦足以見其卓識遠見。真可以說是先知先覺，其書可以不朽。所不同者，梁氏所表暴者，乃個人政治理想。而興中會、同盟會之所作為者，乃以此為獻身奔走，流血犧牲，力求實現的政治目標。梁氏民權政府之先見，藉虛構小

---

[24] 阿英：《晚清文學叢鈔》，「小說」一卷，上冊，《新中國未來記》，第一四，楔子。

[25] 阿英：《晚清文學叢鈔》，「小說」一卷，上冊，《新中國未來記》，第二四，「孔覺民演說近世史」。

說故事表達於世人。而興中會、同盟會之民權政治主張,則契刻於嚴肅的誓詞盟書,故在信念意旨上仍然有所不同。

歷觀當時各流派政治言論,除梁啟超表現出創建民國之理想外,其餘更無相類思想。據此當知興中會、同盟會對於創建「中華民國」的貢獻,實有其重大意義。蓋中華民族之表徵,必須符合中國五千年歷史文化全貌。而民主政治體制,適為全民醒覺後之共同願望。故「中華民國」詞旨,能夠充分包含這兩重意義,為全國人心所繫。足以代表這個國家全面的過去與現在。而孫中山倡導革命,立為建國宗旨,真可說是應乎天時,順乎民心,合乎中國歷史潮流。

中國近代之公僕觀念及主權在民思想

一、引言

　　中國政治歷史，自上古部族時代，以隨生民需要之實事進展而有顯著之發展段落，進化實跡，數千年來，歷歷可見，俱能徵信。惟自部族君長，以進至帝王至尊，所表現者概為元首撫馭下民之政治。上下之分，君臣之際，自有禮制之定則，風教之條目，以範鑄天經地義之信仰理說，用為社會風俗之共約，禮法政刑之根據。此蓋中國歷史進展形成之大致形貌，不待深辨，多能了然。

　　古史之發展形成，有其民族背景，人群需要，外力衝擊，內爭激蕩，種種因素，構造之結果。舉凡思想、文化、制度、風俗、宗教、信仰，均滙合不同來源之要素，融合而成。雖為君主政治，其起始固無可訾議。豈欲在此有所贅論。惟君主政治，後世日益進展，至於極權專制，自明代以後，實乃中華民族自縛自絕，自趨敗亡之弊政，真正需要思考起死回生之機，此所以明季諸子之深思更張之由，正是聖之時者也。儒者之足以適應世變，固可推信勿疑。[1]

　　儒者博學深思，向重廣涉博覽，乃智聖之根源，識斷之憑藉。中華民族之發展壯大，貴在崇信儒學，立國持世，儒者之功居大，

---

[1] 　陸寶千，《清代思想史》（臺北，廣文書局，民國 67 年印），頁 1－87。

史家屢見其實，無待深辨。惟中華立國於世，與異族周旋，至於屢仆而起，振作不易，當知治國政術，未嘗無蔽。若不更張，實難久持。至十九世紀列強競逐之世，其蔽尤顯。蓋西方民主政治制度列邦，正為中國開闢以來所未經見，歷代列聖所未述聞。儒生見而服膺，屢屢比侔於三代之治，正足表現其心折而歆羨，並非深閉固拒。[2]

近世中西接觸頻繁，西力衝擊，中國不得不被動承受，而凡有醒覺省悟時代劇變者，皆出於儒者之急起呼喚；凡有提出改革更張適應世變者，亦出於儒者之倡議。當時史實，各家言論，公私著述，存世甚夥。皆可對比覆按，豈可抹殺。至於承當外力之壓迫，新知之啟發，儒者早已了悟，提示預防甚早，自亦盡其時代天職，無負於國家民族。[3]所可憤嘆者，中國適應世變之諸多貽誤，輾轉危害國家民族生存，病根實在於專制政治。舉國禍福存亡，繫於集權之帝王，實即滿清之政權。啟禍召侮，割地賠款，均由此一專制政權承之，焉可諉責於他人。

君主政治之下，萬民眾庶，文武百僚，俱為其臣僕，無從代君主掌握一國命運，即無從負全國存亡之使命。應變之舉措，繫於帝王之遠謀深慮，胸襟氣度。滿清政權內外上下，碌碌無能，並無相當人才。而漢大臣所謂權傾一世，聲威彪炳者，實不過滿人權貴顧盼驅使而已。相去權力中心甚遠。中國遭遇世變，本可善於適應，歷史之不幸，正逢滿人政權當國，懼怕更張，尤畏變法。真是困局。

西方列強帝國主義者之在中國擴張種種權利，其所以肆無忌憚，得寸進尺者，正因看透中國之政治特質，君主集權，萬民喑啞。

---

2 王爾敏，〈儒家傳統與近代中西思潮之會通〉，《新亞學術集刊》，第 2 期（香港，1979 年印）。

3 王爾敏，〈中國近代知識分子應變之自覺〉，《中國近代現代史論集》（臺北，商務印書館，民國 75 年印），頁 173－236。

只須欺愚威迫滿清政府，一切要求，均易得手。何須瞻顧中國人民死活。是以在野民人以至儒生士庶，雖醒覺呼喚，亦不足以使帝王改革制度以應世變，貪權怙勢乃人之常情，帝王貴族尤其戒慎權力被奪，敏感之甚。

在中國數千年專制政治體制之下，君臣之位，上下之分，主僕之別，早已深入人心，形成義理之信持，禮儀之履踐；帝位愈趨高遠，下民卿士愈趨卑下。至十九世紀西方民權思想輸入，真是開闢以來曠世奇聞。儒生誌其歆羨，朝臣斥為邪說，無人膽敢獻為朝議。雖在野說者日漸廣遠，卻毫無及於國政。滿清朝貴，皇帝列王，又豈願輕易採聽。正如嚴復所謂，自由平等之說，歷代聖賢未嘗立以為教也。正為帝王專制之政權所不能容忍者。然則，當世之中國，惟有民權思想應為救治民族危亡，挽回國力衰敝之良劑。

二、公僕觀念之創生及代表人物

中國近代承西洋文化衝擊，雖以通商傳教最先接觸，而文化內涵，迅速得識西方民主政制。乃地理學家首先薦介，意氣平和，解說認真，稱許有加，未嘗有鄙薄拒斥之語。然則，先後傳播日廣，儒生反應不一，大多言論，趨於求知，愈論愈詳，引申尤眾。即在中華境內，亦滙為一代思想主流，洋洋大觀，未可輕忽。

余研治中國近代民主思想，殆三十餘年，已著相關論文多篇，推源溯始，於當時人士之著作言論，原始資料，提論於史界之學術領域者，為世人澄清中國近代民主思想面面要素。在拙著中先此提論而出者約十四端，是即：自由說，平等說，人權天賦說，社會契約說，主權在民說，上下議院論，政黨論，君主立憲論，憲法論，三權分立說，責任相權論，投甌選舉法，地方自治論等。維其中國

家公僕說先前則於〈十九世紀中國士大夫對於中西關係之理解及衍生之新觀念〉一文中有所提及。然留心多年，深信更須詳加列述，故願於此時提出專文探討。

公僕觀念承西洋文化輸入，誕生於中國，純為現代思想。有史以來，往日聖哲未嘗言及，官民士庶無從夢見。正待今世賢豪主倡而推廣之，帶使民主時代降臨，開闢國政新猷。真乃中華民族之新世運新紀元，置諸國史典要，在史家職司，亦當大書特書。

中國古代君主政治之形成，原非簡單述說所能盡其梗概，在此無暇深論，亦無意有所評騭。惟知中國政治上之君后帝王，自古至今，全然依存於「天命論」之信仰。用以維繫君民上下之分，君相主從之義。天子承天命而統馭萬民，〈小雅・北山篇〉云：「溥天之下莫非王土，率土之濱莫非王臣」。即在三代共主時代，即已形成一定之共識。是以君后統馭天下，設官分職，凡文武百僚，眾民士庶，皆應為帝王之臣僕。數千年來，久成不刊之義理。萬眾宴然信持，列聖無所啟疑。胡林翼乃近代儒生官僚，其自信居官品位，實皇家之僕隸然。如其所謂：

> 吾輩作官，如僕之看主。若視主人之家如秦越之處，不忠莫大焉。[4]

胡氏乃清代名臣，言論表率天下，當知君主政治下官僚之共信共識。

顧就民主政治而言，其思想體制逐漸輸入中國，亦由中國士人之不同反應而選擇吸收，實有早晚遲速之別。西方民主體制格局，

---

[4] 《胡文忠公遺集》（同治 6 年夏，黃鶴樓版），卷 59，頁 21，「咸豐八年致鄂僚屬」。

早於鴉片戰後之數年間，為魏源、徐繼畬、梁廷枏，分別介紹至中國。惟「公僕」觀念則延至甲午戰後始首見於嚴復之「闢韓論」，為時晚至五十年之久。中國最早出現「公僕」觀念，為光緒 21 年 3 月 13 至 14 日（1895）嚴復在天津《直報》所發表之「闢韓論」：

> 是故西洋之言治者曰：國者，斯民之公產也，王侯將相者，通國之公僕隸也。而中國之尊王者曰：天子富有四海，臣妾億兆。臣妾者，其文之故訓，猶奴虜也。夫如是則西洋之民，其尊且貴也，過于王侯將相，而我中國之民，其卑且賤，皆奴產子也。[5]

至光緒 26 年（1900）嚴復發表「主客平議」，設問語而又提示「公僕」之說，其設問曰：

> 旦而言平等，夕而說自由。有民權者，有民主者。甚且蔑君相之尊，指為一國之公僕。忘非后何戴之義，有用夷變夏之累。[6]

嚴復率先引介「公僕」觀念，突破數千年來政治理念之蔽錮，真是語破天驚，促人猛省。於近代民主思潮之推進，厥功至偉，無愧為一代思想先知。

自嚴復啟導思想趨嚮，自是晨鐘遒鐸，廣播國人，信仰而景從者日起。梁啟超得其風氣，步其後塵，亦提出「公僕」觀念，進而詳加申解，言辯愈益明確淺顯。如其在光緒 28 年（1902）發表「敬告當道者」云：

---

[5]　《嚴復詩文選註》（南京，江蘇人民出版社，1957 年 6 月印），頁 100、101。
[6]　《嚴幾道詩文鈔》（上海，國華書局，民國 11 年印），卷 1，頁 29。

某頓首：上書於國民公僕當道諸君閣下。某今者欲有所陳說
於諸君，而先冠以「公僕」二字之名詞，諸君勿以某為相褻
也。某聞美國大總統下教書於國中，必於其名之前冠以
Servant 字樣。譯言「僕人」也。凡以公事致書於人民，其
自署名處，必曰 Your Servant……譯言「君之僕某某」也。
泰西各國大臣及公使，皆稱 Minister 亦服役之意也。夫美國
今日最強盛文明之國也。大統領代表一國主權之人也，而其
所以自稱者乃若是。若是乎某之非以此名相褻也明矣。某常
言人各有天職，若此二字者，正諸君之天職，而某所欲敷衽
陳詞者，舍此亦更不能進一解也。[7]

　　梁啟超幼誦儒書，科考捷於鄉試，得舉人資格，當名列於儒生
之林無可疑也。其所識解公僕觀念，有何隔膜阻滯？足見儒生理性
適變之智慧。文句中引括洋文，直解本義，亦為近世屬文規制格律
之先驅，後日來者至眾，以迄今茲，誰能奪其開創之前徽？

　　梁啟超之外，其尤能啟發我人深思之人物，則為科甲狀元出身
之張謇。張氏半生熟誦儒學經典，出入科場者數十寒暑。終於大魁
天下，已逾不惑之年。如此儒生，竟於躋身翰苑之後，改途而獻身
實業，一切從頭做起，排除萬難而為之。此固已使人驚訝，而其生
平言論，屢屢以公僕自任自命。如其在光緒 32 年（1906）「大生紗
廠股東會提議書」中所云：

甲辰乙巳，日俄戰起，布銷大暢，紗利大增，賴以更番周轉，
不匱於用。而未嘗不時時自危。今下走年亦五十餘矣，而為
股東執公僕之役，亦十二年。幸未辱命，亦未受發起特別之

---

[7]　梁啟超，《飲冰室文集》（臺北，中華書局排印本，民國 25 年印），卷 11，頁 26。

利益。私心坦然,差無大戾,而憂患之迫日來,精力之衰漸著。實不敢再肩籌畫連本之責任。所幸大險已過,基礎已堅,但有能者,可以從容而指揮,不似竄人之冒險,此則必求各股東鑒許者也。[8]

同一文件又說明引退之義,再度自認為公僕:

下走家寒素,竄人而兼腐儒。忽為實業公僕,乃至由一而二而三不止,知者嗤為怪物,不知者直以為嗜利無厭之賤大夫。怪物是也,賤大夫亦是也。人各有心,今之社會,何處可說,為人詬病,乃分之宜。今亦稍自覺矣。亦自愛其生命,謹從此辭,願各股東另舉。各股東得毋疑下走為有激之言乎,下走視二廠猶下走心絡之血影也,豈能無桑下三宿之感。下走即不為經理,亦當以個人發起未受發起利益之資格,旁立而監視之。以保此千搖萬撼幸而未敗之物,各股東當可釋然。[9]

又張氏於其大生紗廠略說中亦曾申說為公僕不為眾僕之義:

下走恆為人言:為公僕可,為眾僕不可。自甲午以後,奮然捐棄人世一切之利祿,投身實業,因通州產棉,故從事於紡。首尾五年四十四月,百折千磨,停辛佇苦。幸而成立,躋於發達。乃漸以謀就地所宜之實業,股東有責以應專一於紡者,此特眾僕我耳。營一事,使入貲人享優厚之利,因漸以開投資合群之風氣,此公僕之說也。域於一事,使入貲人享

---

[8]　張謇,《張季子九錄》(上海,民國20年印),「實業錄」,卷4,頁1。
[9]　張謇,《張季子九錄》,「實業錄」,卷4,頁3、4。

優厚之利，因犧牲其身，為有限股東之牛馬而悅之，而於世無預，此眾僕之說也。[10]

中國儒生如張謇之熟於引用「公僕」觀念，於所在專制皇權統治下，民主政治之光明前景可期。則儒生理性之適應世變，亦足令人心折。史家據史實真知，宜有著錄而表暴之。俾世人獲得正確了解。

儒生之外，尚有商界人士，據其商民立場，論及政府之公僕，此即近代商戰思想先驅鄭觀應在中華民國初年之言論。如其致商部參議關均笙書：

中國人企業心不亞歐美人，苟非官場作梗，則工商發達，豈可限量。徒以各處大小官場橫征暴斂，遂使一般實業大家聞而裹足耳。民國以來雖云變革，而所謂民之公僕者，猶與前清無異。若果以革新自任，宜自為改革家而不當被人改革，宜對各資本巨商鼓勵提倡，而不當肆為摧挫。處二十世紀商業競爭之世界，事事阻撓及剝削，則此後各資本大家及有專門學識之士，皆不能望其盡力以助長中國之進化。況外國日以工業之勢力為和平之侵入，在外國為積極，在中國為消極。其勢實相反，故我政府如欲其富且強也，宜設法以求工商發展，則財政之收入自旺，較之強行抽剝大相懸殊也。[11]

鄭氏為十九世紀中葉較早提出改進政治制度之重要思想家，雖大力主倡商戰觀念，而實於變法改制言論涉及更廣。於民主思想之

---

[10] 曹文麟編，《張嗇菴實業文鈔》（民國 37 年印），卷 1，頁 29；又同前書，頁 9，亦並有提及公僕一詞。

[11] 鄭觀應，《盛世危言後編》（上海，翰華閣，民國 10 年印），卷 7，頁 33。

議院早有詳備之介紹，均早於嚴復、梁啟超、張謇等人，惟於公僕觀念提出較晚，固不可以此而忽視其全面思想之代表性與時代前驅之意義。

我人演論近代民主思想中之公僕觀念，據實有資料，就此一點鑽探當世創說人物，則所舉嚴復、梁啟超、張謇、鄭觀應自為重要代表。其論說所積，足以成為民主思想中一方完固之基石。

三、孫中山之擴大推廣

近代諸般思想先驅之中，推廣演說公僕之義最力者，應為孫中山先生。在其生平著論演說，引稱解析公僕意義，前後不下十次。抑且申解詳明，譬喻近身，人人易於通曉。

孫中山先生提示公僕觀念，早在同盟會成立之第二年，在光緒32 年 10 月 17 日（1906.12.2）於《民報》創刊一週年紀念會上講演提到：

> 一是考選權。平等自由，原是國民的權利，但官吏卻是國民公僕。美國官吏，有由選舉得來的，有由委任得來的。從前本無考試的制度，所以無論是選舉，是委任，皆有很大的流弊。就選舉上說，那些略有口才的人，便去巴結國民，運動選舉；那些學問思想高尚的，反都因訥於口才，沒人去物色他。所以美國代表院中，往往有愚蠢無知的人夾雜在內，那歷史實在可笑。就委任上說，凡是委任官，都是跟着大統領進退。美國共和黨、民主黨，向來是迭相興廢，遇着換了大統領，由內閣至郵政局長，不下六、七萬人，同時俱換。所

以美國政治腐敗散漫，是各國所沒有的。這樣看來，都是考選制度不發達的原故。[12]

在同一講演中再次提及官吏為國民之公僕：

中國向來銓選，最重資格，這本是美意；但是在君主專制國中，黜陟人才，悉憑君主一人的喜怒，所以雖講資格，也是虛文。至於社會共和的政體，這資格的法子，正是合用，因為那官吏不是君主的私人，是國民的公僕，必須十分稱職，方可任用；但是這考選權如果屬於行政部，那權限未免太廣，流弊反多，所以必須成了獨立機關，纔得妥當。[13]

中山先生在此次講演，首次提出其五權憲法構想，是其政治生命中重要文獻，由於解釋人民之考試權，要說明政府登進人才，承擔政務之官吏，必須經過考試，抑且參政之議員資格，亦必須經考試裁定，方可參加選舉。國民公僕之說出，中國政府公職責任遂得確定。此孫中山先生之重要貢獻。

當中華民國肇始，中山先生於民國元年（1912）4 月 10 日對於政府中各級職員之職司責任以至地位，有詳明肯定之解說，其所指政府職員，明顯並包括大總統在內。真當為國民政府之圭臬，各級官吏所當深思：

蓋在政治機關，凡百執事，按級供職，必紀律嚴明，然後能收身使臂，臂使指之效。必收此效，然後可以保全人民領土，

---

[12] 《國父全集》，第 2 冊，頁 205、206。
[13] 《國父全集》，第 2 冊，頁 206。

與列強相競爭。由斯而譚，聞者或以為與平日所信之共和與
自由主義大相衝突。其實不然。僕前言之矣，共和與自由，
全為人民全體而講。至於官吏，則不過為國民公僕，受人民
供應，又安能自由！蓋人民終歲勤動，以謀其生；而官吏則
為人民所養，不必謀生。是人民實共出其所有之一部，供養
少數人代彼辦事。於是在辦事期內，此少數人者，當停止其
自由，為民盡職，以答人民之供奉。是人民之供奉，實不啻
為購取少數人自由之代價。倘此少數人而欲自由，非退為人
民不可。自由之範圍本寬，而在勤務期間則甚狹。僕為總統
時，殊不能自由。今日來鄂，與諸君相見，實以國民的資格，
而非以總統的資格。故僕今日所享之自由，最為完全；其所
以完全者，以為國民的自由也。[14]

同年 9 月 21 日，中山先生就國民應有之權利義務，呼籲人民
納稅輸餉，維持國家政府，投效入伍，保護國家安全。其中說明，
政府人員一致仰賴國家以維生養廉。顯見主人翁與僕隸之差別：

從前專制的時候，官府為人民以上的人；現在共和，人民即是
主人，官府即是公僕。官府既是公僕，大家須出資以養其廉恥，
所謂國民有納稅之義務也。國家對內對外有時為保護晉行起
見，必須兵力。國家既為大家所有，則兵力亦必全恃乎國民，
所以國民又必有充兵之義務。國政百端，絕非少數人所能辦
理，必合全國。全國協力籌商，始克希望諸政妥善，晉於富強。
倘互任少數人獨斷獨行，則勢必流於專制，何得云共和。故為
防此少數人之專制，凡屬國民均有參政之權。所以義務、權利

---

[14] 《國父全集》，第 2 冊，頁 221。

兩相對待，欲享權利必先盡義務。務望諸君切實轉告我民國父
老兄弟，甚勿放棄個人義務，陷國家於危亡。幸甚。[15]

當民國 2 年（1913）宋案發生，孫中山先生領導二次革命，在
7 月 22 日發布討伐袁世凱叛國對國民宣言書，明白表示總統即為
國民之公僕：

何圖袁氏專為私謀，倒行不已，以致東南人民荷戈而逐，旬
日之內相連並發。大勢如此，國家安危，人民生死，胥繫於
袁氏一人之去留。為公僕者，不以國利民福為懷，反欲犧牲
國家與人民，以爭一己之位置，中華民國豈容開此先例。願
全體國民一致主張，令袁氏辭職，以息戰禍，庶可以挽國危
而慰民望，無任翹企之至。[16]

同一日孫氏發布致各省討袁通電，再度說明總統為國民之公
僕，宜忠心為公，效命國人，否則，當為人民唾棄驅逐：

今袁氏種種違法，天下所知，東南人民迫不得已，以武力
濟法律之窮，非惟其情可哀，其義亦至正。且即使袁氏於
所謂違法有以自解，然今者決死反對之人民遍於六、七省，
人民心理之表現既已如是，為公僕者即使自問無愧，亦當
謝職以平眾怒。微論政體共和，即君憲國之大臣，亦不得
不以人民之好惡為進退。有如去年日本桂太郎公爵，以國
家柱石、軍人領袖重出而組織內閣，祇以民黨有所不滿，

---

[15] 《國父全集》補編（臺北，中國國民黨中央黨史委員會編，民國 74 年印），
頁 138。
[16] 《國父全集》，第 1 冊，頁 806。

即翛然引去，以明心迹。大臣風度，固宜如是。況於共和
國之人民公僕，為人民荷戈以逐，而顧欲流天下之血，以
保一己之位置哉。使袁氏而果出此，非惟貽民國之禍，亦
且騰各國之笑。[17]

　　孫中山先生直言國家元首之總統為其國民公僕，在當世政治家
思想家之中，最有資格。蓋因其本身曾被選舉為中華民國第一任臨
時大總統，所稱謂國民公僕者，固在於宣示國人，釐清觀念，且以
其過來人身分而自我詮釋，使人熟知。在民國 5 年（1916）7 月 15
日憶述其初年原始構想，足以表明其對大總統職位之根本看法：

　　僕考歷史，中國因地理關係，宅居中土，無國際戰爭；而國
內戰事又純為爭一人之私位而起，故力與同志謀，以武力為
改革之手段，爭國民權利之預備。此時亦有譏僕為得狂疾
者，其實因僕所爭之權利至大至公，為前此所未有，當然為
人目為狂疾耳。逮南京政府成立，僕乃大負疚於國民。僕自
謂欲破壞非拚命不可，而拚命大難，故願與同志身任其難。
至建設則細條密縫，難而似易。且改革目的已達，第一任總
統，不知者且視為尊如皇帝，而僕則否，故決意讓之袁世凱，
使天下（人）知做總統當如是，做公僕之不當爭，不必爭，
以樹民國之大本。而世之君子有以僕荒廢厥職者，僕聞之滋
樂。但僕因不願人之爭總統而讓之，而籌安會居然亦不願人
之爭總統而倡帝制，可謂同志矣。[18]

17　《國父全集》，第 1 冊，頁 807。
18　《國父全集》，第 2 冊，頁 351。

　　此一文獻，表達中山先生一貫思想，然在中國政治史而言，極為重要。中山先生倡導革命，在為中國建立民主政治，當中華民國建立，其親身實踐，不過視總統職位為人民公僕。一國元首如此，凡百僚屬，即今日所謂之公務員者，無論特任簡任，部院首長，何一非人民公僕？豈可妄自尊大，作威作福？又何可罔顧職守，胡作非為？中山先生於民國元年早有言及，國民公僕，食國民之餉給，須忠心效命於國於民。否則，即須效法陶淵明，辭職他去，稱心自由，嘯傲市廛或笑傲江湖，均無不可。

　　民國 8 年（1919）中山先生講解三民主義，在其論及民權政治發展經過時，歷舉歐美爭取共和之委婉歷程，最後推重美國之共和政府，視為真正是民權之實現。備極稱道：

> 蓋往昔之所謂共和者，亦不過多數人之尊（專）制而已，而美洲之共和乃真民權之共和也。夫美國之開基，本英之殖民地而離母國以獨立，其創國之民，多習於英人好自由、長自治之風尚，加以採盧梭之民約，與孟氏之法意，而成其三權憲法，為政治之本；此為民憲之先河，而開有史以來未有之創局也。有美國共和，而後始有政府為民而設之真理出現於世。林肯氏曰：「為民而有，為民而治，為民而享者，斯乃人民之政府也。」有如此之政府，而民者始真為一國之主也。國家之元首百官，始變而為人民之公僕，服役於民者矣，此為政治之革命也。[19]

　　近世中國政治大患，在於政客充斥，民國以來，蠹國害民者，多為政客明爭暗鬥之結果。自民國創造，未有一日中止。中山先生

---

[19] 《國父全集》，第 2 冊，頁 157。

深惡而痛絕，不恨跋扈之武人，不恨昧心之官僚，惟最恨營私偷苟朝秦暮楚之政客。民國 8 年 10 月 10 日，中山先生著文紀念，痛斥政客之害國，措辭嚴厲，發人深省，足為今世之借鏡：

> 今日何日，正官僚得志、武人專橫、政客搗亂、民不聊生之日也。追源禍始，則政客實為萬惡之魁。或曰：「政客不死，禍亂不止。」至哉言乎！蓋官僚武人，不過政客之傀儡而已。官僚雖惡，其中非絕無醇厚之儒；武人雖橫，間亦不乏尚義之士。惟政客則全為自私自利，陰謀百出；詭詐恆施，廉恥喪盡，道德全無，真無可齒於人類者。政客！政客！爾之作惡，已八年矣。多行不義必自斃，國民之公論，將不容爾矣！爾尚有畏禍而生悔心乎？放下屠刀，可以成佛，否則無及矣！官僚武人，爾能覺悟否？夫爾輩多清朝臣僕，在清朝之時，尚不敢如此作惡專橫；今為民國公僕，何反跋扈若是？須知爾清主有二百六十年根深蒂固之基，猶有一朝覆亡之禍，爾非如此源遠流長，將何所恃而不恐？若早悔禍，効忠民國，猶望可保善終也；否則爾之絕地逼近矣。[20]

民國 10 年（1921）12 月 7 日，孫中山先生在廣西桂林講演，再度以己身總統身份肯定其人民公僕之意義。設詞譬喻，淺近明白，無待深解。

> 共和與專制有甚麼分別？民國與帝國有甚麼不同？我們可用現在民國和從前帝國兩個名詞比較來說一說。從前帝國的天下，是皇帝一個人的，天下人民都是皇帝的奴隸。現在民

---

[20] 《國父全集》，第 2 冊，頁 166。

國的天下，是人民公有的天下，國家是人民公有的國家。帝
國是皇帝一個人作主的，民國是人民大家作主的。諸君今天
來歡迎本大總統，絕不可抱那種舊思想！本大總統受國會的
付託，總攬全國政權，雖然說是全國的行政首長，實在是全
國人民的公僕。本大總統這次是來做你們奴隸的，就是其餘
文武百官，也都是你們的奴隸。從前帝國時代，四萬萬人都
是奴隸，現在民國時代，大家都是主人翁。這就是民國和帝
國不同的地方，這就是中國從古沒有的大變動。[21]

　　中山先生自創始興中會，即志在建立民國，為民權思想之實
踐。1905 年創立同盟會，揭示其民族、民權、民生三大主義。為
中華民國創制立國原則，為中華民族定出奮鬥目標。近代思想家均
遠不及其思想之具有體系，在歷史上自當居於推動時代之領袖、開
闢國運之導師。然而，中山先生始終以公僕自視自待，自同盟會起，
以至晚年北伐前夕，反復申陳，不厭其淺俗，故宜為此一觀念最能
履踐篤行之政治家，後世史家宜有所標舉，以供世人參酌效法。

四、主權在民之覺識及孫中山民權思想基礎

　　二十年前研考中國士大夫對於近代民主政治之認識，早就社會
契約說之廣泛引伸有所論述。近代中國士人類多熟用其義，雖出以
不同表達，實質應歸之於社會契約說。代表人物固然不少，申論層
次亦頗為多樣。至於主權在民觀念，本為社會契約說之根源依據，

---

[21]　《國父全集》，第 2 冊，頁 460。

當時已在拙文中詳細介紹若干相近相同言論。是以在此不再重列一節，以免重複過去，願有志同道取以參閱可也。[22]

上溯中國歷史，中國固有民本論始終為學者名儒提示於專制帝王時代。基本信念源自於天意在民，三千年來與帝王政治相終始。[23]此為中國古代政治思想中之重大課題，具重大意義。在此

---

[22] 王爾敏，〈晚清士大夫對於近代民主政治的認識〉，《晚清政治思想史論》（臺北，民國58年印），頁220－276。

[23] 天意在民思想，淵源於古代，引伸於歷世。中國君主帝制時代，未嘗中斷，直迄近今。尚書所言，孟子所述，每每為後世引據，在此無須載錄。惟願將後世各代言論，略提示數處，以為表達其歷久不衰之佐證：

其一、漢，王符：潛夫論，〈遏利〉篇云：「帝以天為制，天以民為心。民之所欲，天必從之」。載《潛夫論箋》（北京，中華書局，1979年4月版），頁26。又同前書，〈愛日〉篇云：「國之所以為國者，以有民也。民之所以為民者，以有穀也。穀之所以豐殖者，以有人功也。功之所以能建者，以日力也。治國之日舒以長，故其民閒暇而力有餘。亂國之日促以短，故其民困務而力不足」。載《潛夫論箋》，頁210。

其二、宋，葉適：《水心集》，〈財計〉篇上云：「然則有民而後有君，有君而後有國，有君有國而後有君與國之用。非民之不以與其上也，而不足者何說？今之理財者，自理之歟，為天下理之歟？父有十子，闔其大門，日取其子而不計其後，將以富其父歟？抑愛其子者必使之與其父歟？抑孝其親固將盡困其子歟？抑其父固共其子之財歟？然則今之開闔歛散輕重之權，有餘不足之數，可以一辭而決矣。奈何以聚歛為理財，而其上至於使小人？君子以為不當理財，而聽其絕而不繼？若是者，何以為君子哉」！載《水心集》（上海，中華書局，四部備要，集部），卷4，頁16、17。

其三、丘濬：「臣按：山高出於地而反附著於地；猶君居民之上而反依附於民何也？蓋君之所以為君者，以其有民也。君而無民，則君何所依以為君哉。為人上者，誠知其所以為君而得以安其位者，由乎有民也。可不思所以原民之生而使之得其安乎，民生安，則君得所依附而其位安矣」。載丘濬著，《大學衍義補》（臺北，商務印書館景印，四庫全書本），卷13，頁3。同前書又云：「臣按：書曰惟天惠民，惟辟奉天。君承天之命以治天之民，知天之心甚惠愛乎民也。則必養之如子，蓋之如天，容之如地。則民之奉其君，亦將愛之如父母，仰之如日月，敬之如神明，畏之如雷霆矣。苟以一人肆於民上以縱其淫虐，而棄天地之性，豈天意哉」！載《大學衍義補》，卷13，頁7。同前書又云：「臣按：天生民而立之君以牧之，是君為民而立也。君無民則無以國，而君又安能以一人之身而自為哉！此人

不暇深論。惟近代儒生學者因承西方民約論之啟發，乃順便自然就民本論引導至民權論，由「民為邦本，本固邦寧」，轉進至於主權在民觀念，因是趨合於西方之社會契約說，有針芥相引之效。

近代中國式之社會契約說，若譚嗣同之眾民委託責任說，若梁啟超之東主與掌櫃關係說，若陳天華之船夫與乘客關係說，均出以人事之譬喻，申解亦淺鮮動人，俱不外自固有傳統思想轉化引申，表現一代之社會契約論說的民主思想。儘可參閱拙著。不待在此重述。

孫中山在其所著《三民主義》中，把四萬萬民眾看成四萬萬皇帝，屢屢習慣言之，成為口頭用語。在此可以一語概括，中山看待國民，視為國家主人。茲就其民國元年（1912）8 月 13 日的「國民黨宣言」中見之。正表達其「主權在民」思想：

> 今夫國家之所以成立，蓋不外乎國民之合成心力。其統治國家之權力，與夫左右此統治權力之人，亦恆存乎國民合成心力之主宰而綱維之。其在君主專制國，國民合成心力趨重於一階級、一部分，故左右統治權力者，常為閥族、為官僚。其在共和立憲國，國民合成心力普遍於全部，故左右統治權力者，常為多數之國民。誠以共和立憲國者，法律上國家之主權在國民全體，實事上統治國家之機關，均由國民之意思構成之，國民為國家之主人翁，固不得不起而負此維持國家之責，間接以維持國民自身之安寧幸福也。[24]

君所以貴乎得民也。所謂得民者，非謂得其土地生齒也，得其心也。得其土地生齒而不得其心，猶不得也。」載《大學衍義補》，卷 13，頁 10。
[24] 《國父全集》，第 1 冊，頁 793。又頁 795〈國民黨宣言〉云：「共和之制，國民為國主體，吾黨欲使人不忘斯義也，故顏其名曰國民黨。黨有宗旨，所

　　「主權在民」之詞稱，是取借孫中山先生所講述，為時已在民國 5 年 7 月 17 日，原在憶述民元肇始，創制民國政府約法所主張乃謂：「我國約法規定統治權屬於全體。必如是，而後可言『主權在民』也。」[25]這四字連屬的語詞，在清末尚未出現，實僅具備其相同意旨而已。惟孫中山先生始終一貫，信持堅定，解說深入具體，在其民權思想中，為一切立說之前提，自亦構成民權主義之根本基礎。

　　中山先生此一觀念，至少創生於民國元年制定民國政府約法之時，後人檢討批評當日之約法，孫中山先生曾作鄭重聲明，表達其主權在民主張，堅持入於約法：

> 至於我們民國的約法，沒有規定具體的民權，在南京訂出來
> 的民國約法裏頭，祇有「中華民國主權屬於國民全體」的那
> 一條，是兄弟所主張的，其餘都不是兄弟的意思，兄弟不負
> 那個責任。[26]

　　中山先生講述主權在民觀念，取譬借喻，略與梁啟超、譚嗣同、陳天華立論相同。蓋使聞者易曉，不能不自淺近處入手。譬解人事，尤歷為中山先生講述理論之特長，在其一生，屢屢表達，

以定眾志，吾黨以求完全共和立憲政治為志者也，故明其義曰鞏固共和，實
行平民政治。眾志既定於內，不可不有所標幟於外，則黨綱尚焉。故斟酌損
益，義取適時，概列五事，以為揭櫫：曰保持政治統一，將以建單一之國，
行集中之制，便建設之事，綱舉而目張也。曰發展地方自治，將以練國民之
能力，養共和之基礎，補中央之所未逮也。曰勵行種族同化，將以發達國內
平等文明，收道一同風之效也。曰採用民生政策，將以施行國家社會主義，
保育國民生計，以國家權力，使一國經濟之發達均衡而迅速也。曰維持國際
和平，將以尊重外交之信義，維持均勢之現狀，以專力於內治也。」
25　《國父全集》，第 2 冊，頁 356。
26　《國父全集》，第 2 冊，頁 425。

愈見精闢。在民國元年 9 月 21 日講解共和意義，即在說明主權在民宗旨：

> 專制的時候，人人俱受官府監督，共和政體，人人皆是主人。二者比較，譬如營商，專制政體乃東家一人之生意，無論若干伙計，所得利益盡歸東家一人，且如伙計，又皆受東家一人管轄；共和政體則不然，猶如合資營業之公司，人民盡屬股東，公司賠賺，各股東自然痛癢相關，各股東不但有監查公司之權利，且對公司負有出資之義務。[27]

　　中山先生申論民權思想，最精闢而扼要之觀點在於其所提示「共和」之國與「民國」之不同，何以必稱「民國」而不主張稱做「共和國」，孫氏實大有深意以為分判，如其在民國 5 年 7 月 15 日講到：

> 顧僕尚有一重大意志，欲白於今日者，諸君知中華民國之意義乎？何以不曰「中華共和國」，而必曰「中華民國」？此「民」字之意義，為僕研究十餘年之結果而得之者。歐美之共和國，創建遠在吾國之前。二十世紀之國，當含有創制之精神，不當自謂能效法於十八、九世紀成法，而引為自足。共和政體為代表政體，世界各國，隸於此旗幟之下者，如希臘，則有貴族奴隸之階級，直可稱之曰「專制共和」。如美國則已有十四省，樹直接民權之規模。而瑞士則全乎直接民權制度也。雖吾人今既易專制而成代議政體，然何可故步自封，落於人後。故今後國民當奮振全神於世界，發現一光芒萬丈之奇采，俾更進而底於直接民權之域。代議政體旗幟之

---

[27] 《國父全集》補編，頁 137。

下，吾民所享者，祇一種代議權。若底於直接民權，則有創
制權、廢止權、退官權。但此種民權，不宜以廣漠之省境施
行之，故當以縣為單位。地方財政完全由地方處理之，而分
任中央之政費。其餘各種實業，則懲各國托拉斯之弊，而歸
諸中央。如是數年，必有一莊嚴燦爛之中華民國發現於東大
陸，駕諸世界共和國之上矣。[28]

　　主權在民者，淺顯之比喻，即其國家如昔日皇帝所擁有者而今
為民擁有。民者，今日之皇帝是也。孫中山先生每每以皇帝喻國民，
而群臣百僚之效忠皇帝者須效忠眾民，包括總統在內，其最切當最
能表達公僕之設喻者，則在此次同一演說中充分顯示：

僕試以歷史上之事實喻之：昔漢高祖初得天下，諸將叫號不
寧，自叔孫通制定禮儀，乃始識天子之尊嚴。國民者，民國
之天子也，吾儕當以叔孫通自任。制定一切，使國民即於尊
嚴之地位，則國民知所愛，而視民權如性命矣。[29]

　　民國 6 年，孫中山先生著成《民權初步》一書，以為國民社會
建設之教材。在其 2 月 21 日所撰序文中再次申述「民國」之界義，
蓋謂民擁四大民權並自為國之主人者斯為民國。期望據此書而深明
民權之要，共同努力而建造民有、民治、民享之中國：

何為民國？美國總統林肯氏有言曰：「民之所有，民之所
治，民之所享。」此之謂民國也。何謂民權？即近來瑞士

---

[28]　《國父全集》，第 2 冊，頁 352。
[29]　《國父全集》，第 2 冊，頁 353。

國所行之制，民有選舉官吏之權，民有罷免官吏之權，民
有創制法案之權，民有複決法案之權，此之謂四大民權也。
必具有此四大民權，方得謂為純粹之民國也。革命黨之誓
約曰：「恢復中華，創立民國。」蓋欲以此世界至大至優之
民族，而造一世界至進步、至莊嚴、至富強、至安樂之國
家，而為民所有，為民所治，為民所享者也。今民國之名
已定矣。名正則言順，言順則事成，而革命之功，亦以之
而畢矣。此後顧名思義，循名課實，以完成革命志士之志，
而造成一純粹民國者，則國民之責也。蓋國民為一國之主，
為統治權之所出，而實行其權者，則發端於選舉代議士。
倘能按部就班，以漸而進，由幼稚而強壯，民權發達，則
純粹之民國可指日而待也。[30]

　　中山先生生平固時時為民主思想，發布其深熟之見解。在諸家
言論中，最具系統，實並洞悉中西思潮淵源始末，解析最能鞭辟近
裏。惟尤能代表其「主權在民」之理論文獻，則為民國 11 年（1922）
孫氏所撰〈中華民國建設之基礎〉，通篇深入探討，闢斥同時人士
所倡議之各類誕說，反復申論「主權在民」之真諦，並提示如何達
成之具體條目。此實中山民權思想精華，最足代表其思想創造，超
邁恒流。茲為徵實起見，願舉證而一一申說如次。

---

[30]　孫中山，《民權初步》，「序」。原名：《會議通則》（上海中華書局，民國 6
　　年印）。今收入《國父全集》，第 1 冊，頁 667－668，建國方略之一。在自
　　序中期許國人，廣為閱讀，有云：「凡欲負國民之責任者，不可不習此書；
　　凡欲固結吾國之人心，糾合吾國之民力者，不可不熟習此書，而徧傳之於
　　國人，使成一普通之常識。家族也，社會也，學堂也，農團也，工黨也，
　　商會也，公司也，國會也，省會也，縣會也，國務會議也，軍事會議也，
　　皆當以此為法則。」

當日盛行中央集權、地方分權諸說，尤其地方分權及聯省自治，全國政界，十分盛行，中山先生一一加以駁斥，以為無關於民權政治之進展：

> 夫主權在民之規定，決非空文而已，必如何而後可舉主權在民之實。代表制度，於事實於學理皆不足以當此，近世已能言之矣。然則果如何而能使主權在民為名稱其實乎？近來論治者於此問題多所忽略，而惟日以中央集權或地方分權甚或聯省自治等說相徵逐。夫此數者果遂足以舉主權在民之實乎？夫所謂中央集權或地方分權甚或聯省自治者，不過內重外輕、內輕外重之常談而已。權之分配，不當以中央或地方為對象，而當以權之性質為對象。權之宜屬於中央者，屬之中央可也；權之宜屬於地方者，屬之地方可也。例如軍事外交，宜統一不宜紛歧，此權之宜屬於中央者也。教育、衛生，隨地方情況而異，此權之宜屬於地方者也。[31]

中山先生闢斥聯省自治之說至為精闢。質言之，此不過便於軍閥割據，自成小朝廷而已。中山先生分析，以主權在民痛斥此類假民主論說：

> 由上所述，可知權力分配，乃國家權力分配於中央及地方之問題，與主權在民無涉。欲知主權在民之實現與否？不當於權力之分配觀之，而當於權力之所在觀之。權在於官，不在於民，則為官治；權在於民，不在於官，則為民治。苟其權在於官，無論為中央集權、為地方分權、為聯省自治均也。在昔中央集

---

[31] 《國父全集》，第 2 冊，頁 177。

權時代，盛行官僚政治。民眾之與政治，若漠然不相關，其為官治固已。然試問今之行聯省自治者，其所謂一省之督軍、總司令、省長等，果有以異於一國之皇帝、總統乎？一省之內所謂司長等之大小官吏，果有以異於一國之內所謂總長等之大小官吏乎？省之鈐制各縣，較之中央政府之鈐制各省，不啻模仿惟恐其弗肖，又加甚焉；省之直接魚肉其民，較之中央政府之直接魚肉其民，不啻模仿惟恐其弗肖，又加甚焉。中央政府以約法為裝飾品，利於己者從而舞弄之，不利於己者則從而踐踏之；省政府則亦以省憲為裝飾品，利於己者從而舞弄之，不利於己者則從而踐踏之。中央政府所以之待國會者，省政府亦即以之待省議會；中央政府所以之待全國最高司法機關者，省政府亦即以之待全省最高司法機關。其為官治，固無異也。所異者，分一大國為數十小國而已。[32]

中山先生進一步提出實現「主權在民」之民治政治方略有四，成於此，方得謂真正之民主政治。

（一）分縣自治。分縣自治，行直接民權，與聯省自治不同者在此。其分縣自治之梗概，吾於民國 5 年在上海曾有講演，可覆按也。

（二）全民政治。人民有選舉權、創制權、複決權、罷官權，詳見《建設》雜誌全民政治論。

以上二者，皆為直接民權，前者行於縣自治，後者行於國事。

（三）五權分立。三權分立，為立憲政體之精義。蓋機關分立，相待而行，不致流於專制，一也。分立之中，仍相聯屬，不致孤立，無傷於統一，二也。凡立憲政體莫不由之。

---

32 《國父全集》，第 2 冊，頁 178、179。

> 吾於立法、司法、行政三權之外,更令監察、考試二權
> 亦得獨立,合為五權。詳見五權憲法之講演。

(四)國民大會。由國民代表組織之。

以上二者,皆為間接民權,其與官治不同者,有分縣自治,全民政治,以行主權在民之實。非若今日人民惟恃選舉權以與踞國家機關者抗。彼踞國家機關者,其始藉人民之選舉,以獲此資格。其繼則悍然違反人民之意思以行事,而人民亦莫如之何。此今日政治現象所可為痛心疾首者,必如吾之說,乃得救此失也。且為人民之代表與受人民之委任者,不但須經選舉,尤須經考試。一掃近日金錢選舉、勢力選舉之惡習。可期為國家得適當之人才,此又庶政清明之本也。[33]

所可注意者,孫中山先生四項方略,重點特加強於地方自治,以此為實行民權基礎。其所表現者,則孫氏列出之「全民政治」,使人民充分掌握政權,始得視為全民政治。蓋全民政治即推行民權之最終目標也。中山先生在其文中總結意趣之目標,是即真正完成「主權在民」之理想。

> 綜上四者,實行民治必由之道,而其實行之次第,則莫先於
> 分縣自治。蓋無分縣自治,則人民無所憑藉,所謂全民政治,
> 必末由實現。無全民政治,則雖有五權分立、國民大會,亦
> 終末由舉主權在民之實也。以是之故,吾夙定革命方略,以
> 為建設之事,當始於一縣,縣與縣聯,以成一國。如此,則
> 建設之基礎在於人民,非官僚所得而竊,非軍閥所得而奪。
> 不幸辛亥之役,其所設施,不如吾意所期,當時汲汲惟在於
> 民國名義之立定,與統一之早遂,未嘗就建設之順序與基礎

---

[33] 《國父全集》,第 2 冊,頁 179、180。

一致其力，大勢所趨，莫之能挽，根本未固，十一年來飄搖
風雨，亦固其所。積十一年來之亂離與痛苦為教訓，當知中
華民國之建設，必當以人民為基礎。而欲以人民為基礎，必
當先行分縣自治。及今為之，猶可及也。[34]

雖然中山先生七十年前以為此論，時人研考，核校今事，亦當
可比照而引為借鑑。中山先生所言，洞澈政治弊癇，言民主政治者，
宜知中山先生早作先見，今日愈益混亂，如何強化縣級自治，教民
施行真正民權，以圖達成全民政治目標。方不背負中山先生昔年期
望於國民全體。甚望識者反復閱誦此一文獻，加深記憶。

五、結論

余生平治史，累積知識。於史乘起伏，朝代興衰，民族存續，
文化綿延，多有感觸。尤於極權專制政治，用心最久。以為乃中
國民族趨於衰敗之總因。願於此略加提示。中國自古代發展政治，
各因時代需要，形成不同體制。原無可訾議。惟自秦漢皇帝專制
造成大一統之局，有其一定成就。然政治延續數百年，已產生外
戚、權臣、寺宦弄權等重弊。內力易潰，外侮荐至。三國紛爭之
後，不久而有五胡十六國之進據中原，造成長期分裂，中國不亡
如線。是以當六朝之世，應為專制政治進至窮途之時。未料經隋
唐而至五代之分裂，經北宋南宋而又有遼、金對峙，終至亡於外
族。元朝統一，實亡中國。幸恃文化凝固之力而得以光復。然明
朝又亡於清。至清季之中國，幾為列強瓜分。何以屢亡愈頻，實

---

[34] 《國父全集》，第 2 冊，頁 180。

乃專制政治所招致，關係最為直接。委於中國文化之不競，實大錯誤。不知病根，焉能論政。

近代西方擴張，中國飽受衝擊。幸得開拓眼界，見及西方民主政治格局，從而介紹感悟，以至吸收傚效。真足以濟專制之窮途，還全民之生機。志士仁人，識力高遠者，為之提倡推廣，立說揄揚，蔚為近代思潮主流。終由孫中山先生領導革命而推翻專制王朝，建立中華民國。此實中國開闢以來之巨大變化，新時代之肇端。凡為史家天職，宜多著力著述，留存紀錄。

中國知識分子，吸收西方民主知識，實醞釀近百年之久。雖民國建立，亦尚引介新說。殆由淺入深，由簡入繁，由少漸多，乃為常態。

「公僕」觀念，為民權觀念之一端，出現稍晚，與中國固有政治倫理大相逕庭。是以解悟人士較少，流布言論較稀。愈見倡言者之超卓識力，彌足珍貴。「主權在民」觀念，具其意旨者，出現亦在甲午中日戰後。惟啟悟淵源於中西融會，具民本論之素質，且出現人事之借喻。基本論點，則合於西方之社會契約說。至於「主權在民」四字合詞，則純為孫中山先生一人所倡言，為其民權主義之理論核心。是以中山先生生平，不斷反復陳說。讀其著作，多處可見，不下十次。隨便講述三民主義之時，即有主權在民意義之說明。如民國 10 年 12 月 7 日孫氏講演有謂：

> 十年前革命的成功，就是民族主義成功。所以「民族主義」就是和「民有」的意思一樣。革命成功以後，中國的土地和主權，已經由滿清皇帝的手裏奪回到中國人民的手裏來了。但是我們人民徒有政治上主權之名，沒有政治上主權之實，還是不能治國。必須把政治上的主權，實在拿到人民手裏來，才可以治國，才叫做民治。這個達到民治的道理，就叫

做民權主義。至於民生主義，是由人類思想覺悟出來的。因為我們既有了土地和主權，自然要想一個完全方法來享受，才能夠達到生活上圓滿的幸福。怎麼樣享受生活上幸福的道理，便叫做民生主義。所以說「民有」、「民治」、「民享」就是本大總統生平所提倡的三民主義。[35]

此處講到民權主義，全部要旨，無非在表達主權在民觀念。當知「主權在民」觀念實是中山先生所創始之重要思想。

---

[35] 《國父全集》，第 2 冊，頁 461。

孫中山與其中華文化傳統素養

一、引言

　　我個人先後多年從事研考孫中山思想學說，直接閱讀重要版本之《國父全集》以至《孫中山全集》，見其少壯所作親筆撰述。如〈上李鴻章書〉（1894）、〈檀香山興中會章程〉（1894）、〈香港興中會章程〉（1895）、〈創立農學會緣起〉（1895），以及〈致鄭藻如書〉（1890）、〈致區鳳墀書〉（1896）、〈復翟理斯書〉（1896）等等。為期俱在孫氏二十五至三十一歲之間，而屬文典雅，用詞古簡，立旨醇正，志識堅卓。抑且其〈上李鴻章書〉久為後世傳誦，代表當時改革思想文獻，可知孫氏之學問根柢原具有豐厚教養。

　　孫中山一生著作，無論思想史、政治史、革命史、近代史、民國史等不同角度，衡量取材。其不朽文章如〈上李鴻章書〉、〈農學會緣起〉、〈興中會章程〉、〈民報發刊辭〉、〈革命方略〉、〈中華民國臨時大總統就職宣言〉、〈中國國民黨第一次全國代表大會宣言〉，以及〈國民政府建國大綱〉等等，俱將永遠緊扣歷史環節，無人可以加以排除不問。至其所著成書，若《三民主義》、《實業計畫》，以及《孫文學說》。往往為自命高深專學之學者有所鄙薄。若不識時代背景與孫氏所處環境，其所質疑而譏彈者即令是打中要害，實亦不啻鴟梟之嚇鵷雛，鷽鳩之笑鯤鵬，自亦無從搖撼諸書價值。

　　孫中山是一個奔走革命的政治家，雖忙於政治活動，而自來多數重要文獻實俱出其親手草撰，即令《三民主義》是由講演紀錄修訂成書，但出自孫氏創作亦毫無可疑。所幸中山逝世不久，其生平手書即已屢屢為當世學者著手蒐集編組。可以稱為具備整體規模，自須推重中國國民黨黨史委員會所出版之《國父全集》十二冊，近年又有大陸中華書局出版之《孫中山全集》十一冊。當是研究孫中山思想學說的重要資源。

　　我個人歷經多年研討近代史實，向未自承專門研究中山思想。而翻閱孫中山著述，及其畢生投身於救國建國活動，有多重實質印象，而堅定信心，必須肯定在此時代中孫氏之崇高歷史地位。近代政治人物，應無人能望其項背。

　　當然，有關近代革命史與中華民國史以至孫中山傳記，已早有多人演述論著，世人早有共識。此種正史規模，煌煌典冊，已足備參考。本文自無須重複引論，不必再在此重大層面研考孫中山。我人俱可自多重深刻印象中，尋繹其次要重點，他人較少注意之處，從孫氏生平言論，字裡行間，略予抉發孫氏之傳統文化教養。期能予人以概觀了解。此即撰著此文的基本用心。

二、從中山譜傳見其傳統文化教養所本

　　研考孫中山所承受傳統文化根柢，其動因出於累積閱讀孫氏手撰各類文獻。我人可以確見孫氏著述，除英文回譯外，多不用白話書寫。凡其所著，大部文筆典雅，辭藻精鍊，行文條暢，不蔓不枝。抑且引據史實典故，往聖言行，絕對自然純熟。且具特識領悟，往往破前人所未發，頗見非凡之嚮。不免啟我追逐，以探索孫氏所受傳統教育之程度。

　　以目前所見孫氏自述之傳記性資料，前後不下四種。[1]此外則為更具年代序列的《國父年譜》，出於羅家倫、黃季陸、秦孝儀、李雲漢等人所編。當是直到目前最為詳細醇正的孫中山傳記。[2]十餘年前大陸亦出版一種《孫中山年譜》，大量闌入俄國社會主義者之資料，不知與孫中山有何直接關係。

　　孫中山所習受中國傳統文化知識，查考自敘及今著年譜，實易察知其概略。閱孫氏復翟理斯書有云：「幼讀儒書，十二歲畢經業。」[3]當可充分知曉孫氏幼年誦習固有經書，其謂畢業，一般只指五經而言。惟就中國明清以來固有學塾習慣，其學程係先誦蒙書數種，接連即進入記誦《四書》及《千家詩》、《蒙求》、《幼學故事瓊林》、《鑑略》（即簡略韻語《通鑑》），係同時進行。讀完後，再深進一層續讀五經，而以《詩經》、《禮記》、《左傳》、《易經》、《尚書》循序一一誦讀。在此同時尚須加讀《古文觀止》、《秋水軒尺牘》、《王鳳洲綱鑑》，並習作八股文、試帖詩。一般俱在幼年十二、三歲之前完成。孫氏自述，原無法羅列，當時不過概括其要而已。其實質內涵，大致不外上述各書。[4]在此當保守估斷上所推論。科舉

---

[1]　孫中山自述傳記性文獻，暫列四種如下：1.〈幽禁使館中與譯員鄧廷鏗的談話〉（1896 年 10 月 14 日），收載《國父全集》（臺北：中國國民黨黨史委員會，民國 63 年 6 月印），第 2 冊，頁 141－143。2.〈復翟理斯（Herbert A. Giles）函〉（1896 年），原函景印，收載於《國父年譜》（臺北：民國 83 年 11 月，第 4 次增訂本），下冊，附原函圖版。3.〈倫敦被難記〉（1897 年），收載《孫中山全集》（北京：中華書局，1981 年 8 月印），第 1 卷，頁 49－86。4.〈我的回憶〉（1911 年 11 月），收載《國父全集》補編（臺北：民國 74 年印），頁 19－209。

[2]　羅家倫主編，黃季陸、秦孝儀、李雲漢增訂，《國父年譜》（臺北：中國國民黨黨史委員會，民國 83 年 11 月印），全二冊。吳相湘著，《孫逸仙先生傳》（臺北：民國 71 年印），全二冊。

[3]　《國父年譜》，下冊，前附手書景印圖版。《孫中山全集》，第 1 冊，頁 46－48，復翟理斯函之主信及所附自述。

[4]　明清時代甚至至民國時代抗戰以前，民間私家塾師遍及城鄉，惟人才多集

時代中國幼學教育俱以私塾為主，教材要求普遍一致，重大原因在於科考之需要，出以國家功令，因是敢於作此論證。中山幼少，自七歲入塾就蒙，迅速完成蒙誦，繼而進習儒書四書五經之業。凡六年（1872－1877）已記誦盡畢。即在十二歲之年，卒成儒學之初階。當具童試小考能力。所獲俱如前述儒學入門之內涵，尤必以記誦純熟植其根柢。[5]

中山自十四歲赴檀香山（Honolulu）繼入西校讀書，直迄十八歲返鄉，實以五年獲西學基礎教育知識。固自十分重要。但非本文所需討論，應可略而不論。[6]

中山自十八歲之年返鄉未久，即赴香港就讀於拔萃書院（Diocesan Home），次年即轉入中央書院（Central School），即後日改名之皇仁書院（Queen's College），而於二十一歲之年（1886年）卒業於中央書院。實為香港兼授中、英學課之中級學校。[7]孫氏除西方知識外，繼續於中國故有典籍作深入鑽研，其時若皇仁書院等新式學堂，雖是英國教育體制，而其於中國故有典籍之傳授，

中通都大邑。雖至民國時大減，而至抗戰猶未斷也。授教課程不外四書、五經，而入蒙之課亦不出《三字經》、《百家姓》、《千字文》、《弟子規》、《四言雜誌》等小冊。惟各塾均必另加額外讀物，有關文學者，則有《千家詩》、《古唐詩合解》、《唐詩三百首》、《古文觀止》、《古文釋義》等書。有關歷代史者則有《鑑略妥註》（五言韻文）、《綱鑑》（一般為《王鳳洲綱鑑》），有關做人處世作文章者，則有《幼學故事瓊林》、《龍文鞭影》、《蒙求》、《秋水軒尺牘》、《雪鴻軒尺牘》等等。大抵俱在兒童自七歲至十二歲之間讀完。即可就臨縣學小考。舉例梁啟超十二歲考中秀才，即足代表一般情況。孫中山自述幼少讀儒書完成經業，其所學大抵在此範圍。

5　《孫中山全集》，第1卷，頁47－48，復翟理斯函，附自傳。王爾敏撰，〈中國傳統記誦之學與詩韻口訣〉，《中央研究院近代史研究所集刊》（臺北：民國83年6月印），期23，頁33－64。《國父年譜》，上冊，頁16－19、21，記載自十一歲之年從師鄭帝根問業。頁23，記載十二歲之年受業於程步瀛授完經書。

6　《國父年譜》，上冊，頁24－35。

7　《國父年譜》，上冊，頁36－44。

實具有高深水準，其漢學傳授規模，早已開始於漢學家理雅各（James Legge）。實不可以今世眼光衡量香港初期之中西教育。

中山既旅居香港，因其就讀西式學堂，一面自是繼續旅美五年之西方學問。同時亦足深入研探中國固有學術。由於中山在港領受基督教洗禮，終於與當時粵港華籍傳教師若區鳳墀、楊襄甫、王炳耀（煜初）等人授教薰陶，潤修文章。於二十一歲完成中央書院學課後，進而進入廣州博濟醫院所附醫科學堂，自此習醫。（1886年）於此同時，中山更專門投贄於國學家陳仲堯之門，每日問學，得以遍誦諸子百家與歷代史傳。[8] 計中山自幼童以至及冠之年（二十一歲）所從游問學之師長，計有鄭帝根、譚植生、陳仲堯，皆為飽學之儒師。從而遍讀五經四書、諸子百家以及歷代史籍。我人見其與劉成禺通信，可知早已熟讀《通鑑》。至於與粵港華籍傳道教師牧師過從，亦於舊學有所受益，其重要師長有區鳳墀、楊襄甫及王炳耀。我人當可以清楚考見中山在二十一歲之前所達中國故有學問之深厚根基。

中山由於在廣州博濟醫院學習一年之經驗，隨於次年（1887）9月轉入香港西醫書院（The College of Medicine for Chinese, Hong Kong），孫氏自述為求醫學精進，而轉入於此一英文西醫學堂。直至二十七歲畢業（1887－1892）。前後研習醫學，達六年之久。打下醫學專業基礎。[9] 因是中山所建樹學問，於中學西學無不打下優良基礎。自亦成就其博通中西之特殊識力。

中山早年在英國總括自敘其二十六歲前之學問總要，見於復翟理斯書後之自傳，足為其學貫中西博通古今之明證。其所述固見胸懷之遠大，亦正見其深自期許。茲引據孫氏自述云：

8　《國父年譜》，上冊，頁36－47。

9　《國父全集》（全七冊，臺北：民國70年8月再版本），第1冊，頁491，〈孫文學說〉第八章孫氏追述云：予在廣州學醫甫一年，聞香港有英文醫校開設，予以其學課較優，而地較自由，可以鼓吹革命，故投香港學校肄業。

> 文早歲志窺遠大，性慕新奇。故所學多博雜不純。於中學則
> 獨好三代兩漢之文，於西學則雅癖達文之道（Darwinism）。
> 而格致政事亦常流覽。至於教則崇耶穌，於人則仰中華之湯
> 武暨美國之華盛頓焉。[10]

　　綜計中山所承中國傳統基礎教育，為時六年，而受西方基礎教
育者有在美之四年與在香港之二年。再受純西方之高等醫學者，有
在粵之一年，在香港之五年。其同時進修研讀諸子百家歷代史鑑，
問學之師有四人之多。我人必須清楚其時代背景，一般科考而能進
學成生員之教育，六年自已完成。梁啟超十二歲考中縣學而成秀
才，即是一例，不惟江浙地方人才鼎盛，十五六歲中舉之人亦甚平
常。此是一般水準，非關天縱聰明。同時代較早者尚有王韜、鄭觀
應，此兩人皆是先受基礎教育，隨即轉為自學。其同時人尤與中山
受教背景相似者為嚴復，嚴氏亦是先從幼少打下中學根柢，隨即進
入船政學堂，隨後赴英深造建造船政駕駛基本知識，其中國傳統知
識，亦全在幼少完成。而後學貫中西，成為近代思想先驅，蓋與中
山此情，大抵相類。於此我人可以就其時代背景了然其所承傳統文
化教養之根柢。

三、孫中山創說《三民主義》所運用之古學素材

　　孫中山自在日本東京發刊《民報》，於光緒 31 年（1905）開
始發布其民族、民權、民生三大主義。惟非先有一套思想學說公
布於世或已建造完密理論體系而後實行。其時中山奔走革命，席

---

[10] 《中山先生墨跡選粹》（上海：中原出版社，1986 年 11 月印），頁 49。

不暇暖，且必須流亡海外，往往受列強驅逐。未嘗先有著述而後實行革命。實是憑此理想目標，一面鼓吹一面革命。《三民主義》之真正成書，已是孫氏晚年，至民國13年（1924）在廣州講演紀錄，始彙編成其政治學理著作。世人若欲以嚴密理論體系考核《三民主義》之價值，則是不看重其成書背景，必至空言彈射，吹疵索瘢。學究之要求，即令頭頭是道，亦不能抹殺其創造成就與深遠價值。

孫氏講演三民主義，分別民族、民權、民生三大領域，旨在深入淺出，務使通俗入世，人人知曉。故不同於其他高文典冊。我人所見，則可信中山之廣博知識，實是貫通中西，此係中山重大特長，可謂邁越群倫，後世俱須肯定。

甲、民族主義講解所根據之傳統故說

孫中山講演民族主義六講，明白舉證古代典籍有《尚書》、《史記》、《老子》、《列子》、《論語》、《孟子》等書故事語句。同時對比西方哲理政教。運用十分純熟。綜合條貫，會通古今中外，融會而成其所範鑄之政治道理。[11]

中山民國13年講述民族主義，正當反傳統思潮極盛之時，中山在此六次講演中，亦不斷數次提及當時新青年新文化之流行全國。然當此舉國披靡，人人醉心於新文化之際，中山並未追隨，亦不作煽風點火之論，譁眾取寵。而時時以善言開導，仍然看重中國

---

[11] 《國父全集》，第1冊，頁1-64，民族主義第六講。例如在直舉各古書之外，孫氏往往順口熟引古語，如：「席不正不坐」；又如「舜東夷之人也，文王西夷之人也」；又如：「不嗜殺人者能一之」。中山對「百姓」一詞，指明出於「堯典」。有句：「克明俊德，以親九族，九族既睦，平章百姓。百姓昭明，協和萬邦，黎民於變時雍」。足可見中山熟誦古籍，可以脫口而出。

固有傳統，從中國傳統經驗參考寶貴教訓。由於中山學貫中西，對
於中國古學有深厚教養，故能對比驗證，吸取精華，抑且各具通識，
足以堅定信念，不為浮說所搖。

在此民族主義六講中足可見出中山對於中國古學之熟知與引
重，可具體指出兩端。

其一，中山解說民族與國家形成之命義界說，以為民族是王道
形成，國家是霸道形成。孫氏所言云：

> 自然力便是王道，用王道造成的團體便是民族；武力就是霸
> 道，用霸道造成的團體便是國家。[12]

此點今日或不以為稀奇，是時代不同。須知孫氏在民國 13 年
講王道一辭，在當時是反潮流，是不能使人入耳，且會斥為守舊之
人。其時並無任何其他學者專家作此解釋。至在近代人物之中，具
有深厚舊學根柢而又關心民族國家問題者，尚有嚴復、梁啟超兩位
重要學者。嚴梁二人未嘗引用王道霸道為解說根據。對於引用王道
霸道古說申述當時新名詞之義界，則只有中山此說最為簡明醒目。
自是一種推陳出新。深值後世參考深思。

其二，孫中山推言挽救中國貧弱，須實行民族主義，而履踐民
族主義，其入手途徑須：一、恢復固有道德，二、恢復固有知識，
三、恢復固有能力，四、快速追習歐美科學技術。中山一生，固未
嘗主張西化。而此恢復民族固有道德、知識、能力，無非全部蘊蓄
於固有傳統之中。惟中山特於第六講中明確指引實踐民族主義之
法，在於恢復中國自古傳承之忠孝、仁愛、信義、和平，是所謂之
八德。中山深信欲為世界最強之民族，必須充分具有忠孝、仁愛、

---

[12] 《國父全集》（民國 62 年版），第 1 冊，頁 2。

信義、和平等健全品質，此是國人久已喪失的道德修養。若不能恢復已失的品德，自必使外國人所輕視所恥笑。[13]

乙、民權主義講解所引據之傳統故說

以民主制度民權思想而言，孫中山始終明白交代，大致全由歐美輸入，係近代二百餘年西方新創生之政治制度。因是中國只是從而學習。惟單就人民本義而言，中國古來早有民本思想，為上古學者重視，並亦深入人心，流傳百代。

中山講演民族主義六講，絕大部分重點放在歐美前史民主制度醞釀創生之經過，並亦清楚指出西方民主制度之不完善與重重弊端，抑且明白戒慎中國勿蹈其舊轍，宜開其更新之創制。中山當然充分指出西方民主制度之敝，在此無須再述。惟中山極具深信抑且自許其開新創造之新說，是即其權能分開說，政權握於人民，如公司之股東，治權授予政府官吏，如公司之專業經理。期使人民有權政府有能，是即其權能分立說。凡此背景，雖極重要，但非本文重點，略加說明，以見中山引據古書之用意。

中山在此諸講之中，引述古籍有《尚書》、《論語》、《孟子》、《禮記》、《孫子十三篇》。惟詳述史實則有三國蜀漢先主、後主、諸葛亮故事，說明權能分離之史例。此外亦評論太平天國革命之失敗。[14]

中山在講演民權主義六講之中，大致看來全以歐美各國民主思潮為主軸，固無可疑，惟值得注意者有兩端，當是引重上古聖賢政

---

[13] 《國父全集》（民國 62 年版），第 1 冊，頁 53－64。

[14] 《國父全集》（民國 62 年版），第 1 冊，頁 72、74、77、129－131。孫中山在其民權主義六講中，順口引據古書之成句如：「大道之行也，天下為公」、「民為貴，社稷次之，君為輕」、「聞誅一夫紂矣，未聞弒君也」、「不在其位，不謀其政」、「庶民不議」、「仁民愛物」、「視民如傷」、「愛民若子」等等。使我人不能不欽服中山引用古書文句之純熟。

治，用以見古代政治領袖勤政愛民之史蹟，以加強中國推行民權之信心。茲當分別研討如後：

其一，孫中山於中國推行民權之信念，以嚴肅態度，提示古代堯、舜、禹、湯、文、武時代之聖賢領袖政治，及其所造成一個有能力肯負責，並且以民為重之政府。於此講演中，兩度提出申述，以表暴中國民本政治之歷史。[15]

孫中山在民國 13 年當西方民主思潮盛行於中國之時，尚在諄諄反復宣述堯、舜、禹、湯、文、武之政，自是深具識力與信念，決非隨波逐流，譁眾取寵之學者所能望其項背。中山發抒此見亦自非等閒，我人可閱其民國 10 年 12 月 23 日在桂林所答俄國顧問馬林（J. F. M. Sneevliet）（Maring）的問話，可以見出中山自建思想體系之信持。茲引據二人對話如次：

> 馬林問先生曰：你的革命思想，基礎是甚麼？先生答曰：中國有一個正統的道德，自堯、舜、禹、湯、文、武、周公，至孔子而絕。我的思想，就是繼承這一個正統的道德思想，來發揚光大的。[16]

中山如此清楚堅定語氣，我們後日讀之，人人自必各有深切領悟，於此不待贅言。

我人閱讀史乘，已熟見思想風氣早已物換星移，很激烈之反傳統思想已經瀰漫全國，泛科學主義、新文化主張，早已使舉國迷醉，中山此時明見之論，亦足見其沈鬱而蒼勁。比較同代思想先驅，嚴復、梁啟超二人早已自光緒 29 年（1903）後，俱進至於強人領袖

15　《國父全集》（民國 62 年版），第 1 冊，頁 126、129。
16　《國父年譜》，下冊，頁 1168－1169。

之想望中，彼時已竟揚棄中國自古傳統之聖君賢相思想，不再看重堯、舜、禹、湯、文、武、周公等政治領袖矣。[17]

其二，首先可以說會令人感到意外，但須平情對待。中山講述最新民權思潮制度，亦竟可引入中國古代傳說為論據。惟採取論點則有新意。中山在此講演中，列舉燧人氏、神農氏、軒轅氏、有巢氏等傳說帝君，以見出治國俱憑專長。乃謂燧人氏以教人熟食，乃是廚子專長，民人受益乃選為君主。神農氏以教民耕種糧食，嘗百草用治民人病痛，乃是醫生專長，增長糧穀防治百病，而被擁為君主。軒轅氏教民織布縫衣，而使民人有衣穿避寒，乃是裁縫專長，而被擁為君主。有巢氏教民架構房屋，使民有居寢之所，乃是木匠專長，而被擁為君主。由此種種設喻申理，正可見出中山隨意引據古書記載。此種雖是傳說，但實切合於原始民族生活實際，固是合理化之原始傳說，中山亦未嘗輕視不顧，比較今時泛科學主義之學究，其堅執冥頑，豈會看重固有傳統？其時正疑古之不暇，又怎敢引來以為論證。[18]

丙、民生主義講解所運用之傳統固有知識

孫中山在初展革命學說於〈民報發刊辭〉，其中民生主義即常被反對黨派之批判，並受同盟會同志之質疑，同時代國人尚多不能察覺其重要，自難及於孫氏之時代眼光。中山一生，自革命時代之超卓創論，至民國時代又遇共產主義思想流行，故其所費論辯筆墨最多。惟其民生主義並未完成六講，其中未完之賸義甚多，而所先成之四講，實未逾越此前散見各處之論說。自須延展搜求

---

[17] 王爾敏撰，〈近代中國之開明專制論與強人領袖之想望〉，《劉廣京院士七十五歲祝壽論文集》（臺北：中央研究院近代史研究所，民國86年印）。

[18] 《國父全集》（民國62年版），第1冊，頁131。

其他文獻，自以孫氏自著為對象。惟須在此先言，本節所談孫氏之民生主義，乃就其畢生言論為論域，而非局限於《三民主義》一書中之四講。

孫中山閱歷世界思想潮流，而自創其民生主義，自當居於推動思潮先驅地位。然其內涵較民族、民權更新，且其同時代之種種社會主義並生而爭競，自須分判彼此高下優劣。

孫中山講述民生主義內涵重點以至施行步驟，世人熟知，無須多加引稱。惟在其講論民生主義、社會主義、共產主義之過程中，往往回顧前古，引據前代人物故事。凡此則是本文所須表暴者。可就其相關之點，分論於次。

其一，關於中國古代自有之社會主義思想。中山早有定見，在民國元年 10 月於上海中國社會黨講演〈社會主義之派別及方法〉有言舉證古史前事：

> 考諸歷史，我國固素主張社會主義者：井田之制，即均產主義之濫觴；而累世同居，又共產主義之嚆矢。足見我國人民之腦際，久蘊蓄社會主義之精神。宜其進行之速，有一日千里之勢也。[19]

不惟如上所陳述，孫氏亦在民生主義第一講引述《列子》中華胥國故事，並相信道家思想具有社會主義成分。[20]

---

[19] 《國父全集》（民國 62 年版），第 2 冊，頁 283－284。王爾敏撰，〈中國近代知識分子對於社會主義之初步反應及共產制度之適然想像〉，《歷史學報》（臺北：國立臺灣師範大學，民國 81 年印），期 20，頁 75－94。

[20] 《國父全集》，第 1 冊，頁 162。《列子》，黃帝篇原文：「其國無師長，自然而已。其民無嗜欲，自然而已。不知樂生，不知惡死，故無夭殤。不知親己，不知疏物，故無愛憎。不知背逆，不知向順，故無利害。都無所愛惜，都無所畏忌」此語引自楊伯峻撰，《列子集釋》（北京：中華書局，1979

我人亦更熟知孫氏每每提示《禮運》篇中大同小康之理想政治。每每闡說「天下為公」，正亦見出孫氏廣泛引據古說以申述其民生主義之思想淵源。凡此論域，已久為中外熟知，當無須於此多所敘議。

其二，中山講演至民生主義，聲明是要解決人民生活的大問題食、衣、住、行，文義淺顯而實為政治家偉大宗旨，勝過一切玄談奧說。惟民生主義講演未完，只講食、衣兩項。若熟知中山生平多次講述三民主義理念，則知孫氏表述食、衣、住、行之四大需要，在此講演之前早有其手書之〈建國大綱〉已經完整提出，列為第二條建國之首要在民生之句後，一齊舉實綱目。而更早之重要文獻，則為民國8年所著《實業計畫》中有詳細具體的做法與預估。[21]因是雖民生主義講演未完，中山之反復提示人民四大需要之加強建設，實早有完備紀錄。我人若漫不經心，或謂食、衣、住、行只是國人普通常說，其實於古早有形成，背景出於《墨子》一書。乃表現墨家政治思想之篤實。墨子基本在節用，而表述帝君治國須就五種國本知所節儉。是即宮室（古代宮室不限於國君之居。見於《墨子》、《荀子》各書）、衣服、飲食、舟車，以及婦女。前四者即是住、衣、食、行之用。而其重婦女者重生育之意，戒國君不可收多量拘女，以致民間多曠夫，乃減低丁口妨害生產之弊。中國自古傳承人民四大需要，乃是原本自於墨子。其實民生主義學說，原遺漏育、樂兩端，而於民國42年為蔣中正加以補述，是為食、衣、住、行、育、樂，六大需要。然則《墨子》一書已經提出前五大需要，

年10月1版，1985年3月北京第2次印刷），頁41。

21　《國父全集》，第1冊，頁207－208。孫中山手書《建國大綱》二十五條。收載於《國父年譜》下冊，景印圖版。《實業計畫》之第五計畫，列舉食、衣、住、行、印刷五大民生工業之建設，收載《國父全集》，第1冊，頁632－644。

由於主張「非樂」，當能只有食、衣、住、行、拘女（育）五項。
蓋中山所傳承者，自是出於墨子的治國理念。[22]

四、孫中山創說《孫文學說》所運用之古學素材

　　《三民主義》、《五權憲法》，是孫中山在 1905、1906 兩年中
所創說之政治學理與建國目標，早於同盟會以至國民黨之團體中
形成中心思想，為全體同志所信持。我人恆視中山為政治思想家，
並至於政黨領袖，有此兩大著作，固自當之無愧。中山尚著有《同
盟會革命方略》，代表其推動革命之指導綱領。因是中山之為革命
先驅領袖，亦決無可疑。[23] 惟若果於此陳說孫中山必當自具此一

---

[22] 吳毓江注，《墨子校注》（重慶：西南師範大學出版社，1992 年 8 月第 1 版），
　　頁 39−51，〈辭過〉篇。在此節引《墨子校注》中所載上古之住、衣、食、
　　行，以見墨子以民生福祉為立說：
　　1.住：子墨子曰：古之民未知為宮室時，就陵阜而居，穴而處。下潤濕傷民，故
　　　聖王作為宮室。為宮室之法，曰：室高足以辟潤濕，邊足以圉風寒，上足以待
　　　雪霜雨露；宮牆之高，足以別男女之禮；謹此則止。凡費財勞力不加利者，不
　　　為也。役，修其城郭，則民勞而不傷；以其常正，收其租稅，則民費而不病。
　　2.衣：古之民未知為衣服時，衣皮帶芰，冬則不輕而溫，夏則不輕而清。聖
　　　王以為不中人之情，故作誨婦人治絲麻，細布絹，以為民衣。為衣服之法：
　　　冬則練帛之中，足以為輕且煖；夏則絺綌之中，足以為輕且清；謹此則止。
　　　故聖人之為衣服，適身體、和肌膚而足矣，非榮耳目而觀愚民也。
　　3.食：古之民未知為飲食時，素食而分處。故聖人作誨男耕稼樹藝，以為民
　　　食。其為食也，足以增氣、充虛、彊體、適腹而已矣。故其用財節，其自
　　　養儉，民富國治。
　　4.行：古之民未知為舟車時，重任不移，遠道不至。故聖王作為舟車，以便
　　　民之事。其為舟車也，全固輕利，可以任重致遠。其用財少而為利多，
　　　是以民樂而利之。
　　法令不急而行，民不勞而上足用，故民歸之。
[23] 孫中山撰，〈孫文學說自序〉（民國 7 年 12 月 30 日）乃自述其半生中創發政
　　治思想與領導國民革命。出於自信亦全為事實：「文奔走國事，三十餘年，

時代哲學家地位，恐怕將不能服人之心，尤其必不能為今日哲學家信服。可巧去年閱讀哲學家李杜之書，在其書中，已給與孫中山一代哲學家地位。[24]因是可使免去唇舌，大膽陳說孫中山的哲學著作：《孫文學說》。

中華民國 7 年，孫中山著成《孫文學說》，殆凡哲學學者亦必無法否認此是孫氏哲學著作。蓋其專精致志全書在研討其所自創之哲學命義，即是：「知難行易」。

此一哲理命義，百分之百出於孫氏自創，原來千百年奉行經典，自來無人啟疑。經孫氏深思檢證，提出自己一個學理定說，應在今代思想佔一定地位。中山創說「知難行易」，正大宗旨在破除國人自古老數千年相傳的一個「非知之艱，行之惟艱」。簡化說即是知易行難。此是中國古說，其流傳始自《尚書》，中山自序亦明言為商代傅說對武丁之言，顯見其深熟經典。中山雖熟讀經史，並不為古書所拘泥，遂自《尚書》之典範命義，取而駁論，以破除國人心理桎梏。茲舉〈孫文學說自序〉可以知其思考之深入而用意之嚴肅也。

> 夫民國之建設事業，實不容一刻視為緩圖者也。國民！國民！究成何心？不能乎？不行乎？不知乎？吾知其非不能也，不行也；亦非不行也，不知也。倘能知之，則建設事業，

畢生學力盡萃於斯。精誠無間，百折不回，滿清之威力所不能屈，窮途之困苦所不能撓。吾志所向，一往無前，愈挫愈奮，再接再勵，用能鼓動風潮，造成時勢。卒賴全國人心之傾向，仁人志士之贊襄，乃得推覆專制，創建共和。本可從此繼進，實行革命黨所抱持之《三民主義》、《五權憲法》，與夫《革命方略》所規定之種種建設宏模，則必能乘時一躍而登中國於富強之域，躋斯民於安樂之天也」。《國父全集》（民國 62 年版），第 1 冊，頁 419。

[24] 李杜著，《二十世紀的中國哲學》（臺北：藍燈文化公司，民國 84 年 9 月印），頁 7-11。

亦不過如反掌折枝耳。回顧當年，予所耳提面命而傳授於革
命黨員，而被河漢為理想空言者。至今觀之，適為世界潮流
之需要，而亦當為民國建設之資材也。乃擬筆之於書，名曰
《建國方略》，以為國民所取法焉。然尚有躊躇審顧者，則
恐今日國人社會心理，猶是七年前之黨人社會心理也，依然
有此「知之非艱，行之惟艱」之大敵橫梗於其中，則其以吾
之計畫為理想空言而見拒也，亦若是而已矣。故先作學說，
以破此心理之大敵，而出國人之思想於迷津，庶幾吾之《建
國方略》，或不致再被國人視為理想空談也。[25]

孫中山創造最開新之學說「知難行易」，其理念啟動，則基於
古學固舊知識，輾轉自相反方向建造新命義，正自可謂是推陳出
新。孫氏為闡釋「知難行易」，歷舉中外眾人生活中實例，孫氏演
繹其理，遍舉中外事例，其中取之中國固有知識，古代史志傳說者
亦時時出現，特別於古來國人之創造發明，多所引述。

本文重點自無須再反復演述中山辯論「知難行易」之種種闡
說，無非欲在此一創造學說之著作中，見及中山所運用之固有傳統
知識，用以了解其傳統教養之所蘊蓄。

《孫文學說》全書共分八章，在此不暇分析其立說透闢，闡析
精審，條貫古今，融會中外。抑且出以淺俗常語，俾閱者領悟易而
辨識明。其表述一系創新學說，固不讓於中外前哲。茲計以逐章排
次，以觀孫氏對於中國傳統舊學之運用。

---

[25] 《孫文學說》自序，《國父全集》（民國 62 年版），第 1 冊，頁 420－421。
民國 6 年 7 月 21 日，孫中山對廣東全省學界講演：「知之非艱行之為艱」，
《國父全集》，第 2 冊，頁 379－380。又，民國 10 年 12 月 9 日，孫中山
對桂林學界講演：「知難行易」。聲言打破「知易行難」錮蔽國人心理的古
說，大肆宣揚解析個人所創「知難行易」說。《國父全集》（民國 62 年版），
第 2 冊，頁 466－467。

甲、以飲食為證

中山所著《孫文學說》，開宗明義先提示《尚書》說命中傅說之言：「非知之艱，行之惟艱。」[26]中山非學究格局，其所提示《尚書》語，乃通行常用：「知之非艱，行之惟艱」之句式，而意義並無不同。[27]

中山此章所論，以當代西方醫學、生理學、營養學之觀點，解析中國古代以來食品之特色及其價值，用以說明在中國人人易行之飲食習慣，人人可為。實則很難一一了解每日所食物品之確切成分與真實價值。特舉金針、木耳、豆腐、豆芽等普通物品，復舉中國素習之名菜「八珍」，認為人人能食，未必真知其究竟。更無從得知其醫學上準確結構內蘊與消化吸收過程。[28]

乙、以用錢為證

中山此章主體在申論人群經濟生活中之貨幣交易問題。而在分析取材，則純引中國古代史例。直引《易》傳「繫辭」下原句，謂神農氏「日中為市，致天下之民，聚天下之貨，交易而退，各得其所」。[29]中山以大部篇幅申論日中為市，為人群社會進化啟步動力，及由野蠻進入文明之重要創制。[30]惟中山無意使中國社會停滯於貨

---

[26] 屈萬里著，《尚書釋義》（臺北：中華文化出版社，民國 55 年 8 月第 4 版），頁 181。

[27] 〈孫文學說〉，第一章，見《國父全集》（民國 62 年版），第 1 冊，頁 423。

[28] 《國父全集》，第 1 冊，頁 424。

[29] 金景芳、呂紹綱著，《周易全解》（長春市：吉林大學出版社，1989 年 6 月 1 版，1991 年 2 月第 6 次印刷），頁 514-515。

[30] 〈孫文學說〉，第二章，見《國父全集》，第 1 冊，頁 435-437。

幣交易，其自言民國元年即主張停用金銀錢幣，交易改用契券，足
以挽救中國漏卮，闢中財政統一之門，可惜未行。而在中山去世後
始得使法幣通行全國，已是抗戰前夕。[31]

　　中山演論以用錢為例，更舉西漢理財名家桑弘羊均輸法、平準
法，引證桑弘羊行均輸平準，盡籠天下之貨，賣貴買賤，以均民用，
而利國家，卒收富國饒民之效。[32]

丙、以作文為證

　　孫中山演述作文章以證知難行易說，純就中國固有文學內涵及
體制立說，十分有力抑且精要，正可見出中山屬文素來講究認真。
中山深信中國文字構造優越，足以用之恆久，而充分擔當歷代文學
上種種變化具有彈性。比之世界其他古老文明巴比倫、埃及、希臘、
羅馬文字之各自自然消亡，實能信其優長所在。[33]

　　中山有力之論，以為中國文學自古以來變化不居，常見生機活
潑。各類文體，俱能表達精妙意趣。惟數千年來未嘗有文法之書出
現，而人人運用未嘗知其方法，亦俱創造優美文學，正見不知亦能
行。直至近代清末，方有馬建忠之《馬氏文通》，為中國第一部文
法書，實則馬氏亦承西文影響而來，中山且熟徵揚雄文章氣勢之浩
瀚，亦引據曾國藩論文之精句。蓋可見孫氏熟誦古文之根柢。[34]

---

[31] 《國父全集》，第 1 冊，頁 438。

[32] 《國父全集》，第 1 冊，頁 441－442。

[33] 《國父全集》，第 1 冊，頁 442－444。

[34] 《國父全集》，第 1 冊，頁 446。中山引揚雄論文句：「深者入黃泉，高者
出蒼天，大者含元氣，細者入無間」。又頁 445 中山引曾國藩論文字精妙之
用云：「春風風人，夏雨雨人，解衣衣我，推食食我，入其門而無人門焉者，
入其閨而無人閨焉者。」具見其了悟中國文字文學之精要。

丁、以七事為證

孫中山歷舉建屋、造船、（長城、運河）火藥、指南針、印刷術、絲、茶七事之在古代創造發明，造就舉世著聞之文明業績，其一切成就，並非先有知識原理，而實際從經驗中入手做此偉大事業，尤其長城之建築，運河之開鑿，工程浩大繁難，古人毅然為之，必底於成。足見行的重要，不知亦能行之結果。[35]

中山進而引述中國古代煉丹術，推為中國一種化學之實驗，大凡硃砂、水銀、火藥、瓷器以至食品之豆腐，皆由煉丹術創生此類成果。實則若能充分了解其化學結構，現代化學亦不易充分見其原委。蓋有機化學其結構程式最為複雜。故人人皆可製豆腐，實無法了解其化學程式與轉化過程。[36]

戊、知行總論

中山總括前四章演述其學說「知難行易」，合計共舉十例，以為推證。仍以古人孟子之言總括其要點，確定孫文學說堅卓建樹之理由，足以代表中山立說精義所在，茲引據其說為證：

> 總而論之，有此十證以為「行易知難」之鐵案，則「知之非艱，行之惟艱」之古說，與陽明「知行合一」之格言，皆可從根本上而推翻之矣。或曰：「行易知難之十證，於事功上誠無間言，而於心性上之知行，恐非盡然也。」吾於此請以

---

[35] 《國父全集》，第 1 冊，頁 446－452。
[36] 《國父全集》，第 1 冊，頁 452－453。

孟子之說證之。《孟子‧盡心章》曰：「行之而不著焉，習矣
而不察焉，終身由之而不知其道者，眾也。」此正指心性而
言也。由是而知「行易知難」，實為宇宙間之真理，施之於
事功，施之於心性，莫不皆然也。[37]

中山熟讀《孟子》，蓋已多處表露其隨手引述，可不煩考論而
知之。

孫中山既立「知難行易」之說，自亦反對王陽明之「知行合一」。
進而展示一己之覺識與創造，在其學說總論，申言人群進化可以知
行之別分判三時期：初期：不知而行；繼期：行而後知；後期：知
而後行。更提出世界人群知行進程之三大類別：是即：「其一，先
知先覺者即發明家也。其二，後知後覺者即鼓吹家也。其三，不知
不覺者即實行家也。」[38]我人自當充分承認中山獨創之論點。然此
論點有古說以為素地。是即先知先覺乃古代伊尹之言，《孟子》書
中，兩度引伊尹之言，分見萬章上下兩篇，俱引括伊尹言：

天之生此民也，使先知覺後知，使先覺覺後覺也。予天民之
先覺者也。予將以斯道覺斯民也，非予覺之而誰也。[39]

統觀孫中山全集各卷，可見其於伊尹此言深熟而慣用，所倡說
社會、政治之先知先覺，見之於其筆載者不下二十餘處，固知其領
悟之深，習用之便也。先知先覺當出於伊尹原書，為《孟子》所引，
《伊尹》五十一篇早於東漢之末亡佚。故只留存於《孟子》書。近
代人物惟中山引用最頻。

---

[37] 《國父全集》，第 1 冊，頁 457。
[38] 《國父全集》，第 1 冊，頁 462。
[39] 《孟子》，《孟子注解》經卷第九下，頁 6。清嘉慶 20 年，十三經注疏本。

《孫文學說》全書八章。除前述五章外，其第六章能知必能行，第七章不知亦能行，以及第八章有志竟成。皆中山學說之反復申理引證國際大勢，與黨人之革命貢獻，甚少論及古史、前賢以及經典要籍，本文自無須平行列述，於此說明情況即可。並非其文不重要，而是本文無須容納。

五、結論

我非三民主義專家，亦不以研究孫中山一人為專門宗旨。惟是研究中國近代思想家，自十九世紀以至二十世紀二十年代，於當時全面思想流趨，種種展現與轉化，大致已全部掌握。人物固不止以二三百計，其重要思想先驅亦不下二三十人。在此數量中，孫中山只是其中一位。我自粗計所草撰近代思想史論文不下五十篇。接觸思想家言論識見不下二三百人。比較各家論說，熟知一代思想潮流之廣闊澎湃。孫中山在此一時代之思想家中，自具有學養背景與個人志識，學問眼光，實最優越。當世研究孫中山思想者亦正人才眾多，而各種論著百年來以萬計。我敢於撰寫各篇論文，仍自信獨出心裁，自具創識。學界皆可覆按。我之崇重孫中山乃由苦心研究而得，俱以切實論據為憑。史家有責任提出定評與論斷，以供後人之參閱驗證。蓋非出以有意揄揚或私好阿諛。一言一語，皆當負永世學術責任。亦不敢於前賢任意抑揚，自是浪費文墨，並無效用。

孫中山政治家格局之鑄造，基本固在於天賦智慧與志節使命。而特須學問之培養方足以有所施展運用，至其學識素養固是無時不在自我增進，而重要根柢則必始自幼少所學，此其一生表現最根本之培育也。

　　中山幼年所承教育，乃天下士子所全同。在清代環境中，幼少之六年教育，均不外四書、五經之記載，古文詩詞之熟讀，鑑略簡史之通曉，應世規矩之演習，大抵全國幼少教育均不出此途。中山與人毫無不同。只是世人多志在科舉，中山卻轉習西學，一並建造中西學問基礎，殆自七歲以至二十六歲完成高等醫學學問，其一生中投注學問進修凡二十年，方之前代今世國人之學程，可謂學養深殖，豈至有遜於他人？且他人進入舉業牢籠，多數思想蔽錮，又豈能及於中山之博通古今中外者？

　　孫中山兼具中學西學教養基礎，入於國家政策之審察考量，凡事俱能中外比較，古今權衡，較常人有深刻之認識，而能獲得超乎常人之判斷。今可舉一實例以見中山識斷之優長。孫氏在民國 5 年 7 月 17 日在上海尚賢堂講演。借漢陳平以宰肉喻宰天下，而孫氏則自舉以建屋而喻建設國家。清楚中西建屋二者宗旨相同而入手完全不同。茲舉孫氏自說以明實際：

> 中西人築屋有一大異之點，可於其舉行之典禮見之。國人築屋，先上樑；西人築屋，先立礎。上樑者，注目於最高之處；立礎者，注目於最低之地。注目處不同，其效用自異。吾人作事，當向最上處立志，但必以最低處為基礎。最低之處，即所謂根本也。國之本何在乎？古語曰：「民為邦本」，故建設必自人民始。五年以來，建國之事，付托（託）不得其人，幾將民國根本推翻。今幸天佑中國，授吾同胞以復圖建設之機會，則自高自低，宗旨不可再誤。吾人築屋先上樑，原於上古有巢氏之俗，築屋於樹巔，故只求蔽風雨，不遑計及鞏固。建國亦然，先朝廷而百官，人民則更非所計。今世國家與之大異，猶昔為陋室，今為崇樓。歐美高屋，有至五十層者，欲先上樑，必無其道，故必自

地築起。且不僅在地面，而尤必於地下深築其基，否則未
有不仆者。今建中華民國，亦與古國不同，既立以後，永
不傾仆，故必築地盤於人民之身上，不自政府造起，而自
人民造起也。[40]

孫氏明晰舉譬，引喻中西建屋實例，可謂恰切精妙之至，真是
取譬通俗，而意旨高遠。而世人未嘗能思慮及此。

再有一個實例，也是中山會通中西學識而見出中國當前的問題
癥結。中山在民國13年講演民生主義，其時正值泛科學主義流行全
國，中山就民生問題，指出中國的社會問題不同於歐美，不能用解
決歐美問題來解決中國，此即中山重要創說，指中國之大病在貧窮，
實是全國皆貧，因乃舉出「大貧小貧」之說，以為凸顯中國社會病
癥。此一觀察，此一概括命義，具見中山眼光之敏銳，思想之明通。
大貧小貧之說，為中國近代思想中之特創，一言點明中國問題關鍵
所在。可謂精到之至。茲舉中山所論，以為實證：

科學上最初發明的許多學理，一百種之中，有九十九種是不能
夠實行的，能夠實行的學理不過是百分之一。如果通通照學理
去定辦法，一定是不行的。所以我們解決社會問題，一定是要
根據事實，不能單憑學理。在中國的這種事實是甚麼呢？就是
大家所受貧窮的痛苦。中國人大家都是貧，並沒有大富的特殊
階級，祇有一般普通的貧。中國人所謂貧富不均，不過在貧的
階級中，分出大貧與小貧。其實中國的頂大資本家，和外國資
本家比較，不過是一個小貧，其他的窮人都可說是大貧。中國

---

[40] 《國父全集》，第2冊，頁353－354。

的大資本家，在世界上既然是不過一個貧人，可見中國人通通是貧，並沒有大富，只有大貧、小貧的分別。[41]

舉此一端，以見出中山了然於中西方核心病癥所在，提出透闢觀點。正是基於其學識修養所累積。自能洞燭中外，超邁恆流。

本文無須任何贊言申敘孫中山在歷史上之地位與其對於國家之貢獻。但舉民國 14 年中山逝世之後不久，一位前清遺老立憲政治領袖張謇，他同時亦是中華民國開國首屆內閣之工商總長，用張氏的紀念演說，以供世人作客觀參考，自更較今世學者千言萬語要清晰而有效，張謇紀念孫中山講演詞：

> 今天是為孫中山先生開追悼會，孫中山是手創中華民國之人。是國民黨之領袖。既手創民國，則凡屬中華民國之國民，誰不該敬佩他？誰不該紀念他？中國以四五千年之君主國體，一旦改為民主，在世界新趨勢雖順，在世界舊觀念則逆。況以一二人為之，則因逆而更難。而孫中山不畏難，不怕苦，不恥屢仆屢起，集合同志，謀舉革命。千回百折，備嘗艱苦，至辛亥年事會湊合，卒告成功。從歷史上看來，中國革命之第一人，要推商湯。其後因君主之昏瞶，或其他原因，起而革命者代不乏人，然不過一朝一姓之更變而已。不足為異。孫中山之革命，則為國體之改革，與一朝一姓之更變迥然不同。所以孫中山不但為手創民國之元勳，且為中國及亞東歷

---

[41] 〈民生主義第二講〉，見《國父全集》（民國 62 年版），第 1 冊，頁 181。

史上之一大人物。今在京師病殂，政府通令各省各處追悼，南通特先開會。鄙人已有挽聯。[42]

此是張謇晚年最後觀點。次年（民國 15 年）7 月 17 日（1926 年 8 月 24 日）張氏病逝。當時人之輿論，自具重大參考價值。本文當無須更費筆墨。

中華民國 86 年 3 月 12 日，國父逝世紀念日，寫成於臺北之揮泥揮雨軒。

---

[42] 張貽祖編，《張季子九錄》，〈文錄〉（臺北：文海出版社，民國 54 年 1 月景印），頁 11－12。

孫中山先生的謀國遠識

一、緒言

　　我立意撰寫此文，最初啟念於民國 77 年（1988），原先有兩次機會在香港向青年學生講論孫中山的遠見。青年人的動機很單純，是由於孫中山墨跡所題「遠見」二字，求問我孫中山有何遠見？當時我就以「國父遠見，歷久彌新」的話題，宣述解析一些重點，只揭大綱，並未撰成文稿。

　　近時的挑戰動機較為嚴肅。三年前，海基會秘書長陳長文到北京拜謁孫中山衣冠塚，實有重大示範意義，與陪同他的中共紅專高幹唐樹備的談話，亦頗具機鋒。陳先生表示孫中山的建國宏規，值得後人履踐，期使國家富強，人民康樂。唐某的答話更具機鋒，說道中山先生的建國遠謀，中共早已遠超過了。陳長文回答稱：「能夠超過，就是最好！」話雖溫厚，但具反面意義，要看聽者揣摩其用意。至唐某所言，真正是宣傳慣技，最能淆亂視聽，欺愚大眾。隨便拿出孫中山的「建國大綱」二十五條來驗證，就可證明唐某在講大話。其中第二、三兩條民生民權要項，當然並未做到。第八條至十八條，共十一條，全是地方自治、人民行使政權的規定。大陸人民如同牛馬，何嘗享受分毫政權。唐某大言

炎炎，豈可不加揭穿。因是願在此時對孫中山的謀國遠略作介紹。以免受人惡意扭曲。[1]

討論孫中山遠識，在此將不涉及其思想學說問題。顯然，掌握要領，即以「建國大綱」足以包羅孫氏設想之全部。推其個人晚年（民國13年4月12日）親筆草成此二十五條綱領，其思慮之純熟，用心之深遠，自無可疑。然本文仍不擬就此綱領發揮，蓋原來本是為其後日長久所設計，歷史家不易蹈空假想其未來勳業，以免流於推測之辭。我人在此仍不免要循實有可據之資料，於孫氏謀國遠識略作例證。

我人保守使用資料，可以確信至少在中山二十四歲時開始提出其國家建設入手的想法。表達於光緒16年（1890）致鄭藻如之信。信中有言：

> 某今年二十有四矣，生而貧，既不能學八股以博科名，又無力納粟以登仕版，而得之于賦畀者；又不敢自棄于盛世。今欲以平時所學，小以試之一邑，以驗其無謬，然後仿賈生（山）之「至言」，杜牧之「罪言」，而別為孫某「策略」，質之交（當）世，未為遲也。[2]

中山頗具自信提出「策略」，頗為實際，重點在於人才之培育，亦即當時之教育問題，以為關乎國家富強。如其所言：

---

[1] 近十餘年，研究孫中山形成熱門潮流，中外各地舉辦學術討論會不下數十次，各家著作論文不下千餘篇。蔚為一代學術之盛事。中山逝世後，聚此潮流高峰，自足代表重大意義。其一，學者之智慧良心，學術使命，研究水準，要在長久衡量比較中取得後人尊重。其二，孫中山的歷史地位，要在嚴肅研討洗鍊中一點一滴澄清明白。其三，留給後世史家豐富結集成果，俾以超然公正裁取與丟棄。我既生此時代，身為一個歷史家，願秉此信念，盡一分學者心力。故有若干相關論文，置於共同潮流中，接受淘洗，接受裁判。

[2] 《孫中山全集》（北京，中華書局，1981年印），第1冊，頁1。

遠觀歷代，橫覽九洲，人才之盛衰，風俗之淳靡，實關教他
（化）。教之有道，則人才濟濟，風俗丕丕，而國以強；否
則返（反）此。嗚呼！今天下之失教亦已久矣，古之庠序無
聞焉，綜人數而核之，不識丁者十有七八，婦女識字者百中
無一。此人才（安得）不乏，風俗安得不頹，國家安得不弱？
此所謂棄天生之材而自安于弱，雖多置鐵甲、廣購軍裝，亦
莫能強也！必也多設學校，使天下無不學之人，無不學之
地。則智者不致失學而嬉；而愚者亦賴學以知理，不致流于
頹悍；婦儒（孺）亦皆曉詩書。如是，則人才安得不罷（盛），
風俗安得不良，國家安得而不強哉！[3]

中山之切實用意，欲在故鄉香山創立學會，以推動地方設立蒙
館及大學館，俾合縣幼童得以入學受教。如其所言：

然則學校之設，遍周于一國則不易，而舉之于一邑亦無難。
先立一興學之會，以總理共（其）事。每戶百家，設男女蒙
館各一所，其費隨地籌之，不給則總會捐助。又于城邑設大
學館（一）所，選蒙館聰穎子弟入之，其費通邑合籌。以吾
富庶之眾，籌此二款，當無難事。[4]

中山此信特點，似在於興辦農業推廣教育。方之鄉先生鄭觀應
生平著述，原早有倡說，自無突出之處。惟有一點值得注意。中山
倡說創興學會，較之國中士庶實為先驅。學會體制原為西洋教士引
進中國。中國士大夫創組學會，多始於中日甲午戰爭之後。中山此

---

[3] 《孫中山全集》，第 1 冊，頁 2。
[4] 《孫中山全集》，第 1 冊，頁 2。

信自是先驅代表。於此，我人可以清楚了然，中山關心國事，當啟念於英少之年無疑。

　　無論自若何立場角度，若果思考孫中山先生謀求國家富強之用心與建策，無論如何，決不可不研析孫氏在光緒 20 年（1894）的上李鴻章書。這是一個具時代性、關鍵性的文獻，凡是治近代思想或孫中山生平之研究等學者，莫不熟讀，並加引據。本文不能逾越這一文獻，但也不能掩蓋前賢研究成果。蓋此種著名文獻，早被學者注意，並經反覆辨析。在此可簡約舉兩種論著，足以代表此一論題研究之全面。其一，周弘然：〈國父上李鴻章書之時代背景〉。[5]其二，沈渭濱：〈一八九四年孫中山謁見李鴻章一事的新資料〉。[6]若參考周、沈兩氏研究，於孫中山在從事革命之前之思想活動，已足夠獲致充分了解。本文不須再次重複孫氏所提示之四大綱領，但確信孫氏此時已表達出其謀國遠識。光緒 20 年（1894）是一個重要年代。[7]

二、建都問題

　　事當辛亥革命之前十年，即清光緒 28 年（1902），孫中山與章太炎遇於日本東京，相互交談革命黨未來建國種種問題。其中即涉論至於新政府之定都問題。幸為章氏收入其所著《訄書》之中，保留孫、章二人早期之建國遠圖。其文古雅典麗，自是章氏手筆。後

---

[5] 周弘然撰：〈國父上李鴻章書之時代背景〉，《大陸雜誌》，23 卷 5 期，頁 23－27。

[6] 沈渭濱撰：〈一八九四年孫中山謁見李鴻章一事的新資料〉，《辛亥革命史叢刊》（北京，1980 年刊），第 1 輯，頁 88－94。

[7] 《國父全集》，第 3 冊，頁 1－11，〈上李鴻章書〉（臺北，民國 62 年 6 月初版，70 年 8 月再版本）。

人亦收入《國父全集》，當屬二人共同主張。孫章定都之原則，基本上即考慮避免外力之干預。此亦中國備受列強侵略之教訓使然。所定此原則甚明：

> 夫定鼎者相地而宅，發難者乘利而處。後王所起，今縱不豫知所在，大氐不越駱粵湘蜀。不駱粵湘蜀者，近互市之區，異國之賓旅奸之，中道而亡，故發憤為戎首。於今奧區在西南，異於洪氏，所克則以為行在，不為中都。中都者，守其阻深，雖陋（狹）小可也。[8]

　　孫、章二人計慮思考，選擬三個足備一國首都價值之地方，同時表現三個層次。所謂「謀本部，則武昌；謀藩服，則西安；謀大洲，則伊犁；視其規摹遠近而已」。[9]雖然如此虛擬建都，事後俱未實現，而其計及建都之大問題，亦可見出革命領袖之樂觀自信與胸懷眼光之遠大。

　　事實上當十年後革命成功，中華民國建立。孫中山在民國元年（1912）方至北京，8月31日在參議院歡迎會上演講。首先反應，就坦白表明不贊成定都北京，自然是主張遷都。所持理由主要在於北京坐困於列強挾持之下，幾同囹圄。孫氏申明道理亦自深入動人。茲引據其意見以見其所判析重點：

> 北京以地勢論，本可為民國首都，故自明迄清，俱無遷移。而北有山海關，南有津沽，砲台林立，國防亦固，此兄弟二十年前北來所目觀者也。無如庚子以後，國權喪失，形勢一

---

[8] 《國父全集》，第 2 冊，頁 787。
[9] 《國父全集》，第 2 冊，頁 788。

變，南北險要，蕩若平夷。甚至以一國都城之內，外人居留，特畫區域，礮台高聳，兵隊環集，是無異陷於外人勢力包圍之中，被束縛其手足。此後我若舉行練兵增防，彼必橫行干涉，甚且彼亦愈增兵設防。而況都城地點，北鄰兩大強國，俄在蒙古，日占南滿，韓、滿交通日便，一旦有變，五日間日兵可運到十萬，北京內外受困。如此，可知時勢不同，斷難拘守舊說。在前清時代，舉國上下，敷衍因循，遺誤至此，可勝浩歎！兄弟之為此言者，非好事變更，實國家中心之政府，處此危城，萬無騰展之餘地，為可哀也。[10]

中山認識深切，理趣明顯，因而亦持志堅定，主張強烈。但仍諄諄申明道理，以期說服參議員諸公，使之同意遷都：

今日世界各國，乃武裝的和平，無事時不知感覺，一旦有事，北京政府，只有坐以待斃。兄弟來京，認此為最大問題，二三日後，即將與袁總統詳細協商。在袁總統對此亦無甚成見，將來不難得其同意。至有謂遷都為外人所不許者，兄弟謂外人斷不至如此野蠻。我之國都，我欲遷徙，外人不應無理干涉。[11]

至於遷都所當選擇之地，孫氏正面建議，提出長安、開封、太原、武昌、南京五處，而特別用心於武昌及南京兩處，如其所言：

---

[10] 《國父全集》，第 2 冊，頁 251。
[11] 《國父全集》，第 2 冊，頁 252。

古人謂城下之盟，為喪權辱國。諸君試想，國都內受此限制，辱豈僅如城下之盟！夫亞洲國家，強如日本，弱至暹羅，皆無受困至此者。而我以莫大之古國，新造之邦基，豈可不於此首謀所以位置。故兄弟謂北京萬不可居，將來須急速遷移。至於地點，則長安、開封、太原、武昌、南京，無之不可。春間武昌、南京之爭，皆不成問題。[12]

事實上孫氏真正用心，乃在於武昌、南京兩地，選出其一以為首都。此亦在同年同月在北京對各報記者訪問時所表達：

記者問：聞先生主張遷都，確否？
先生答：余極主張遷都，其地點或在南京，或在武昌，或在
　　　　開封均可。北京乃民國首都，而東交民巷乃有大砲
　　　　數尊，安置於各要隘，殊與國體大有損辱。且北京
　　　　乃前清舊都，一般腐敗人物，如社鼠城狐，業已根
　　　　深蒂固，於改良政治，頗多掣肘。[13]

我人現今思考前史，須設身處地評斷當年中國國勢瀕於列強瓜分之積弱情景。至少列強眈眈虎視，無時不在欺壓中國。中山開創民國之始，即以遷都之念為主，為其心目中之大問題。適正表現一個政治領袖之長遠評斷。謀求獨立自主，不能不避開列強的包圍與挾制。所當遷都，不容置疑。

---

[12] 《國父全集》，第 2 冊，頁 251。
[13] 《國父全集》，第 2 冊，頁 819。

三、海南建省之議

　　孫中山關心海南島建設，可以說起念甚早，正確估計，應直上溯至清光緒 20 年（1894），與其上李鴻章書在同一時間。其事見於此年 5 月鄭觀應致書盛宣懷，介紹孫逸仙醫士，託盛氏求李鴻章向總理衙門辦理出洋游學護照。在信中申明孫氏志趣與用心所在。可以引據於次：

> 孫逸仙醫士擬自備資斧，先游泰西各國，學習農務。藝成而後返中國，與同志集資設書院教人；並擬游歷新疆、瓊州、臺灣，招人開墾。囑弟懇我公代求傅相（指李鴻章），轉請總署給予游歷泰西各國護照一紙，俾到外國向該國外部發給游學執照，以利遍行。想我公有心世道，必俯如所請也。[14]

　　從鄭氏介紹，可見出孫氏之遠大眼光，雖其志在發展農業，而重點則用於開墾新疆、瓊州、臺灣。顯見對於帝國主義者之野心有充分了解。其時俄對新疆，法對瓊州，日對臺灣，均正虎視眈眈，其欲逐逐，各有吞併之心。孫氏志節眼光所罩，不在堂陛，而慮及對抗列強。表現於此，值得重視。

　　及至中華民國創建，孫中山於民國元年 8 月到北京。9 月 11 日即向廣東旅京同鄉發表談話。正式主張瓊州（海南）建省。

---

[14] 沈渭濱，〈一八九四年孫中山謁見李鴻章一事的新資料〉，頁 90。

中山答：近日江蘇人欲將江北改省，然其地與江南僅隔一揚子
江耳，改省與否，無關緊要也。瓊州則孤懸海外，當
民國之最南，其海峽之最狹者，亦與內地口岸隔八十
里，萬一不能關照，失去瓊州，則高、廉、雷等府及
廣西之太平等處大有危險。今為邊防起見，宜將瓊州
另立一省。其五指山內黎峒所未闢之地，則移廣州八
府之人以實之，則瓊州或可自守矣。況瓊州有一榆林
港，極合軍港之用。此港為歐亞航路所經，如立為軍
港以守之，則不特可以固中國之門戶，且可以控制南
洋一帶。至於實業，則瓊州四面濱海，海物甚豐；瓊
多山木，其材木足供數百里鐵路上枕木之用。農田歲
數熟，礦產又極富，瓊地又能種樹膠之木（近日樹膠
之用極廣，每樹膠一磅，值銀數元，一樹能出十餘
磅），瓊之糖產、檳榔等又極盛，若為外人所佔，則
大利外溢，貽患無窮。且檀香山面積不過六七千方
里，從前粵人僑此者四萬，日本七萬，土人數十萬，
亦足供殖民之用。今瓊地萬餘方里，地大於檀，產腴
於檀；美人為海防起見，尚極力保全檀香山，何中國
人不以瓊為意乎？今陳君提倡設法保衛瓊州，瓊全則
粵全，誠急務也。[15]

原來有關海南島建省之議，孫氏已先一日與梁士詒交換過意
見。認為在京同鄉，應該合力推動，達成海南建省目的。故在同一
年中，由中山及梁士詒領銜，聯合旅京同鄉，向大總統袁世凱正式
提出瓊州建省意見書。極力主張將海南改建行省：

---

[15] 《國父全集》，第 2 冊，頁 821。

為瓊州改設行省事：竊瓊州一島，孤懸海外，面積十萬方里，人口數百萬，其位置在北緯十八度二十二分，東瞰小呂宋，西連東京灣，南接安南，北倚雷州半島；四面港口，星羅棋布；南有榆林、三亞之險，北有海口、鋪前之固，東有清瀾、博敖，西有洋浦、英潮；貿易船舶之所輻輳，商賈貨物之所雲集，山海物產之所鱗屯，此固海疆之要區，南方之屏障也。祇以行政劃隸於廣東，位為外府，政府輕視之，故居民安陋就簡，因循苟且，不能應時勢而發達。有形勢之險而不知固守，有天然之富源而不知利用。法國垂涎是島，歷有年所，前清時代，嘗有海南島不割讓之條約。頻年以來，各國政府皆注意此土，故各國學者、政治家、旅行者不絕於道，探險者紛至沓來，而吾國人昧然也。[16]

其時在建議書上簽名之廣東官紳，則有以下諸人：孫文、梁士詒、易廷熹、陳治安、梁孝肅、潘敬、陳發檀、吳棟周、徐傅霖、譚學夔、張伯楨、鍾毓桂、盧信、吳鐵城、馮拔俊、陳定平、陳振先、陳復、林格蘭、林瑞琪、司徒穎、陳啟輝、吳瀚澂、黃毅、楊永泰、張汝翹、林國光、韓禧豐、鄭憲武、金溥崇、黃有益、邢福基、劉元梓、祁耀川、馮裕芳、伍宗珏。[17]孫中山除與梁士詒等人聯名向政府建議之外，並未抹殺前人功績。他在建議書中，追溯往昔，提到張之洞、岑春煊兩人最早的遠見：

---

[16] 《國父全集》，第 4 冊，頁 1409。

[17] 《國父全集》，第 4 冊，頁 1413。

> 前清時代，張之洞督粵時，嘗倡瓊州改省之議，後岑春萱（煊）
> 督粵，亦有是議。夫以前清因循苟且，尚因瓊州地理重要，
> 不能漠視；況民國成立，凡百設施，在發奮有為之時代乎？[18]

　　孫氏一心謀瓊州建省，意在防範法國覬覦。在野之存志，入仕
之進謀。俱可見其劍及履及，未嘗稍有猶豫。我人治史，自應據實
採錄，為後世留一分參證。

四、三峽水力發電之設想

　　中國人開始獲得水力發電之知識，在清光緒中葉，即光緒 11
年至 20 年之間。乃出於《點石齋畫報》之介紹。[19]至三峽水力發
電之設想，並不見於孫中山生平論著。然由於《民報》與《新民叢
報》論戰，在筆戰中提出三峽發電之設想。基本上在堅持民生主義
之重要，於此思想之下，主張利用外資，而利用外資之巨大工費，
則舉投資三峽發電，供應動力資源為例。故於《民報》12 期，有
署名「民意」之作者正面給予梁啟超答辯。有謂：

18　《國父全集》，第 4 冊，頁 1412。
19　《點石齋畫報》，第 4 集，射字卷，頁 9 云：藉瀑生電：瀑布飛流，本屬名
　　山勝景。未聞有借以生電者。自美國電氣盛行後，知其功效無窮。殫心竭
　　力，日求其法。於是於借風生電之外，又有藉飛泉懸水之力以成電機者。
　　先是美之南省有一峻嶺，其瀑一瀉百里，勢甚建瓴。有格致之士見而異之，
　　謂是力之猛，可有為也。因在嶺下鑿一小河引注瀑水，別置輪軸於河口，
　　藉其湍激之力，鍊成電汽，可抵二十萬匹馬力。試之既效，乃遷製造廠於
　　河干，就近取電，以便轉運機器，可省煤費，從此愈推愈廣，利賴無窮。
　　西人心機之巧，製作之精，不更加人一等哉。

今夫西蜀夔峽之水，其倒瀉而下者幾百尺。其可發生之電，不知幾億萬匹馬力。則有外國最大之資本家，投資本數萬萬而蓄之。購機募工，窮幾月之力。工成而以視美之邦（那）雅革拉瀑布為用且十倍焉。遂以供吾國東南諸省所有通都大邑一切製造機器之用。則梁氏必驚走告人，謂「他國資本勢力充滿於我國中，我四萬萬同胞為馬牛以終古矣。」而細審其結果，則或此公司者，以供給過於需要，或作始過鉅，而後無以為償，勢遂不自支，傾折而去乎。則此大資本家之資本，大半落於吾國人之手，其於我固利。茲事猶不成問題，而窺梁氏排斥外資之深心，亦惟懼此公司之能獲利，所謂以百兆雄資伏己而鹽其腦也。曾不知此公司之獲利愈豐，則其為利於我國也必愈大。蓋彼非能有貿易外之奇術，以攫我資而入其囊也。必其所經營生產者足以使我有利，而彼乃得以取償於我。則如以一紡織公司，每年所仰供給於夔峽水公司者為十萬元之費，則其為效用於紡織公司者，必不止十萬元之費也。[20]

「民意」此文，並非孫中山手筆，經徐高阮考證，應為胡漢民。其中曲折，在於《民報》與《新民叢報》筆戰。孫中山應付梁啟超挑戰，命以胡漢民、汪精衛、朱執信等人用筆名與梁氏對陣。而中山實為其言論思想之指導者。尤其民生主義之提出，在胡漢民則是直接承教，先自請益於孫氏，而能獲得篤信之依據。此篇命為〈告非難民生主義者〉一文，當是出於胡漢民之手，而實則代表孫中山所創說的民生主義。[21]

---

[20] 《民報》，第 12 號，頁 35－36。清光緒 33 年（1907）。

[21] 徐高阮著：《中山先生的全面利用外資政策》（臺北，民國 52 年 5 月印），頁 85：同盟會員湯增璧氏有一篇〈同盟會時代民報始末記〉（署曼華，原

這篇文章引述借外資來開發三峽水力發電,在中國則是從未聽聞的新見識。惟中山先生竟是在革命期中想出這個開發動力資源之構想。比較先此關心建國之政治家,多只有推讓中山為時代先驅了。

五、全面利用外資之主張

此處所論關係到中山先生實業建國大計,照理本當全面演述中山實業建國之種種方案,何至把全面利用外資之一種進行手法來代替實業建設之大原則。在此要先作說明。其一,有關孫中山實業建國思想,筆者早已有兩篇專文討論。即〈中華民國初期之實業建國思想〉,[22]以及《實業計劃》之時代背景及建國功能〉。[23]本文不須

載民國 21 年 6 月的《建國月報》第 7 卷第 7 號,現收在《革命文獻》第 2 輯),其中一節是「民報撰著人署名索隱一覽表」。據此表,「民意」是胡漢民與汪兆銘兩人共用的一個署名。這兩人另有個人的署名:胡的是漢民、辨姦、去非;汪的是精衛、守約。但這篇〈告非難民生主義者〉的作者顯然是胡而非汪。胡漢民氏在一篇〈自傳〉(僅寫到民國初年,現收在《革命文獻》第 3 輯)裡曾說到他與汪兩人在《民報》與《新民叢報》的對抗中寫作的範圍不同。他說到汪是「就革命與立憲之關係及中國民族之立場,革命之所以必要諸點闡明其意義,他自己則與朱執信等解釋民生主義非無病呻吟」,因此這篇署名「民意」為民生主義辯護的文字自然應當是胡的作品。王德昭教授在一篇論文裡首先作了這樣的推斷。事實上,汪氏可確考的文字裡沒有一篇涉及民生主義的理論問題;也沒有別的資料可以表示汪對民生主義曾有特別的興趣或心得。胡氏則是投身革命之初民生主義就曾有特別的關切。他在那篇〈自傳〉裡說到他在 1905 年加入同盟會之前首次見到中山先生,聽了三個革命主義的大略,曾為民生主義特別向中山先生提出疑問,得到滿意的解答。

22 王爾敏撰:〈中華民國初期之實業建國思想〉,《中華民國建國史討論集》(臺北,民國 70 年印),第 2 冊。

23 王爾敏撰:〈《實業計劃》之時代背景與建國功能〉,《中華民國歷史與文化討論集》(臺北,民國 73 年印),第 3 冊。

再有重複，可以在文中提示，不必多說。其二，孫中山的全面利用外資政策，自民國42年（1953）徐高阮提出研究成果之後，一直到今天，都是中國政治領袖表面不說，暗裡在學的一個落後國家要循的路徑，正是在摹習給予外來投資者種種優待以期大量引進外資。尤有甚者，這也是亞洲若干國家正在努力仿行的重要手法。須知這是孫中山的創說，在亞洲國家中沒有人更早過孫中山，也拿不走他的先驅地位。

為了發展實業，必須全面利用外資，根本自在於實業建國。不過計畫雖大，必須使之實現，方不會流於誇大空想。中山提出全面利用外資主張，遠在其擬具「實業計劃」之前十餘年，正可推證中山之重視實踐。他惹來孫大砲名號，是由於孫氏倡言十年之內建造二十萬里鐵路的壯語，此事在民國元年（1912）。世人不知孫氏早在民國前5年（1907）已先提出全面利用外資的主張。竟以孫大砲加之於中山，顯然是錯估其人。

當然實業建國為中山重要遠識，本文則只略提至此，斷然截止，並非故意忽視缺略。現在重點移至全面利用外資問題。我必須舉出前輩學者徐高阮的研究成果，他已有專書：《中山先生的全面利用外資政策》，極具參考價值。

據徐氏的研究考證，確信孫中山先生在光緒33年（1907）於《民報》提出其利用外資的主張。其中表現考證功夫，足以袪除他人質疑。本文自首先肯定接受，而恃為孫中山創生遠大識見的依據。[24]

徐高阮氏研究孫中山的全面利用外資政策，用到的文獻，除《民報》外，包括其演說、談話，以至論著中的《民生主義》、《實業計畫》以及《孫文學說》第七章。可說相當全備。如果補充其

---

[24] 徐高阮著：《中山先生的全面利用外資政策》，頁 46－51、84－90。

說，則就孫氏個人名下（將胡漢民所代言之部分除外）所表達全面利用外資之主張，其最早者應以民國前 1 年，武昌起義後，孫氏在歐洲向西方列強所發表之演講。這是革命成功後，向歐洲國家表白共和政府的國際合作意願。是一個穩定國際情勢的重要文獻。茲引據如次：

> 共和成立之後，當將中國內地全行開放，對於外人不加限制，任其到中國興辦實業；但於海關稅則須有自行管理之權柄，蓋此乃所以保其本國實業之發達，當視中國之利益為本位。總之，新政府之政策在令中國大富。凡此以上辦法，自當設法不與以前各國在中國所已得之利益相衝突也。中國人民號稱四百兆，物產豐盛甲於全球，外資輸入自如水之就墊，吾等當首先利用，以振興其工商業。俟信用大著後，則投資更為穩固，外資更當大集於中國。加以中國內地，深藏固閉，其數亦決不少，倘國家能有信用，則前此藏閉之資本均將流通全國，固不虞其匱乏矣。[25]

我雖然找出一點補充，豈敢掩蓋徐高阮前輩的創始啟念，徐氏貢獻必須永遠肯定。當世孫中山研究何止萬種，而徐氏開創，使我有進一步之研究，這和其他人不同。故而徐氏此一著作，我也曾著文評介。[26]徐高阮先生逝世後，我又有更多開拓，也與他人不同，學者可以據各家論著覆按。

徐高阮指出中山先生必須為國家擬定一個全面利用外資政策，其背景如其指出：

---

[25] 《國父全集》，補編（臺北，民國 74 年 6 月初版），頁 123－124。

[26] 王爾敏撰：〈評介徐高阮著：《中山先生的全面利用外資政策》〉，收載《孫逸仙博士與香港國際學術會議論文集》（香港，民國 71 年印）。

就當時情勢看，我們的經濟有三個基本弱點：（一）我們
的整個生產力在世界水準上是十分貧弱的；（二）因為沒
有一個成功的整個的工業化計劃，所以個別的工業建設都
沒有健全的基礎；（三）多數人民的生活還在一個很低的
水準。[27]

　　這亦正是一個個亞洲落後國家共通弱點。中山為謀中國速致富
強，乃大膽提出其全面利用外資政策，自是基於嚴肅之救國救民之
志節。

　　徐氏研究，論時代，論目標，論其綜合功夫，後人無從代替，
亦難超越。本文特就其提示文獻要點，引據其中九個重要部分，正
足以表現孫中山一生中大部分的利用外資主張：

（一）《民報》上關於大規模輸入外資的言論　民國前 5 年
　　　（1907）

　　1. 論中國應歡迎各國資本家以中國為投資市場

　　2. 論外資輸入之利害不可由國內少數人得失而斷，當
　　　由全國財富得失而斷

　　3. 以長江水力發電之設想為例說明外資必對我國有
　　　利始能獲利

　　4. 就前例詳申外資輸入之結果乃增殖而非侵略我國
　　　資本

（二）民國成立前後關於建設方針的指示　民國前 1 年－民
　　　國元年（1911－1912）

　　1. 辛亥革命之初對胡漢民等談借債要點

---

[27] 徐高阮著：《中山先生的全面利用外資政策》，頁 26。

　　2. 初解臨時總統職後論借外債興辦大實業之必要；就
　　　　借築鐵路特別論時間之寶貴

　　3. 對外報記者談利用外資乃早有之政見；略舉建設項
　　　　目隱括後來之實業計劃

（三）外資築鐵路計劃的詳細解說　民國元年（1912）

　　1. 宣布十年鐵路計劃

　　2. 論借債築路應倣美國之規模

　　3. 告宋教仁以借債築路為改革政治之本；預料多數人
　　　　驚訝其計劃之規模過大

　　4. 論借外債之可能性及「飢荒人之眼光」

　　5. 論所擬外資築路之速度規模均極切實而非虛誇

　　6. 論借外債築路辦法以「批辦」為最妥

　　7. 論外國資本家承辦為各國通行辦法

　　8. 詳細比較借款自辦與批辦之利害並列舉批辦之條件

　　9. 論批辦之利益，戒國人勿妄存貪心

　　10. 論用外資築路須得國民同意

　　11. 論用外資築路成否，在國民之贊成或反對

（四）門戶開放主義的要旨　民國元年（1912）

　　1. 由經濟觀點論中國應採門戶開放主義

　　2. 論實行門戶開放主義須有偉大度量

　　3. 論中國建設應大而且速，故必須用開放主義

（五）論中國建設必須借助於美日　民國 6 年（1917）

（六）駁排外資者的一封信　民國 6 年（1917）

　　1. 舉大小數國實例論利用外資與否之利害

　　2. 論中國所需之機器如欲自造則數百年亦不能致

　　3. 以漢陽鐵廠例說明謀實業發達必須萬般齊發

（七）《孫文學說》第七章　民國 8 年（1919）

1. 論中國之思想猶是「閉關時代荒島孤人之思想」
2. 以荒島開發為喻論中國自力開發之不可能
3. 以前喻論中國全面借用外資外才可迅速開發
4. 以世界工程之進步說明利用外資可迅速趕上歐美
5. 論全面利用外資以發達實業更急於教育之普及

（八）《實業計劃》緒言　民國 8 年（1919）

1. 論歐戰時擴張之生產力在戰後除用於復興外尚須覓銷場
2. 論歐戰後賸餘生產力應用於開發中國
3. 論國際開發計劃施行之步驟
4. 特別申論國際開發須得中國民意贊同
5. 論利用外資須有操縱在我之智識

（九）一篇概述發展實業途徑的論文　民國 9 年（1920）

1. 論中國發展實業所缺者即資本與人才
2. 論解決資本問題之法
3. 論解決人才問題之法
4. 簡述發展實業計劃之要目
5. 由鋼鐵一端論中國實業應具之規模及所需之資本[28]

　　由此簡明條目，可以充分掌握資料，認識孫中山一生主張全面利用外資之重點。足夠見其全部綱領。此是徐氏研究貢獻，本文只有參考引據，自無須再贊一詞。

---

[28] 徐高阮著：《中山先生的全面利用外資政策》，頁 43－45。

六、結 論

本文最後須於設想寫作結構之安排有所說明。在本文中舉出一、定都；二、海南建省；三、三峽水力發電；四、全面利用外資政策，以為孫中山的謀國遠識。識者或必視為未盡周全，甚至可以肯定本文有所遺漏。是誠然。故須於此分別說明。

我自民國 66 年（1977）到香港任教，至 78 年返回臺灣，在香港公開演講不下十次，什九關乎到近代問題，尤其多是以孫中山為論題，抑且往往是當地青年學生要求講那一類問題，我曾遭學生出題有四、五次之多。這一次在民國 77 年 11 月 12 日紀念中山誕辰。我有兩次機會講同一個問題，就是孫中山有何遠見？其實我在一年以前曾向學生講過：「孫中山理想中的現代中國」。也全是學生早先出題。其中所包內容，重在國家政治體制，自必充分談五權憲法、地方自治、人民四權、民生福利、衣食住行之照顧。這未必不是孫中山的謀國遠識。但在學問層次上這是在制度體制層面。本文所論之謀國遠識是屬於政策作為層面。既不混入思想層面，亦不再涉及制度層面。如此畫分，可以節省篇幅，也可具體而清晰。

另有一個十分現實而必須應付的問題要思考。要談孫中山的謀國遠識，必須就事論事，使人信服。不能把制度體制放在其中，因為香港是英國殖民地，並且是資本主義體制，再加上中共同路人也在，那是共產公有制度，他們自認是社會主義天堂。我不能在制度層面上講，是要避免有人反駁我是站在甚麼政治立場講話，會引起爭議。明白說，某種制度下的人士必會為其政治體制而辯護。如果就其具體事項與政策來談謀國遠識，無論帝國主義之擴張領土如德、日有其遠識，共產主義之赤化世界如蘇聯有其遠識，民主國家

的圍堵如歐美也具有其遠識。因是必須避免爭議，提出事項討論，乃是必當思考的步驟。

再在「遠識」這個重點上下點功夫，我講了最好使人馬上可以比較時效性。中山逝世已七十年，如果使人想到，他的政策到今天仍有時效，豈不最具說服力。中山建國之始就主張遷都，可以避開列強挾制。任何人也都能看出其意義。海南建省，中共政權正好在 1988 年我講演的時日，開始實行。而中山早在 1912 年公開宣示並稟呈政府。中共若放棄海南倒也罷了，偏偏晚了七十七年纔要建省，豈不證明中山的遠識。三峽水力發電，今日中共做得如火如荼，李鵬視為千秋大業，比之中山提示，已晚九十年。中共如不停建大壩，豈不又可明見中山的遠識。中共領袖鄧小平近年提倡利用外資，上下急如星火，望若饑渴，一意吸引外資。如果仍是馬列路線，閉關絕市，倒也罷了。如要全面利用外資，又得證明中山七十年前的遠識。鄧小平一概胡說甚麼有中國特色的社會主義。它的內涵究竟是甚麼？人人可以明白。他能超過孫中山計慮之外嗎？甚麼是有中國特色的社會主義？這個答案，孫中山在民國 8 年（1919）已說得明白，載在《實業計畫》：「前之六大計劃，為吾欲建設新中國之總計劃之一部分耳。簡括言之，此乃吾之意見，蓋欲使外國之資本主義，以造成中國之社會主義，而調和此兩種人類進化之經濟能力，使之互相為用，以促進將來世界之文明也。」[29]這時中國共產黨尚未誕生，可知一定與他們毫無關係。可以放心宣示，這是中山先生的謀國遠識。我何以寫此文？是要教訓那些不讀書而講大話的人士，他們祇會誇大宣傳，奉勸學者不要受其所愚。

---

[29] 《國父全集》，第 1 冊，頁 654。

孫中山先生的門戶開放主義
與全面利用外資政策

　　研究孫中山先生生平思想功業是近十年來形成的熱門學問，有人出以政治目的是很顯然的。不過硜硜自守之士有遠見耐孤寂的學者大有人在，在臺灣早有徐高阮先生，他逝世已有二十多年了，而他早在五十餘年前（1954）就對孫中山先生作過深入研究，有論文發表。[1]我之研究孫中山先生是受徐先生的影響。徐先生是古今兼通、文史俱長的一位學者，而思想之敏銳、眼光之遠大，學界少有能及者。我十分佩服他。

　　我個人研究所得之認識，相信孫中山先生的許多構想生平未能實現，而特別是他的建國理想，在今日更有參考的價值，而且發現他的遠見早在八十多年前提出，正是解決中國問題的有效方法。所以值得我們今日多多去研探思考，討論比較。

　　我們所須注意之點，是孫氏對中國問題的認識與針對問題所思考的解決方針。孫中山先生一生所注意者，自始即注重為全國大多數人謀幸福。他在從事革命之前，並未要推翻滿清，而結識鄭觀應，致信鄭藻如，上書李鴻章。其所主張全在立志致力於農業改良問題。為了救中國，必須要先使全國大多數人口之農民能夠溫飽與生存。起始思考就不是土地分配問題，而是改善農業技術問題。這是孫中山先生在早期革命前之思想主張。改良農業技術，也就是今日

---

[1]　徐高阮：《中山先生的全面利用外資政策》（臺北：1963 年 5 月）。

大陸所謂的農業現代化。孫氏在 1890 年前後提出，為中國近代農業改良思想先驅。[2]

孫中山先生雖然從事革命，而就在他艱難經營革命活動中，亦同時注意到中國的建設問題。孫中山先生於 1905 年在日本東京創立同盟會時期，創刊《民報》，正式提示其所主張的民族、民權、民生三大主義。其中民生一端，純就國民生平設想。特加詳申論，計於此次革命一舉而並去除歐美先進國家之社會問題，以民生主義的實現，達成均富社會。故此一觀點實為其國家建設思想的根源。[3]

孫中山先生因見中國之貧弱而推行民生主義，急求治國進至於富強。欲速致國家於富強，就當時中國普遍認識而言，均注重於振興實業。為急求發展實業，則需人才、資金、方法（技術），而中國全然缺乏。為此則進而及於思考利用外資。

孫氏利用外資的初步思想，在提出民生主義之後不久，即已思考及之。尤其《民報》與《新民叢報》筆戰之時。在 1907 年（光緒 33 年）由胡漢民駁辯梁啟超的顧慮。正式提出利用外資發展中國實業的設想。表示外國剩餘資本正宜歡迎其來華投資。那時孫氏尚在奔走革命，已經為中國建設提出入手途徑。已設想到中國工商實業高度發展的前景，反覆說明大量輸入外資的必要。[4]

---

[2] 〈致鄭藻如書〉（1890 年），《孫中山全集》（北京：中華書局，1981 年 8 月），第 1 卷，頁 1–3。〈上李鴻章書〉（1894 年），《國父全集》（臺北：中國國民黨中央委員會黨史委員會，1973 年 6 月），第 3 冊，頁 1–11。〈創立農學會徵求同志書〉（1895 年 10 月 6 日），《國父全集》，第 3 冊，頁 12–13。

[3] 孫文（中山）：〈發刊詞〉，《民報》，第 1 號（日本東京，1905 年 11 月 26 日）。

[4] 民意（胡漢民）：〈告非難民生主義者〉，《民報》，第 12 號。又，徐高阮：《中山先生的全面利用外資政策》，頁 48：「梁啟超在《新民叢報》上說中國的要務是保護國內資本家以抵制外資，認為外資輸入的最後結果將是『中國人為馬牛以終古』。這篇〈告非難民生主義者〉則認為，大規模輸入外資正是促成中國資本發達的必要手段，對國家全體及一般資本家是有利的，

　　辛亥革命武昌起義後一個多月，孫中山先生自歐返國，十二月下旬到香港。當時見及胡漢民。主張共和政府成立之後，必須借外債，以築鐵路，使各省交通便利，使土產可以順利輸出。根據當時京張鐵路經營，五年內可償清全本。則借債築鐵路，容易完成，預計六年之內可以將本利清還。而鐵路則為中國所有。[5]

　　中華民國肇始紀元，共和政府建立。孫中山先生為各省代表選舉，初任臨時大總統。為時數月即讓位予袁世凱。當其去職之時，即決計致力於發展實業。故在 1912 年 4 月 1 日在南京對同盟會會員發表演講，主張興大實業，大量舉借外債。並力言及早施行為宜。強調「時間即金錢」。舉美國每年鐵路收入七億美元。中國不早築鐵路即無其進款。此外並舉張之洞之所失。畏借洋款，畏購洋料，蹉跎十年不成。終於在盛宣懷之手，借比款而修成蘆漢鐵路。延誤此二十年，損失則太大。[6]

　　民國元年 4 月，孫中山先生解除大總統職以後，即進入其發展中國實業的計畫工作。自同年 6 月到上海，即作建築全國鐵路的計畫。8 月到北京，9 月受任督辦全國線路，此後進行借外債建鐵路更為積極。宣布在十年內建設二十萬里鐵路的構想。孫氏所著《實業計畫》一書，雖是著成於民國 7 年之末，而其最早的構想及認真從事於種種詳細步驟，應自民國元年 9 月，孫氏聲明受任統籌鐵路計畫開始。[7]自 4 月至 9 月孫氏不斷的講演談話，為借外債促成中國十年築路的計畫者不下十餘次之多。

而保護少數資本家以抵制外資，則不但不符國家全體利益，而且是不可能的。這是中山先生的深刻見解。」

[5]　1911 年 12 月 22 日在香港與胡漢民等談話。《國父全集》，第 2 冊，頁 791－792。

[6]　民國元年（1912）4 月 1 日，在南京同盟會會員餞別會講：〈民生主義與社會革命〉，《國父全集》，第 2 冊，頁 214－218。

[7]　《國父全集》，第 2 冊，頁 219－220、224－226、231－234、242－243，

　　孫中山先生提倡國家實業建設，作為中華民國開國大業，自是舉國士民所屬望。而其入手方式，則循全面利用外資一途。中國百年來飽受帝國主義者朘削欺凌，又承不平等條約束縛，早已蓄存戒慎恐懼之心。一般認識，實不易接受孫氏主張，故不免使其大費唇舌，到處講演解說。同時他設計規模之龐大，利用外資之全面，推放利權之澈底，預測成效之樂觀。俱出常人想像之外。今日看來，事屬平常，七十年前，則不免令人驚詫，難於置信。庸眾不察英雄聖哲胸懷眼光，於是反而譏嘲他，稱他是孫大炮。

　　另一重要思想，連帶而生，也是創說於 1912 年。孫中山先生既立意提倡全面利用外資從事國家建設，自不免首先開放國家利權機會，給予先進國家，亦即列強。因是在 1912 年孫氏多次演說、談話之中隨時提出其門戶開放思想。時稱門戶開放主義，時稱門戶開放政策。反復多次言宣於眾。茲舉其在 1912 年 10 月 22 日在南京的講演：

> 　　兄弟自解職回粵，旋出遊歷北京及滿、蒙、晉、魯一帶，復來南京。遊歷所得，知我中國，大有可為。因南北人心，一致趨於共和，前途必無危險。以我國地方之大，人口之眾，物產之豐，人材之眾，革命之後，若能一心一德，從事建設，必能為世界第一富強之國。但建設不一端，如政治實業種種皆是。以政治言，袁總統及國務院與各省都督，皆能勝任愉快。兄弟因此擔任鐵路一事，願以十年為期，建造全國念萬

***

1912 年 7 月 22 日在上海講：〈築路與借債〉。頁 247－249，1912 年 8 月 29 日在北京講：〈救中國之貧弱必自擴充鐵路始〉。頁 255－258：〈報界應鼓吹借款修築鐵路〉。頁 266－274，1912 年 9 月 14 日在北京講：〈修築全國鐵路乃中華民國存亡大問題〉。頁 312－331，1912 年 10 月 22 日講：〈實現鐵路政策須取開放門戶主義〉。頁 800－803、808－813、822－829。

里鐵道，促實業之發達。惟二十萬里之鐵路，非六十萬萬元不能成功。以吾國從前已修鐵道比較之，費十餘年之力，僅成萬餘里之鐵道；則今二十萬里之鐵道，又非二十餘年不能成功。待二十餘年而後求國之富強，未免有河清難俟之歎。欲求速效，則惟有借用外國資本，聘請外國人材，故兄弟主張此鐵路政策，採取開放門戶主義。[8]

關於孫氏所論門戶開放，不僅只是一個思想主張，實際經其提議倡說並向袁世凱建議，遂在政府中形成為一個門戶開放政策，作為中華民國開基立國的建國宗旨。他在 1912 年 10 月 23日在安徽都督府的講演說得明白，深值今日講求中國現代化者作參考：

興利之事亦很多，最要緊的就是修鐵路，開礦產，講求農業，改良工藝數大端。但要想實業發達，非用門戶開放主義不可。日前兄弟在北京與袁大總統及各部總長協定政策，就是開放政策。何以名為開放政策？就是讓外國人到中國辦理工商等事。兄弟說這個話，不知者一定要疑惑，以為我中國土地，何能讓外國人隨意進來？這等見識，名為閉關主義，為前清所利用。當前滿洲政府做專制大皇帝時，最怕人民有國家思想。以為人民若有國家思想，滿廷即不能永遠存在。所

---

[8] 《國父全集》，第 2 冊，頁 312－313。同前書，頁 303，1912 年 10 月 12日在上海報界公會講演云：利用外資，可以得外資之益，故余主張開放門戶，吸收外國資本，以修築鐵路，開發礦山。吾國今日，若以外資築鐵路，反對者尚少；若以外資開礦山，則舉國無一不持反對之議者，以為利權為外人所得。若細思之，尚不盡然。譬如外人以一千萬資本開掘一礦，則必以五百萬購買機器及其他器具，其餘五百萬，必盡分配於工人，則是採礦之成敗未可知，而已散去其資本之半於中國之工人矣。

以利用閉關主義，不許外國人來。使人民將一國當作天下，
自然沒有國家思想，皇帝之位亦即無人干涉。嗣後外國人到
中國來通商，定租界，闢商埠，並不是清政府歡迎，是外國
人強迫。現在中華民國，人人皆有國家思想，同心協力，保
全領土，擁護主權，外國人進來，毫無妨害，有何不可？況
開放主義，我中國古時已行之。唐朝最盛時代，外國人遣派
數萬留學生到中國求學，如意大利、土耳其、波斯、日本等
國是。彼時外國人到中國來，我中國人不反對；因中國文明
最盛時代，上下皆明白開放主義有利無弊。[9]

孫中山先生對於門戶開放的基本用心，在這次講演中也申說得
明白。充分顯示其眼光遠大，與關心改善人民饑苦的崇高情懷：

現在中華民國已將滿清政府推翻，改造共和政體。共和政體
在地球上，要算第一最好政體，我們何等幸福！但諸位同胞
要知革了命，不能就算事業完了，大家就可享幸福。請看現
在遊手無業、饑寒交迫諸同胞；徧地皆是，我們能忍心不顧
他們？祇顧自己享福，豈能長享？我們要永遠享文明幸福，
必先使全國同胞人人有恆業，不啼饑，不號寒，然後云可。
要想達此目的，就要辦理修路、開礦、工商、農林諸偉大事
業。辦理此等偉大事業，必先有偉大度量，將意見二字消滅
盡淨。諸君試看日本國，土地不過我中國兩省大，人民亦不
過我中國兩省多，四十年以前，亦是一個最小最窮最弱之
國，自明治維新以後，四十年間，儼然稱為列強。全球上能

---

[9] 《國父全集》，第 2 冊，頁 314。

稱為列強者，不過六七國，而日本儼然是六七國中之一國。
他是用何種方法，始能如此，亦祇是用開放主義。[10]

　　概括大要而言，為挽救中國出於貧弱，人民免於饑寒。孫中山
先生基於此種需求，要以建設國家為最急切的責任。建設國家是使
中國全面現代化的重大工作，在在需要知識、人才、技術與資金。
分門別類，又各自成為龐大專業系統：工、礦、商、貿、農、林、
漁、牧。當日合稱為之實業。換言之，建設國家必須發展實業。如
此千頭萬緒，而又人才、資金、技術樣樣極度缺乏。孫中山先生設
想對策，惟有全面利用外資才可以解決這些困難，推動國家建設。
既然要全面利用外資，當必須給予外人優厚條件，使之獲得優厚利
益，方能具有吸引力，使外國競相投資，分門別類，興辦各種實業，
中國因勢乘便達成建國目標，國民得以早日解除饑果。據此立場思
考，自必須使國家全面對外開放，給予外商全面開發利源的機會。
　　孫中山先生建國入手，利用外資的具體設計，他自 1912 年 6
月到上海作兩個月計畫與準備，即設想籌建鐵路計畫。最初設想招
募國民捐，但只廣東一省響應熱烈，已認捐三千萬元；而其他各省
不肯出錢。此即資金困難問題，終必須以外資為可籌的出路。
　　孫中山先生何以願放棄政治權力而要循求開發實業一途？孫
氏認為民國建立之始，國家借貸應急，左支右絀，不能解決根本問
題。並愈陷於貧困。故全國先決的急要問題即是必需澈底改善經
濟。因是他自願專力處理此一難題。而由政治轉向於實業。我們需
要知道孫中山先生半生奔走革命，是一個政治領袖。一朝革命成
功，為建設國家迅速進至於富強，可以放棄一國最高的元首職位，
再以赤手空拳，奔走實業，正足以見其遠大眼光與崇高志節。

---

[10] 《國父全集》，第 2 冊，頁 315。

　　孫中山先生的實業建國計畫，很清楚是在 1912 年創草於上海，並於同年 8 月完成初稿。最重要之點，我們可以確信：後日孫氏的物質建設一書《實業計畫》，其內容輪廓重點，在此已具雛形，特別是五大鐵路系統構想。同時孫中山先生之所以放棄政治，轉向發展實業，其所思考理由，也在此時說出。此方重要表達文獻，即為孫氏 8 月赴北京之前致宋教仁函。借用外資投於實業以及全權批辦鐵路的辦法，也在此函中最具體的提出。[11]

　　孫中山先生設計修建全國鐵路的具體辦法與所持理由，大致可以分成以下各點：

（一）以十年為期，建築鐵路二十萬里。

（二）建築十萬里鐵路必需資金六十億元，資本所出，則全面利用外資。故惟有歡迎外債，不能反對外債。蓋中國自修鐵路，資金不足，遷延無成。徒費時日。

（三）利用外資之法有三：其一，借外債築路。其二，中外合資舉辦。其三，准許外國公司包辦經營。訂定年限，經營期內一切生產利益均歸外國公司，到期滿則交還中國政府。孫氏個人主張，採取批辦的辦法。也是他所謂的「門戶開放」辦法。以四十年為經營期限。[12]

---

[11] 《孫中山全集》，第 2 卷，頁 404–405。1912 年 8 月致宋教仁函：中國大局此時無論何人執政，皆不能大有設施，蓋內力日竭，外患日逼，斷非一時所能解決。若只要從政治方面下藥，必至日弄日紛，每況愈下而已。必先從根本下手，發展物力，使民生充裕，國勢不搖，而政治乃能活動。弟刻欲捨政事，而專心致志於鐵路之建築，於十年之中，築二十萬里之線，縱橫五大部之間，計畫已將就緒，而資本一途，亦有成說。弟所擬之借資辦法，較之往日借資築路條件優勝甚多：一、事權不落外人之手。二、國家不負債務。三、到期收路，不出贖資。今所待者只要參議院之贊同、政府之特許所可從事。然多數同人不免以此舉規模過於宏大而起驚疑者，故尚未敢發表，擬先來北京一行，以覘人心之趨向。

[12] 《國父全集》，第 2 冊，頁 816，1912 年 8 月 29 日，在北京與各報記者談話云：

（四）孫氏採取批辦之理由：一則資金缺乏，必須全用外資。二則人才缺乏，必須由外人經營。三則不懂最新技術。如中國採取新技術又要不借外材，則必須先派十萬留學生，至少要十年才能學成回國，而如此留學的資金十分龐大，仍無着落；但十年蹉跎已空自過去，鐵路則不可能等候十年再辦。

（五）批辦之法，可免危害：一、無借款回扣之害。二、無購料回扣之害。三、無討息之害。四、無虧耗、津貼之害。

（六）批辦之法有二利：一、工程堅固。二、建築合法。

記者問：先生主張鐵路、練兵兩策有之乎？

先生答：有之。惟兩策以鐵路為先，工商教育，可一呼而起。若鐵路不能築成，雖有兵亦無所用。中國政界上與社會上作事，向來因循，以區區數千里鐵路，往往數年不成，此後應為積極的進行，必須年築二萬里，十年築二十萬里，方可奏效。不過國民刻尚反對外資輸入，將來或須加以開導功夫耳。

記者問：二十萬里鐵路興築費須六十萬萬，我國焉能有此巨款？先生所謂外資，是否仰給外債？

先生答：但能興利，又無傷主權，借債自不妨事。我現已籌有絕好方法，將來借債築路，可使有利無害。

記者問：此項鐵路歸國有乎？抑民有乎？

先生答：初辦宜定為民有，庶便於競爭速成，國家予以保護，限四十年後收為國有。蓋與以四十年期間，民有鐵路已獲利甚鉅，國家可以不須款項，以法律收回；無害於民，有利於國，此為兩便。

記者問：路歸民有，將由國家借債，抑人民自行借債耶？

先生答：二十萬里鐵路，可以分為十大公司辦理，得各以公司名義自行借債。

記者問：以民有鐵路公司借外債，能否達到目的？且以四十年之久，此十大公司得勿變托辣斯乎？

先生答：民有鐵路公司借外債，必能達到目的。彼外國銀行惟恐我不借債，借則爭先恐後。至托辣斯亦可預防，若國家見某路獲利最多，亦可於未至限期以前，隨意擇其尤獲利者，用款收買。

（七）舉辦鐵路以外，物產土地升值之利甚大。人民就業機會增多。均是民間之利。[13]

孫中山先生自 1912 年 4 月以來鼓吹振興實業，放棄過問政治而獻身國家建設。計畫自築鐵路入手，利用外資，十年完成。並到處講演，宣傳門戶開放、全面利用外資、加速建國之旨。直到 1912 年 10 月 14 日成立鐵路總公司。嗣後游歷東南各埠，並於民國 2 年（1913）2 月至日本訪問。推行借款築路計畫。然不久於 1913 年 3 月 25 日上海發生宋教仁遇刺案，由於袁世凱的獨裁竊國，而使建國大計為之中阻。其實早在 1912 年 10 月孫氏委王寵惠與英商簽定廣州至重慶及蘭州鐵路線。袁世凱卻並不批准。[14]

袁世凱倒行逆施，私欲重重，獨裁專制，背叛民國，帝制自為，於民國 5 年做起皇帝，終於敗亡。中國嗣即進入分裂局面。孫中山的建國大計，實亦無從施展。真是中國的不幸。

1918 年 11 月歐戰結束，在同年冬天，孫中山先生立即草撰：《國際共同發展中國實業計畫書》。以英文文字，分致列國政要。大約於民國 8 年 1 月寄出。後來附於《孫文學說》刊印問世。此即《實業計畫》之英文原本。[15]

孫中山先生在歐戰剛剛結束之後，立即思考到西方列強軍事布署將要全面復員，兵工生產將大幅削減，戰時工廠將停撤轉向，

---

[13] 《國父全集》，第 2 冊，頁 86－92，1912 年 10 月 10 日撰文：〈中國之鐵路計畫與民生主義〉。《孫中山全集》，第 2 卷，頁 456－466，1912 年 9 月 14 日在北京對報界之演說和談話。

[14] 《國父年譜》（臺北：1969 年增訂版），上冊，頁 479－505。郭廷以：《近代中國史綱》（香港：香港中文大學出版社，1986 年，第 3 版），下冊，頁 416－419。

[15] 孫中山：《孫文學說》，第七章及其附錄：〈國際共同發展中國實業計畫書〉。載《國父全集》，第 1 冊。又據《實業計畫》附錄，美國駐華公使芮恩施（Paul Samuel Reinsch）在 1919 年 3 月復中山函，信中說明 2 月 1 日收到孫氏計畫書。可知其草擬完成至少應在 1919 年 1 月以前。

士兵工人務須另圖改業。凡此，勢將使工業先進國家作調整應變，以免其生產停滯，經濟衰退。經孫氏敏銳觀察估量，詳審設計。他可以因勢利導，將此龐大生產動力，引進中國，投入中國的實業發展。助成中國迅速完成建國計畫，因是在撰著《孫文學說》期間，草成：《國際共同發展中國實業計畫》英文本。分寄各國，呼籲合作。此所以會在《孫文學說》一書中，竟有第七章和其附錄是在講解申明借用外資開發中國的要義，顯然是隨著歐戰結束，立即草擬的意見書，充分反應其敏銳的識斷，與宏大卓越的國際合作理想。[16]

孫中山先生設計利用歐戰列強剩餘物資，抵價轉售予中國。其復員人才勞工，轉業而來中國發展實業。是對列強企業家提供方便出路。而中國可以借此復興，實是兩利的合作計畫。在當時中外政治家而言，實具有崇高理想，遠大眼光。他的樂觀結論，令人鼓舞奮發，算是時代先知。茲錄其最後屬望國人之論點，以為佐證：

> 倘知此為興國之要圖，為救亡之急務，而能萬眾一心，舉國一致，而歡迎列國之雄厚資本，博大規模，宿學人才，精練技術，為我籌劃，為我組織，為我經營，為我訓練，則十年之內，我國之大事業必能林立於國中，我實業之人才，亦同時並起。十年之後，則外資可以陸續償還，人才可以陸續成就，則我可以獨立經營矣。若必俟我教育之普及，知識之完備，而後始行，則河清無日，坐失良機，殊可惜也。必也治本為先，救窮宜急，衣食足而知禮節，倉廩實而知榮辱，實業發達，民生暢遂，此時則普及教育乃可實行矣。今者宜乘

---

[16] 孫中山：《孫文學說》，第七章及本章附錄。

歐戰告終之機，利用其戰時工業之大規模，以發展我中國之實業，誠有如反掌之易也。故曰：不知亦能行者此也。[17]

孫中山先生的國際發展中國實業計畫書，雖然是撰成於 1918年，而實在則是依據 1912 年的原稿。其中鐵路部分，早在 1912年 8 月致書宋教仁時，先已提到。就是中央、東南、西南、西北、東北五大部，後來又增入高原鐵路系統。故這一部分早有原稿。

1919 年 8 月，孫中山先生與同志胡漢民、汪兆銘、戴傳賢、廖仲愷、朱執信等，在上海組成建設社，並創刊《建設》雜誌。屬命廖仲愷、朱執信、林雲陔、馬君武等，將其英文原著《實業計畫》譯成中文，在《建設》雜誌分期發表。其著作形式及書名，至此確定。[18]

《實業計畫》是孫中山先生設計中國全國建國藍圖。雖為六大計畫，然可以分成三個部分。其一為港埠設計：孫氏設計中國沿海開闢一等國際商港三處。是所謂：東方大港，闢建於乍浦、澉浦之間，用以取代上海。北方大港，闢建於清河口、灤河口之間，用以輔助天津。南方大港，仍以廣州珠江岸為主而加以修浚。開闢二等商港四處，即營口、海州、福州、欽州。三等商港九處：即葫蘆島、黃河港、芝罘、寧波、溫州、廈門、汕頭、電白、海口。商港之外，孫氏更建議開闢漁業港十五處，即安東、海洋島、秦皇島、龍口、石島灣、新洋港、呂四港、長塗港、石浦、福寧、湄州港、汕尾、西江口、海安、榆林港。[19]

其二是發展交通事業。孫氏重視交通，在近代人物中最見突出亦最顯優越。一則孫氏始終以發展交通為中國進至富強的入手，基

---

[17] 孫中山：《孫文學說》，第七章結論。載《國父全集》，第 1 冊，頁 485。
[18] 《國父年譜》，下冊，頁 762。
[19] 孫中山：《實業計畫》，載《國父全集》，第 1 冊。

本思考在運輸物產，是求富而非求強。二則理想宗旨，在於民生要項中人人所需要解決的行路問題。故其設計措置，是為全國國民。

孫氏對於發展交通的計畫，雖揀取重點開發，已經是十分龐大。當可分為陸運水運兩方面討論。陸運方面，擇先自建築鐵路入手，把全國鐵路劃為六大系統，並以幹線為主。計分：中央鐵路系統幹線二十四條，東南鐵路系統十二條，西南鐵路系統七條，東北鐵路系統二十條，西北鐵路系統十八條，高原鐵路系統十二條，合計必須建造全國幹線十萬英里。[20]

水路運輸方面，孫氏重視疏浚水道，整治江河航運效益。計畫中整治水道系統，有長江（三峽水力發電及擴大上游航運的意見，孫氏曾在 1907 年提出。），重在增長航運水道。有黃河，主要在於防害，重視上游及支流之水土保持。有淮河，重在疏導淮水出路。作引導入海，或引導入江，兼顧防害和船利。有運河，重在浚渫河道，修復隄閘，方便南北運輸。有珠江，擴展西江航運利益，至廣西腹地。[21]

其三是發展民生工業。孫中山先生的《實業計畫》，雖為全國大規模建設，而宗旨實為人民生計著想。在這部分民生工業中最易清楚看出。孫氏將民生工業發展，分為兩大部分。一是根本工業。一是工業本部。所謂根本工業就是現在通稱的基礎工業。這包括開發煤礦、鐵礦，動力資源的水、火發電、煉鋼、機械、造船、造機車等重工業。所謂工業本部在指人民切身生活需要的食、衣、住、行，再加上知識教育所需要的印刷工業。孫氏合稱為五大工業。是真正直接使人民普遍受益的工業。孫氏的理想，是以全面的高度工業化為前提，而非緩慢的枝節的或可稱是穩慎的發展中國工業。因

---

[20] 《國父全集》，第 1 冊，頁 572－578、590－630。
[21] 孫中山：《實業計畫》，頁 534－556、565－572。

此必須全面的大規模的利用外資，吸引外才，以加速中國的工業化，以至現代化。[22]

孫中山先生在從事革命之前的早期思想，一開始即注意於民生問題，從全國大多數農民之疾苦入手。為提高農民生活，安定民生，而以改良農業為救治之手段。此種改良農業，並非土地問題，而是改進農業技術問題。後來孫中山先生在從事政治革命期間，未嘗忽略經濟。其實現民生主義理想即以振興實業入手。舉例說，發展長江三峽水力發電即是他在 1907 年提出。

孫中山先生為謀求中國富強，重點在於發展快速與全面的工業化，決不要枝枝節節，顧此失彼。要為中國開國建國先打下健全經濟基礎。雖然視為急務，但具有一定設計，一定程序，決不是急就章。孫氏計畫：以基礎工業優先為民生工業鋪路，全面帶動國民知識技能的提高，與生活物質的加富。較之只重視國防工業，以人民為工奴，無法提高生活品質者高出萬倍。孫氏要在政治上、法律上創制種種規定，保障農民，使他們能享受自己勞力生產的成果。

孫中山先生的全面利用外資計畫上啟清末商戰觀念，下開當世的國際合作。引導國際工商競爭而入於國際互相合作，共同開發落後地區。此計用於今日工商先進國家參考，猶具重大意義。

孫中山先生生平提倡門戶開放，全面利用外資以建設國家。歷年反覆提示申論不下數十次。所著《實業計畫》即是本此宗旨，見其書中所陳議方式與目標以至施行原則，俱可見出：

> 此類國家經營之事業，必待外資之吸集，外人之熟練而有組織才具者之僱傭，宏大計畫之建設，然後能舉。以其財產屬之國有，而為全國人民利益計，以經理之。關於事業之建設

---

[22] 孫中山：《實業計畫》，頁 632－650。

運用，其在母財子利尚未完付期前，應由中華民國國家所雇
專門練達之外人，任經營監督之責。而其條件，必以教授訓
練中國之佐役，俾能將來繼承其乏，為受雇於中國之外人必
盡義務之一。及乎本利清償而後，中華民國政府對於所雇外
人，當可隨意用舍矣。於詳議國家經營事業開發計畫之先，
有四原則必當注意：一、必選最有利之途，以吸外資。二、
必應國民之所最需要。三、必期抵抗之至少。四、必擇地位
之適宜。[23]

　　孫氏計畫，顯以利用外資，列為首要原則，思慮深熟，立意堅
決，決非泛泛而談。然就世界和平合作而言，這也是人類所當努力
奔趨的理想目標。

---

[23]　孫中山：《實業計畫》，頁 517。

「實業計畫」之時代背景及建國功能

一、緒言

一國國運之昌盛綿延，繫於一民族之自信自尊與其文化之蘊蓄。而總體掌握運用民族特質與歷史累積經驗，則在於大政治家對國情背景之瞭解，睿智之領導，高瞻遠矚之識力。設計建國規模，為全民奠定穩固國基。同時一代人才，得在一種健全制度下分工合作，各展所長，為國家開創長治久安規模。在歷史實質進展而言，中國近代之建立民主共和政體，為有史以來特別重要時期。一代政治體系之創制，開歷史上新紀元，關係全民安危幸福根本，是以中華民國開國建國之始，制度、人才、政治領袖與人心風氣，實具重要關鍵。

中國近代政治最大變化，在於辛亥革命後中華民國之建立。自上古以來之專制帝王政體，一變而為共和政體。國家政制，本之立憲與革命之奮鬥理想，而設立推行民主政治之種種政府機關。急切之間，多取西方制度而移植之，無暇作深入思考，與精密設計。再加袁世凱之貪婪野心，蓄意破壞共和，恢復專制帝制，而建國理想，自更無法實現。後來袁氏篡奪民國未成，身敗名裂，固其罪有應得，終於為中國帶來軍閥割據局面，實為中國民族罪人，亦中華民族之

極大不幸。吾人於此，乃更覺悟偉大政治領袖之難得，與建國理想之需要健全設計與策畫指導。

當中華民國肇造之始，孫逸仙辭去大總統職，即以建設國家為其首要致力目標。提出建設鐵路之計畫，與全面利用外資之政策。可謂目光遠大，信心堅強。[1]自此以後以至民國 8 年，進而完成其「建國方略」三大部分。是即心理建設之「孫文學說」，社會建設之「民權初步」，以及物質建設之「實業計畫」。為中華民國建國，提具切實具體之設計。

孫逸仙「建國方略」，明顯近情，切於實際。固勝於高談政學理論者萬倍。而關係國脈民命至深者，尤在於其《實業計畫》一書。實業建國思想，當為孫氏積蓄甚早、極欲實現之願望，且自民國元年起，一直奔走鼓吹，極盼中國速致富強。而真正完成計畫之完整體系，則已至民國 8 年；最早形成，是附於《孫文學說》第七章之附錄：「國際共同發展中國實業計畫書」。[2]

孫氏之撰寫「國際共同發展中國實業計畫書」，原為應實際需要，而以英文文字分致各國政要之一種提議與呼籲。其草撰之時間當在民國 7 年冬歐戰結束之後，以至民國 8 年 1 月寄出之前。[3]啟

---

[1] 王爾敏：〈評介徐高阮著：《中山先生的全面利用外資政策》〉，《「孫逸仙博士與香港」國際學術會議論文集》，頁 223－234。又本文所書孫氏正名，用「逸仙」二字而不用「中山」二字，乃效吳相湘著：《孫逸仙先生傳》而定。別無任何考辨之意。

[2] 《國父全集》（中央黨史會編訂，民國 62 年 6 月臺北出版），第 1 冊，頁 490，附註（1）云：《孫文學說》第七章後，原有此附錄。民國 8 年 8 月 1 日發表於《建設》雜誌第 1 卷第 1 號「發展實業計畫」中，即今《實業計畫》之「緒言」。兩者字句略有不同，今仍據原文。

[3] 歐戰以民國 7 年（1918）11 月 11 日協約各國簽定休戰條約而結束。孫氏以英文計畫書分致各國政要，最早當在民國 8 年元月。蓋美國駐北京公使芮恩施（Paul S. Reinsch）係於民國 8 年 2 月 1 日收到計畫書。故孫氏草創實業計畫，當在此一時期之內。以上所述，係參考《國父全集》，第 1 冊，頁 660，芮恩施覆孫逸仙函所云。然於吳相湘著：《孫逸仙先生傳》，頁 1343

念動機，為歐戰後各國停止軍事活動，孫氏設想利用戰爭之生產技術與人力，移於中國之實業開發與建設。一則免各國籌畫善後復員之勞，二則中國可以借各國剩餘物質與生產技術用於開發中國富源，建設富強國家。此一偉大構想，適足反映孫氏目光之敏銳、魄力之宏大，與加速建設國家之抱負。

孫逸仙實業建國計畫，原亦敘入《孫文學說》第七章，立論切實，令人鼓舞振奮，興起無盡希望。茲予引據，以見其造端之啟念：

> 中國之為國，擁有廣大之土地，無量之富源，眾多之人力，是無異富家翁享有廣大之田園，盈倉之財寶，多眾之子孫。而乃不善治家，田園則任其荒蕪，財寶則封鎖不用，（子）孫則日事游蕩，而舉家則饑寒交迫，朝不保夕，此實中國今日之景象也。嗚呼！誰為為之？孰令致之？一吾國人果知「天下興亡，匹夫有責」，則人人當自奮矣。夫以中國之人，處中國之地，際當今之時，而欲致中國於富強之境，其道固多矣。今試陳其一：即利用今回世界大戰爭各國新設之製造廠，為開發我富源之利器是也。夫此等工廠，專為供給戰品而設，今大戰已息，此等工廠將成為廢物矣；其備於此等工廠之千百萬工人，亦將失業矣；其投於此等工廠之數十萬萬資本，將無從取償矣。此為歐美戰後問題之一大煩難，而彼中政治家尚無解決之方也。倘我中國人能利用此機會，藉彼將廢之工廠，以開發我無窮之富源，則必為各國所樂許也。此所謂天與之機。語曰：「天與不取，必受其禍」。倘我失此不圖，則三、五年後，歐美工業悉復原狀，則其發達必十倍

中所謂於是年2月中送達上海美領事館轉寄北京。吳氏所據美國國家檔案，上海領事館於2月25日自上海寄出。然芮氏所言2月1日收到，或指上海領事館收到孫氏計畫日期而言，亦未可知。

於前，而商戰起矣。吾中國手工之工業，必不能與彼之新機械大規模之工業競爭，如此則我工商之失敗，必將見於十年之內矣。及今圖之，則數年之間，我之機器工業，亦可發達，則此禍可免。此以實業救國之道也，國人其注意之。[4]

孫氏於《實業計畫》一書完成，在序文中說明其創稿始於歐戰結束之後，故其多年實業建國之理想，因國際情勢改變，而欲乘時利用，引導於發展中國實業，亦足以見孫氏見機之敏速與其對世界情勢之深澈了解。以當時中國國力之積貧積弱，與帝國主義之恃強侵凌，實渴望外資拯救，振作富強。孫氏此一構想，無論內對中國之開發，外對列強之解決戰後之復員，均具重大助益，並且極富國際合作之意義。然無論中外，明達開誠之人士實少，終以空提計畫，未能付之實行。孫氏於民國 10 年 10 月序文中深表惋惜，但仍極抱熱望以開示國人，以其《實業計畫》，備國家建設之參考：

> 歐戰甫完之夕，作者始從事於研究國際共同發展中國實業，而成此六種計畫。蓋欲利用戰時宏大規模之機器，及完全組織之人工，以助長中國實業之發達，而成我國民一突飛之進步，且以助各國戰後工人問題之解決。無如各國人民久苦戰爭，朝聞和議，夕則懈志，立欲復戰前原狀，不獨戰地兵員陸續解散，而後路工廠亦同時休息。大勢所趨，無可如何，故雖有三數之明達政治家欲贊成吾之計畫，亦無從保留其戰時之工業，以為中國效勞也。我固失一速進之良機，而彼則竟陷於經濟之恐慌，至今未已。其所受痛苦，較之戰時尤甚。將來各國欲恢復其戰前經濟之原狀，尤非發展中國之富源，

4　《國父全集》，第 1 冊，頁 482－483，《孫文學說》。

以補救各國之窮困不可也。然則中國富源之發展，已成為今日世界人類之至大問題，不獨為中國之利害而已也。惟發展之權，操之在我則存，操之在人則亡，此後中國存亡之關鍵，則在此實業發展之一事也。吾欲操此發展之權，則非有此智識不可，吾國人欲有此智識，則當讀此書，尤當熟讀此書。從此觸類旁通，舉一反三，以推求眾理，庶幾操縱在我，不致因噎廢食，方能泛應曲當，馳騁於今日世界經濟之場，以化彼族競爭之性，而達我大同之治也。[5]

　　吾人所當注意者，孫逸仙撰著《實業計畫》之原始動機，起始本為對歐戰獲勝協約國之政治領袖企業家而發，向外呼籲國際上以復員之物力人力協助中國開發富源，對列強而言亦具重大利益。故其初始形式純出以英文文字。宗旨在啟導西方政治家、企業家合力推動現代世界一項偉大事業。無如列強政治領袖雄心萬丈，目光淺短；再加中國內爭不止，政局少有安定，遂使大好良機輕輕放過。真是辜負孫氏一番經畫苦心。雖然如此，孫氏仍不灰心，於民國8年8月在上海創刊《建設》雜誌，用以呼喚國人醒覺。並將《實業計畫》譯成中文，於《建設》雜誌分期發表。[6]由是而使此書成為

5　《國父全集》，第1冊，頁507，《實業計畫》序。
6　《國父年譜》，下冊，頁762。又《國父全集》，第1冊，頁508，《實業計畫》序云：「此書原稿為英文，其篇首及第二第三計畫及第四之大部分，為朱執信所譯。其第一計畫為廖仲愷所譯。其第四之一部分及第六計畫及結論，為林雲陔所譯。其第五計畫為馬君武所譯。特此誌之」。又，孫逸仙所撰〈建設雜誌發刊辭〉：「我中華民國以世界至大之民族，而擁世界至大之富源，曾感受世界最進化之潮流，已舉行現代最文明之革命，遂使數千年一脈相傳之專制為之推翻，有史以來未有之民國為之成立。然而八年以來，國際地位猶未能與列強並駕，而國內猶是官僚舞弊，武人專橫，政客搆亂，人民流離者何也？以革命破壞之後而不能建設也。所以不能者，以不知其道也。吾黨同志有見於此，故發刊建設雜誌，以鼓吹建設之思潮，闡明建

當時一個最具體之建國藍圖。無論是否得以完全實現，而其設計之雄偉，樂觀之信持，以及對於國際合作之遠識與誠意，均足以啟示後人追從效法，其意義當不可磨滅。

二、港埠設計及其創意

孫逸仙草撰《實業計畫》，原始即在建設中國為現代國家，宗旨謀求富強，入手則先着意於致富。全部內容俱以工業建設為重心，面面開拓，亦及於商貿農牧。計畫中之一大重點，則在全國港埠之設計。

孫氏港埠設計特色，見之於其所標示之北方、東方、南方三大商港，為中國與外洋聯繫之出入孔道，中外貿易之管鑰，固為中國建國安排遠景，實亦表現其世界商貿眼光。茲進而探討三大計畫港之設想經畫於後。

（一）北方大港

所謂北方大港，為孫氏理想設計之新港，書中稱之為計畫港。位於渤海灣內，地處青河、灤河兩河口之間之海岸岬角上。設計將青河、灤河兩淡水遠引別處出海，以免海港結冰。然後闢其地為貿易商港。茲附計畫圖以見其概略：（見附圖一）

設之原理，冀廣傳吾黨建設之主義，成為國民之常識，使人人知建設為今日之需要，使人人知建設為易行之事功，由是萬眾一心以赴之，而建設一世界最富強最快樂之國家為民所有、為民所治、為民所享者，此建設雜誌之目的也……」。

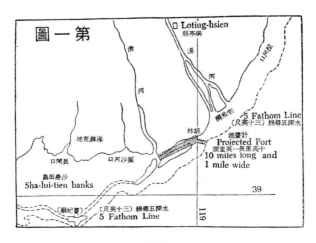

附圖一

　　就北方大港之地位條件而言，是渤海灣中距深水最近之處，並藉新開運河與中國北部、中部水陸連接。地區空曠，居民稀少，便於建造為現代化新都市。至此港所襟帶之區域，所控負之腹地，西南則為河北、山西兩省，西北則為熱河及蒙古游牧草原。更可進而以新建鐵路達於新疆。孫氏意圖於最短期間擴建而成與紐約相等之大港，以鐵路聯繫，直通歐洲，結合歐亞大陸，以為東方門戶。

　　北方大港連接北方廣大游牧地區，設計建設鐵路八條。主要幹道，起自北方大港，通至多倫諾爾。凡三百公里，俱鋪雙軌，以為中樞孔道。再分建八線：一、自多倫諾爾北向，沿興安嶺直達漠河。二、自多倫諾爾西北向，經克魯倫入俄國境於赤塔城與西伯利亞鐵路相接。三、自多倫諾爾向西行，沿蒙新沙漠北境，以達迪化，全長一千六百公里，作為西北邊區重要幹線。四、自迪化迤西以達伊犁。五、自迪化越天山，入南疆，至喀什噶爾，再轉東南至于闐。六、自幹道 A 點分枝北上經庫倫，以達恰克圖。七、自幹線 B 點

向西北延伸，經烏里雅蘇臺以達邊境。八、自幹線 C 點向西北伸展，以達邊境。（見附圖二）

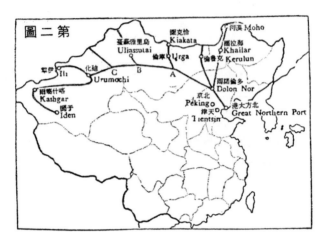

附圖二

北方大港所要達成之利益目標，可見以下數端：其一，河北、山西、熱河之豐富煤產得以藉此出口。其二，黃河流域之稠密人口，可以迅速用於邊疆資源之開發。其三，蒙古、新疆地方礦產之開發，與豐富產品之輸出。其四，溝通歐亞大陸，連接一氣，以為亞洲終點口岸。故具世界商港之重要性。[7]

（二）東方大港

關於東方大港，孫氏設計有二：其一是開闢新地，是為計畫港；其二是改良上海以為東方大港。中國自五口通商以來，上海已具世

---

[7] 《國父全集》，第 1 冊，頁 518－527。

界商港地位，全國港埠，首屈一指。上海之重要，主要是靠腹地廣濶，水道四通八達。然港灣本身條件甚差，必須長期為浚渫下游水域而浪費龐大物力人力。中外人士，久以改良上海而設計種種方案。孫氏計畫，重在新掘黃埔江水道，但長江下游，仍存長期浚渫問題。故孫氏乃將計畫港列為最先。

凡優良商港必以接近深海，足使遠洋商艦出入迅捷為要點。孫氏東方大港之計畫港，選於杭州灣之乍浦與澉浦之間。兩處地岬相距十五英里，在兩岬之間建一海隄，於乍浦一端，開為出入正門。此港優點，簡列如下：其一，永遠杜絕浚渫之勞費。其二，當退潮時水深尚有三十六至四十二尺，可供大船進出方便。其三，腹地背景仍可藉運河及鐵路通至長江流域，且較上海為近便。故應為中國中部優良商港。孫氏對此點極具樂觀信心，如孫氏所言：

> 且上海所有天然利益，如其為中國東部長江商港，為其中央市場，我之計畫港，亦復有之，更加以由鐵路以與大江以南各大都市相交通，此港較之上海為近，抑且如將該地近旁與蕪湖之間水路，加以改良，則此港與長江上游水上交通，亦比上海為近。而上海所有一切人為的繁榮，所以成為一大商埠，為中國此方面商務之中心者，不待多年，此港已能追及之矣。[8]

至於計畫港之地位形勢，可就附圖參閱。（見附圖三）

8　《國父全集》，第 1 冊，頁 531。

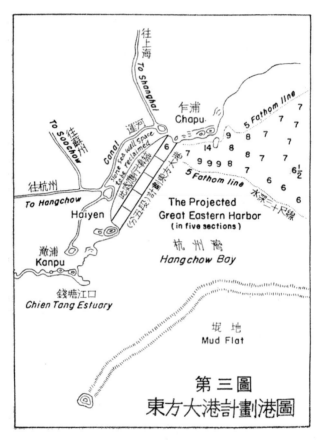

附圖三

（三）南方大港

　　南方大港，孫氏並未另行設想新計畫。而係就廣州舊地，加以改良。主要重點在於改善珠江出入水道，使外洋商輪直達廣州。廣州口岸為中國歷史上持續最長久之對外交通孔道，自秦漢已見重

要。秦代南海尉任囂、趙佗先後用事，趙佗並據地自號「南越武王」，漢武帝時方行收復其地。至與外洋交通，東漢末至三國，均有印度僧人循海道入中國，為中國最早對外之重要口岸。嗣後歷經唐、宋、明、清，均為出入外洋港口，直迄當代，雖不及上海發達，而仍為南方要埠，蓋其地位，足以使之歷久不衰。

　　孫氏改良廣州商港分為兩段：一在珠江水道之浚治，一在廣州附近水道之歸併疏通。如圖所示，為孫氏整治起自黃埔至於虎門以出外洋之水道。（見附圖四）

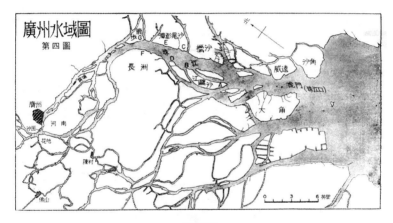

附圖四

　　整治此廣州通海之路，自虎門至黃埔一段珠江，吾意須使東江出口集中於一枝，即用其最上之水道，於鹿步墟島下游一點，與珠江合流者。其他在第二門洲以下與珠江會流各枝，概須築與尋常水面同高之堰，以截塞之；至入雨期，則仍以供宣洩洪水之水道之用。此集會東江全流於第二門洲上面，可以得更強之水，以沖洗珠江上部也。

此一段範水工程，吾意須築多數之壩如下：第一、自江鷗沙之 A 點築一壩，至攔沙島低端對面加里吉打灘邊。此壩所以堵截江鷗沙與加里吉打灘中間之水流，而轉之入於現在三十六英尺深之水道，以其自然之力，濬使更深。第二、於此河右岸，由海心沙之 B 點起，另築一壩，至中流第二門洲下端為終點。第三、於此河左岸，自漳澎尾沙下頭 C 點，築一壩至中流，亦以第二門洲下端為終點，以是藉此兩壩所束集中水流之力，可以刷去第二門洲。其兩壩上面淺處，則可浚之至得所求之深為止。若發現河底有嚴石，則應炸而去之，然後全部通路可得一律之水深也。第四、在此河右岸與海心沙中間之水道，須堵塞之於 D 點（即瑞成圍頭）。第五、在漳澎常安圍上游之 E 點起，築一壩至第二門洲坦之上端中流，如是則此河左邊水流截斷，而中央水道之流速可以增加也。第六、在右岸長洲島與第二門洲之間適中之處 F 點起，築一壩至中流灘之頂上，以截斷此河右邊之水流。第七、於鹿步墟島下端 G 點起，築一壩至中流，與前述之 F 壩相對，此 FG 兩壩所以集中珠江上段水流，而 G 壩同時又導引東江，使其流向與珠江同一也。以此七壩，自黃埔以迄虎門之水流可得有條理，而沖刷河底可致四十英尺以上之深，如是則為航洋巨舶開一通路，自公海直通至廣州城矣。[9]

孫氏前一階段集中東江水道部分為主。而於廣州附近水域，西江、北江合流越過，枝汊太多，分流迂緩，積淤沙洲，處處皆是。故須加以合併，使北江、西江合流後力量增強，水位加深。參閱附圖，以見其改良廣州水道計畫大致。（見附圖五）

---

[9] 《國父全集》，第 1 冊，頁 562－563。

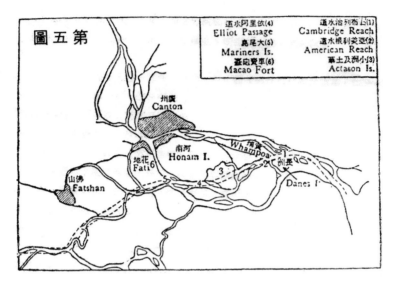

附圖五

據圖所見，自下游向上推進，逐一說明於次：

廣州港面水界應至第一閂洲為止。由此處起，港面應循甘布
列治水道（烏涌與大吉沙之間）經長洲、黃埔兩島之間，以
入亞美利根水道（深井與崙頭之間）。於是鑿土華、小洲之
間開一新路，以達於河南島之南端，復循依里阿水道（瀝滘、
下滘之間），以至大尾島（三山對面）。於是循佛山舊水道，
更鑿一新水道，直向西南方，與潭洲水道會流。如是由第一
閂洲起，以達潭洲水道，成一新水路矣，其長當有二十五英
里。此水路將為北江之主要出口。又以與西江相通連，一面
又作為廣州港面，以北江水量全部，及西江水量一部，經此

水路以注於海。故其水流之強，將必足以刷洗此港面，令有
四十英尺以上之深也。[10]

自民國建造以來，孫逸仙留居廣州最久，水道地理，十分熟悉，
於改良廣州港埠，俾以成就為世界商港，用心最久，設計亦具體而
詳盡。

（四）孫氏擘畫三大港之意義

孫逸仙於中國沿海自北迄南，開闢三個大港，以為對外通商主
要孔道，足謂掌握全局。基本上，歷史形成淵源為其最重要參考基
礎。故於所選之地，均具長期構造之廣濶背景先賢睿智之經營，實
亦根據形勝，謀慮深遠，歷經無數年代，自有其不可動搖之條件。
孫氏三大港計畫，足為民國開創立國規模，充分反映現代精密精
神。然亦未嘗違背歷史根源形成之大勢。

歷史原則，北方國防與基礎背景，昔時在陸，近代又有海外頻
繁之通商外交。就此廣大地域，其於十八世紀以來，逐漸形成以天
津作為對外孔道。終在 1861 年（咸豐 11 年）闢為通商埠頭，成為
北方沿海最大都市。然其外港大沽口海道淺狹，入冬結冰半載，影
響商貿甚巨。今孫氏之選地於青河、灤河之間，距天津不遠，而其
廣大腹地亦如天津所據。其未來發展，或足承接天津，兩者一為工
商中心，一為港埠城市，相輔而相成。

中國中部長江流域，為廣大膏腴之地。財貨吞吐，自以長江口
為放洋孔道。十九世紀中葉以降之上海，自 1843 年（道光 23 年）
開埠，迅速躋於全國首要商港地位。孫逸仙計畫東方大港，既須考

---

10 《國父全集》，第 1 冊，頁 563。

慮外洋深海之利便，又決不能遠離長江流域。因是擇定乍浦、澉浦
之間，實居上海之前衛，出入大洋利便，又能承接廣大財賦之腹地，
而必能達於世界大港之地位。孫氏早有此見，並且樂觀估量。如其
所言：

> 由吾發展計畫之觀察點，以比較上海與此計畫港，則上海較此
> 港遙劣。因其須購高價之土地，須毀除費用甚多之基址，與現
> 存之布置，即此一層所費，已足作成一良好港面於我所計畫之
> 地矣。是以照我所提，別建一頭等港，供中國東部之用，而留
> 上海作為內地市場，與製造中心，如英國孟遮斯打之於利物
> 浦，日本大阪之於神戶，東京之於橫濱，最為得策也。[11]

　　至於長江以南，閩、廣各省之總出入口地，在歷史上有廣州、
泉州之先河。近代又增福州、廈門二處，惟以交通之便、腹地之廣
而言，仍以廣州為最重要。就歷史考慮，廣州形成地位不可抹殺。
至於孫氏只提出改良廣州水道計畫，而不作新港設計者，未必全然
無地可擇，而時勢環境，使之無所選擇之故。此又涉於另一種因素
之思考。
　　以當時時勢環境考慮，另一種因素是即最重要之帝國主義者強
大之特權勢力。當時中國既貧且弱，帝國主義者恃其優越技術與條
約特權，在華橫行無阻，無往而不利。中國發展工商貿易，既要有
能力與之競爭，又須時時防避受其侵害，均必須思考此種處境。即
以廣州港口而論，右有葡人之澳門，左有英人之香港，優良地勢形
勝，尤為香港佔盡。故與外洋競爭，只好擇廣州舊地當之，可以恃
三江之水道及兩廣腹地，以與外人競爭。

---

[11] 《國父全集》，第 1 冊，頁 531。

　　茲附廣州、香港、澳門三者相關地位地圖，以見其懾於列強勢力夾擊之下，外洋地利已為人奪，必須勉強經營，始能達於世界大港地位。孫氏之選擇，真是不得已而為之。若以海灣優良、港闊水深、地質堅固、形勢利便等等條件而論，南方大港自以擇定香港為宜。（見附圖六）

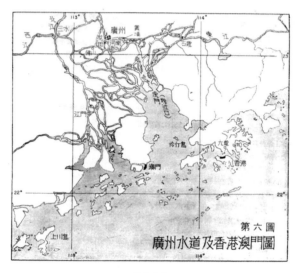

附圖六

　　以上所論之歷史淵源與時勢環境，並未能在「實業計畫」中見到敘述。原因何在？蓋此一計畫，本來專為外國政治領袖工商企業家所寫，呼籲一種國際合作，協助中國完成重大建設，避免有刺激外人之處，故在表面不能見出此項意義。

　　孫氏「實業計畫」，除前述之三大世界商港之外，更計畫開營口、海州、福州、欽州四處為二等港。開葫蘆島、黃河港、芝罘、寧波、溫州、廈門、汕頭、電白、海口九處為三等港。並闢安東、

海洋島、秦皇島、龍口、石島灣、新洋港、呂四港、長塗港、石浦、福寧、湄州港、汕尾、西江口、海安等十四港為漁業港。使中國沿海交通富源均可獲得重大開發。

三、交通事業之策畫

孫逸仙於草撰「實業計畫」之始，開宗明義，即將國家建設入手，分為個人企業與國家經營兩大途徑。大體原則，凡不能委諸個人以及具有獨占性之企業，均當由國家擔當，從事經營。此類事業，亦甚繁夥，尤以當時中國之普遍貧弱，凡資本較巨，贏利較薄者，無人甘冒風險，多必須由政府獨任其難。因是在「實業計畫」中之重大建設，俱就一國政府承擔之事項而言，實亦可分諸多部門。而以交通事業最為龐大，並為一切建設基礎。交通固然水陸並重，然水路運輸，中國尚有輪船航運之舊有經驗；陸上運輸，則鐵路太少，故孫氏計畫，特重鐵路建設。

孫逸仙對於鐵路建國理論，思考最久，提出甚早。尤當於辛亥革命成功，民國肇造之初，孫氏對各界討論，不下十數次。其較具完全之理論體系者，則見於民國元年之「鐵路雜誌題辭」：

夫鐵路者，今日文明富強之利器也。古人有言，工欲善其事，必先利其器。予為轉一語曰：民欲興其國，必先修其路。何以見之？見之於美國。美國今日有一百二十萬里之鐵路，其鐵路為世界至多，而其富強亦為世界第一。若以人數較之，則我國多於美國四倍，如是吾國之鐵路應有四百八十萬里，而文明程度乃足與美國相等也。然吾國今有鐵路不過二萬里耳，方之美國，則瞠乎遠矣！然則急起直追，趕速築此四百

八十萬里鐵路，其法當如何而後可？曰：當效法美國也。美國之法為何？曰：招待外資、任用外才、政府獎勵、人民歡迎，此四者可以助美國鐵路之速成也。吾國向來閉關自守，深絕固拒，故當鐵路萌芽之始，人民則驚疑，政府則顧慮，遂致買而拆卸之，棄其鐵軌車頭於孤島，有如韓昌黎之驅鱷魚焉。此三十年前淞滬鐵路之結果也。及後知鐵路之不能不築矣，而猶有拒外資、爭路權之事，然以國力不勝，資本缺乏，爭之不得，則路權與主權並落於強鄰之手，此北滿、南滿、滇越等路是也。夫吾人所當爭者主權也，非路權也；倘主權不失，路權雖授與人，不失其利也；倘主權旁落，路權爭回，不能免其害也。乃國人多不知利害得失之分，每爭其小而遺其大，良可慨也。深望鐵路雜誌同人發揮此旨，使國人有所覺悟，舍路權而爭主權；一旦主權恢復，我便可大開門戶，歡迎外資，放任路權，同力合作。夫如是，以今日科學之進步，物質之發達，十數年後，我國鐵路必能與美國並駕齊驅，而我國之富強亦必隨鐵路與俱來矣。[12]

　　孫氏文字申明理論之外，並亦不斷演說呼籲，招待記者，以喚起國人注意與努力。故於民國元年6月25日，對上海《民立報》記者談話，說明多年思考與用心。亦足見其縝密之說理與動人之觀點：

我國一般之輿論，能作務本之談者，皆以為振興中國惟一之方法，止賴實業。果其此說而信，胡為吾人皆騎馬尋馬，並不十分注意於實業，仍一意乞靈於不得已之政府？故吾既居國民之地位，應追逐國民之後，力任不計近效之本務。所謂

振興實業者是其旨，暗助我政府漸自拔出於應急之漩渦，還而力助吾國民實業之進行，本末並舉，循環相救，此官民協力之道也。且與吾人注重於民生一方面，亦為循序而進，當然必至之手續。

實業之範圍甚廣，農工商礦，繁然待舉而不能偏廢者，指不勝屈。然負之而可舉者，其作始為資本；助之而必行者，其歸結為交通。今因從事於資本之企畫，銀行財團之組織，隨在有人，而談論交通者稍寡，熱狂留意於交通事業中之重要所謂鐵道者尤鮮，蓋承前清擾亂於鐵道事業之後，而厭倦中之，亦當然之趨勢也。

雖然，鐵路顧可以冷淡視之，以為置之於實業中，僅占區區部分乎？請問苟無鐵道，轉運無術，而工商皆廢，復何實業之可圖？故交通為實業之母，鐵道又為交通之母。國家之貧富，可以鐵道之多寡定之；地方之苦樂，可以鐵道之遠近計之。僕之不敏，見識淺薄，然二十年來每有所至，即收其輿圖，雖用意頗雜，適用於輿圖之計畫甚多。但留心比較世界之鐵道，實偏有所嗜。[13]

　　孫氏鐵路建國政策，固如上述之思慮深穩，蘊蓄日久，可謂周詳而實際，足以堅定國人信心，努力以赴。尤有進者，孫氏更於施行方針，提出具體辦法，是所謂全面利用外力。人才、資金、技術，均取自列強先進國家，以全部鐵路之建築、路軌之鋪設、機車之製造、運輸之經營，一概批與外商包辦，給予四十年長期營利之優惠，以吸引西方資本家放心投資，交換條件是，四十年後，中國無償收回。足見孫氏之眼光遠大，氣魄雄偉，以及為國家謀求富強之決心。

---

[13] 《國父全集》，第 2 冊，頁 811。

此一觀點於民國元年再四反覆言之。茲舉其民國元年 9 月 27 日在
濟南對五十二個團體之講演：

> 然所謂建設者，有精神之建設，有物質之建設，兄弟所主張
> 之鐵路政策，乃物質上之建設。惟關乎統一政治，及礦產商
> 工各業，均屬重要。但廿萬里之鐵路，須款六十萬萬，以中
> 國獨力為之，非百年不可。列強進步之速，一日千里，豈能
> 待我百年？兄弟欲以十年之時期告竣，已屬緩無可緩。而此
> 時期中之鐵道事業，則有三事須與諸君商之：（一）借資興辦。
> （二）華洋合股。（三）定以限期，批與外人承築，期滿無價
> 收回。三者之中，以批辦為最相宜。因此時中國資本、人才、
> 方法三事皆缺，若批辦則可收三事之利。方今世界交通，一
> 國有大計畫，若合數國之力以經營之，則事之成功甚易；以
> 一國獨當之，則成功極難。中國人向富於排外性質，與今之
> 世界甚不相宜。且數千年之專制政體，既可推倒，則昔日之
> 政策之心理之習慣，何嘗不可推翻？以前事事不能進步，均
> 由排外自大之故。今欲急求發達，則不得不持開放主義。利
> 用外資，利用外人，皆急求發達我國家之故，不得不然者。[14]

孫逸仙於民國 8 年出刊發表其「實業計畫」，仍於鐵路建設置
為第四計畫，並亦包括第一計畫之西北邊疆鐵路，於全國建為六大
鐵路系統。茲分別條列明之：

---

[14] 《國父全集》，第 2 冊，頁 278。又同前書，頁 825，民國元年 9 月 14 日，
孫氏在北京與各報記者談話云：「鄙意以為三項皆須利用外人：（一）我無
資本，利用外資。（二）我無人才，利用外國人才。（三）我無良好方法，
利用外人方法。且鐵路專門人才，全地球未必能有百人，故美國一鐵路公
司顧問，月薪十餘萬，較總統多至數倍，其公司總理諸人更無論矣。我國
包工修路，其專門人才始能受其利益。

其一、中央鐵路系統：

　　天、東方大港、塔城線。

　　地、東方大港、庫倫線。

　　玄、東方大港、烏里雅蘇臺線。

　　黃、南京、洛陽線。

　　宇、南京、漢口線。

　　宙、西安、大同線。

　　洪、西安、寧夏線。

　　荒、西安、漢口線。

　　日、西安、重慶線。

　　月、蘭州、重慶線。

　　盈、安西州、于闐線。

　　昃、婼羌、庫爾勒線。

　　辰、北方大港、哈密線。

　　宿、北方大港、西安線。

　　列、北方大港、漢口線。

　　張、黃河港、漢口線。

　　寒、芝罘、漢口線。

　　來、海州、濟南線。

　　暑、海州、漢口線。

　　往、海州、南京線。

　　秋、新洋港、南京線。

　　收、呂四港、南京線。

　　冬、海岸線。

　　藏、霍山、嘉興線。

其二、東南鐵路系統：

　　天、東方大港、重慶線。

　　地、東方大港、廣州線。

　　玄、福州、鎮江線。

　　黃、福州、武昌線。

　　宇、福州、桂林線。

　　宙、溫州、辰州線。

　　洪、廈門、建昌線。

　　荒、廈門、廣州線。

　　日、汕頭、常德線。

　　月、南京、韶州線。

　　盈、南京、嘉應線。

　　昃、東方、南方兩大港間海岸線。

　　辰、建昌、沅州線。

其三、西南鐵路系統：

　　天、廣州、重慶線。經由湖南。

　　地、廣州、重慶線。經由湖南、貴州。

　　玄、廣州、成都線。經由桂林、瀘州。

　　黃、廣州、成都線。經由梧州、敘府。

　　宇、廣州、雲南府、大理、騰越線。至緬甸邊界止。

　　宙、廣州、思茅線。

　　洪、廣州、欽州線。至安南界東興止。

其四、東北鐵路系統：

　　天、東鎮、葫蘆島線。

　　地、東鎮、北方大港線。

　　玄、東鎮、多倫線。

　　黃、東鎮、克魯倫線。

　　宇、東鎮、漠河線。

　　宙、東鎮、科爾芬線。

洪、東鎮、饒河線。

荒、東鎮、延吉線。

日、東鎮、長白線。

月、葫蘆島、熱河、北京線。

盈、葫蘆島、克魯倫線。

昃、葫蘆島、呼倫線。

辰、葫蘆島、安東線。

宿、漠河、綏遠線。

列、呼瑪、室韋線。

張、烏蘇里、圖門、鴨綠沿海線。

寒、臨江、多倫線。

來、節克多博、依蘭線。

暑、依蘭、吉林線。

往、吉林、多倫線。

其五、擴張西北鐵路系統：（西北鐵路部分，原於第一計畫中，附於北方大港述及若干幹線，故而再作擴張西北鐵路系統。）

天、多倫、恰克圖線。

地、張家口、庫倫、烏梁海線。

玄、綏遠、烏里雅蘇臺、科布多線。

黃、靖邊、烏梁海線。

宇、肅州、科布多線。

宙、西北邊界線。

洪、迪化、烏蘭固穆線。

荒、戞什溫、烏梁海線。

日、烏里雅蘇臺、恰克圖線。

月、鎮西、庫倫線。

盈、肅州、庫倫線。

　　昃、沙漠聯站、克魯倫線。

　　辰、格合、克魯倫、節克多博線。

　　宿、五原、洮南線。

　　列、五原、多倫線。

　　張、焉耆、伊犁線。

　　寒、伊犁、和闐線。

　　來、鎮西、喀什噶爾線與其支線。

其六、高原鐵路系統：

　　天、拉薩、蘭州線。

　　地、拉薩、成都線。

　　玄、拉薩、大理、車里線。

　　黃、拉薩、提郎宗線。

　　宇、拉薩、亞東線。

　　宙、拉薩、來吉雅令及其支線。

　　洪、拉薩、諾和線。

　　荒、拉薩、于闐線。

　　日、蘭州、婼羌線。

　　月、成都、宗札薩克線。

　　盈、寧遠、車城線。

　　昃、成都、門公線。

　　辰、成都、元江線。

　　宿、敘府、大理線。

　　列、敘府、孟定線。

　　張、于闐、噶爾渡線。

　　孫氏設計六大鐵路系統，每一路線，又於道途方向、經過地區、設置意義，作較詳細之說明，在此無法一一引據。惟可概括孫氏建造各大鐵路線之宗旨，一言以蔽之，即在於發展各沿線之富源，調

劑人口之密度,以及促使實業之興旺。故其觀點,純以考慮發展經濟為主。按孫氏個人估計,六大鐵路系統當須建築鐵路十萬英里,而較其民國元年屢屢宣稱十年之內建二十萬里鐵路者當有超過。「實業計畫」係就英文稿繙譯,故與孫氏民元所言指華里者不同。此時折算估計,當可達三十萬華里上下。以此溝通全國,自必能使物產貨品流通互濟,民力得以舒展,國力得以增強,使中華民國進至於現代化國家之列,其理想乃可自然實現。

陸路交通,重在修造鐵路。水路交通,河海航運,最為重要。近人於孫氏「實業計畫」之水利問題已有研究,並成專書,在此只作簡略討論而已。[15]

孫逸仙重視航運水道,計畫貿易大港,為其最具遠見之構想。然以當時中國國家人民財力之匱乏,尚無法經營遠洋航業,故在孫氏著作中未曾論及。惟就國內水運條件而言,長江最為優越,其次則為珠江、運河、淮河,以至黃河等水道。孫氏均有整治之討論。

其一,關於長江水道之整治,附於第二計畫之中。孫氏討論最詳,希望最高,尤於長江下游自漢口以下以至入海之段,均繪圖詳加解析。在此下游部分,孫氏畫分六段,為疏浚加隄之範圍,尤重長江出口,其入手自此上推,分別:第一段,由海上深水線起,至黃浦江合流點。第二段,由黃浦江合流點起,至江陰。第三段,由江陰至蕪湖。第四段,由蕪湖至東流。第五段,由東流至武穴。第六段,由武穴至漢口。此六段地帶,達一千餘里,孫氏以為航海貨船可以直泊,應作為內河航運與海運之連接點。過漢口向上,以至重慶,視為上游部分。並亦分別漢口至宜昌、宜昌至重慶兩大段之不同情況治理。

---

[15] 宋希尚著:《實業計畫之水利研究》(臺北,中華文化出版事業委員會,民國 49 年印),共 204 頁。

孫氏治理原則，下游部分，則以縮小河面，浚深河道，削除漫灣，加築平行隄防，使水流迅速，河床不至淤積為大要。上游部分，則主張築壩設閘，以使巨輪直過宜昌抵達重慶為大要。後日之言長江水利者，亦多就此原則而作精深之蘄計。[16]

其二，黃河之水系整治，附於第一計畫之中，孫氏並無詳細討論與設計，只作一原則性之概敘，亦可見其導治改進之決心。茲見其所論：

> 修理黃河費用，或極浩大，以獲利計，亦難動人。顧防止水災，斯為全國至重大之一事。黃河之水，實中國數千年愁苦之所寄，水決堤潰，數百萬生靈，數十萬萬財貨，為之破棄淨盡。曠古以來，中國政治家靡不引為深患者。以故一勞永逸之策，不可不立，用費雖鉅，亦何所惜，此全國人民應有之擔負也。浚渫河口，整理堤防，建築石壩，僅防災工事之半而已；他半工事，則植林於全河流域傾斜之地，以防河流之漂卸土壤是也。[17]

其三，淮河水系之整治，附於第二計畫之中。由於淮河入海故道早已淤塞，而水流積蓄洪澤湖，每致嚴重水患。孫氏計畫，選擇當時水利專家較優方案，加以改良，即將淮水分導入海、入江二途。在出海一途，孫氏主張就淮河北支橫行引導入於鹽河，循鹽河而下，北折直入灌河，以取入深海最近之路。在入江一途，孫氏主張就淮河南支，合運河水道，至揚州城東以入長江。[18]

---

[16] 宋希尚著：《實業計畫之水利研究》，頁 89－100。

[17] 《國父全集》，第 1 冊，頁 526－527。

[18] 《國父全集》，第 1 冊，頁 552－553。又，宋希尚著：《實業計畫之水利研究》，頁 106－131。後人詳細測量規畫，俱見本書。

其四，運河水道之整治，附於第一計畫之中。第二計畫亦多涉及。大運河之興築應用南北交通，創始於隋唐時代。至明清兩代運河應用達五百年之久，且較唐、宋兩代延伸甚多，北起直隸之通州，南迄浙江之杭州，為明清兩代南北交通大動脈。惟至道光 5 年（1825）以後，漕運弊端日增，運河亦有漸廢之勢。今孫氏實業計畫，仍主自首至尾，全體整治，使南北水運得以暢通。孫氏有謂：「此河之改築整理，實為大利所在，蓋由天津至杭州，運河所經，皆富庶之區也」。[19]

孫氏為謀求運河與北方大港連接，乃又設計由北方大港開鑿新運河以達天津，且使天津舊有商埠保持繁榮及其內陸都市地位。

其五，珠江水系之整治，附於第三計畫之中。孫逸仙設計整治各河流水道，其探討最詳者為長江與珠江兩水系。珠江則分廣州下游、西江、北江、東江四部分。

自廣州以迄虎門，珠江下游之整治，略見於南方大港水道系統。而廣州據上游北江、西江之會流，三千餘方公里膏腴之地，亦多水患。孫氏駐粵較久，了解最深，故於廣州附近水文變化，弊害所在，均已作詳細考察核計。可概略分為三方面問題：甲為水災之防治。孫氏以為其根在北江、西江會流以下之灣道港汊太多，則浚深河床，填塞灣道為其入手方法。西江入海水道，尤須兩岸築堤，河道取直，使之不再淤積。乙為航運之利用。孫氏計畫：疏通廣州與三水間之水道，可以節省迂迴航道三分之二路程。再於廣州、江門之間開一運河，以為廣州與四邑地區直通之捷徑。丙為填敷新生地之利用。廣州為珠江三角洲沖積層，千百年來，民人慣以沙洲溢坦，開闢農作，實農殖大利所在。然因向無良好規畫，往往阻塞河

---

[19] 《國父全集》，第 1 冊，頁 527。又，宋希尚著：《實業計畫之水利研究》，頁 135－169。後人詳細測量規畫，俱見本書。

道，造成水災。孫氏則計畫防治水災，填塞迂灣曲道，使河道簡化，加深取直。自然連帶產生大量新生地，增殖良田無算。[20]

至於西江為三江中最具航利之水道，大汽船可自廣州直達二百二十英里外之梧州，小汽船可自廣州直達五百英里外之南寧。其枝流河汊，可通行小船達於雲南、貴州、湖南各省邊境。孫氏計畫起自三水分四段治理，以達南寧，浚深水道，爆破岩床，使大輪船可以直通南寧。

至於北江方面，水災常見，航利甚小，孫氏計畫浚深河道，加築閘門，以使大船節節上行，直達韶州。

至於東江方面，航利亦小，然可以淺水船自下游會合珠江水道向上以達一百七十英里外之老龍市。孫氏計畫，填塞東江其他出口，加強流量，增築隄堰閘門，以使汽船直達惠州。[21]

孫逸仙「實業計畫」，雖然探討全國重要水系，而卻有重要忽略，是即如東北各省廣大流域之黑龍江、松花江、鴨綠江、遼河等水系，以及南方怒江、瀾滄江、紅河等水系；他如西北沙漠中河流、西南高原上河流，亦必有其特殊之治理方法與利用效益。當有待於水文學家予以補充討論。惟近人於孫氏「實業計畫」之研究，實以水利問題最見成績，最有拓展，此即宋希尚所著：《實業計畫之水利研究》。

四、民生工業之開拓

孫逸仙將中國工業發展分為兩大部分：其一稱為關鍵及根本工業，實即國家建設之基礎工業，前此所論之開闢商港、建築鐵

---

[20] 《國父全集》，第 1 冊，頁 565－568。

[21] 《國父全集》，第 1 冊，頁 569－572。孫氏治理西江、北江、東江計畫，俱集於此。

路，以至浚治水系，均屬此類。其二稱為工業本部，實即民生工業。孫氏自謂：「所謂工業本部者，乃以個人及家族生活所必需，且生活安適所由得。」[22]孫氏對於全國國民生活幸福列於最優先思考地位，其所欲事先發展基礎工業者，根本宗旨正為提高全體國民之幸福，故在論及開拓民生工業中特別予以指出。吾人要了解孫氏實業計畫之精要特色，此一根本觀點最必須把握。茲引據如後：

> 關鍵及根本工業發達，人民有許多工事可為，而工資及生活程度皆增高，工資既增多，生活必要品及安適品之價格亦增加。故發達本部工業之目的，乃當中國國際發展進行之時，使多數人民既得較高工資，又得許多生活必要品、安適品而減少其生活費也。世人嘗以中國為生活最廉之國，其錯誤因為尋常見解以金錢之價值，衡量百物。若以工作之價值衡量生活費用，則中國為工人生活最貴之國。中國一尋常勞工，每日須工作十四至十六小時，僅能維持其生活。商店之司書，村鄉之學究，每年所得恆在百元以下。農人既以所生產價還地租及交換少數必要品之後，所餘已無幾何。工力多而廉，惟食物及生活貨品，雖在尋常豐年，亦僅足敷四萬萬人之用，若值荒年，則多數將陷於窮乏死亡。中國平民所以有此悲慘境遇者，由於國內一切事業皆不發達，生產方法不良，工力失去甚多。凡此一切之根本救治，為用外國資本及專門家發達工業，以圖全國民之福利。歐美二洲之工業發

---

22 《國父全集》，第 1 冊，頁 632。

達，早於中國百年，今欲於甚短時期內追及之，須用其資本，用其機器。[23]

孫逸仙這種根本宗旨，世人每多忽略，亦不免忽略其創建民國之崇高理想。如能把握一個建國計畫之根本動機，首在於全民福祉之籌畫與創造，則國家之建設程序雖必以基礎工業為優先，而最後實為民生工業鋪路，會全面帶動國民知識技能與生活享受之提高。設如本末倒置，不計此點根本思考，則必一味加強龐大繁重之重工業，以謂圖國力之強大，而使民附於諸類重工業以至國防工業之下，壓低工資，成為工奴，降低生活，難得溫飽，必置國民於長期忍受貧困痛苦之中，人民之幸福樂利將永遠推後無法得到。而其最高統治者，仍可以其建國理由，繼續壓榨人民勞力。當世所見之共產主義國家，可供清楚例證。故而對於此點根本認識，不可輕輕放過。

在此必須再引括一位近人提示，可供加強釐清此一觀點。已故史學家徐高阮早在三十年前已經對孫氏實業計畫及民生主義提出一個澄澈深入之認識，實是為本文從事討論最重要之前導。茲舉其所言：

中山先生所說的食、衣、住、行四項建設幾乎還完全沒有得到真正的了解。人們往往以為這是一種泛泛的目標，或者以為只要政府掌握着或推行着一些有關於食、衣、住、行的事業就是實行着「民生主義」。

我們必須認清中山先生所說的四種大建設完全是以有一個全面利用外資政策而能夠成就中國的全面、迅速、高度工業

---

[23] 《國父全集》，第 1 冊，頁 632。

化為前提的。「實業計劃」和「民生主義演講」裏所說的食、
衣、住、行建設的水準和規模，都是只有一個全面、迅速、
高度工業化中的社會才作得到的。[24]

　　根據以上認識基礎，進而探討孫逸仙所提出之食、衣、住、行、
印刷等五大民生工業，自會先具一定之嚴肅態度，用以正確見出孫
氏基本宗旨。

（一）糧食工業

　　孫逸仙之討論糧食工業，其實質內容純為農業問題。而遠自孫
氏從事革命之前，一直最注意農業改良問題，除發抒言論外，並最
早發起創立農學會，其觀察之深入，思考之縝密，設想之遠大，均
足以稱為中國近代農業改良先驅，已為中外近代史學者普遍承認。[25]
　　依孫氏設計改良農業計畫，主要在於科學技術之充分吸收與利
用。其於食糧生產所列兩大綱領：一在於測量農地，二在於設立農
器製造廠。所謂測量者，非止於了解面積大小之謂，而須由農業
專家辨識土壤類性，以決其宜種植物，宜田宜圃，宜林宜牧等生業。
以至蓄水施肥等條件，實為一種農學上綜合知識技術。所謂農器製
造廠者，即農具生產中心，廣事製造，供應農民使用，此即生產糧
食改進技術之途。此外又及於施肥、灌溉、調節旱澇、防治病害、
蟲災，以至農產之加工、貯藏、運輸等等，故此種糧食工業，於今

---

[24] 徐高阮著：《中山先生的全面利用外資政策》（臺北，商務印書館，民國52
　　年5月印），頁13。

[25] 李金強撰：〈孫逸仙博士之早期思想—農業改良言論探討（1887－1895）〉，
　　《「孫逸仙博士與香港」國際學術會議論文集》（香港，珠海書院印，民國
　　71年11月），頁280－292。又，陳烱彰著：〈近代農業改良思想〉（師範大
　　學碩士論文）。

適為現代農業發展之全部工作。前時之農復會，後日之農發會，自在實踐此一計畫。

孫氏於農業技術改良觀點，為其生平數十年一向關心始終一貫之思想，最早可推至 1890 年（光緒 16 年）之上鄭藻如書，以迄民國 10 年（1921）《實業計畫》之印行。[26]

孫氏實業計畫之精義，尤在其自由農業法之提議，宗旨在獎勵農民，使其獲享己力創造之成果。近人徐高阮對此首先感悟，並極加讚譽，茲引據以供參證：

> 中山先生的最高原則就是用種種進步的法律保證農民充分得到他們勞動的結果。他在「實業計劃」第五部份裡提出一個「自由農業法」的概念，就是指西方已有成例的種種幫助農民的立法，其總目的就是「保護獎勵農民使其獲得己力之結果」。後來的「民生主義第三講」又同樣指出：「要在政治法律上制出種種規定來保護農民，……讓農民自己可以多得收成」。在這種保護獎勵農民的立法裡，幫助農民得到土地當然是一個重要項目。但幫助農民獲得土地，也還只是為了使農民多得到「己力之結果」。[27]

由徐高阮所提示，足使我輩了解孫氏愛護廣眾農民之用心。雖然對全國謀求足食，但不能以剝削農民生產利益為手段。

---

[26] 吳相湘著：《孫逸仙先生傳》（臺北，遠東圖書公司印，民國 71 年 11 月，本書上下二冊），頁 78－705，於孫氏農學思想述論甚詳。

[27] 徐高阮著：《中山先生的全面利用外資政策》，頁 18。又，同前書，頁 19，徐氏又云：「實際上，進步的農業立法所應有的內容，如充分減輕農民的負擔，幫助農民獲得土地且享其實在利益，幫助農民獲得充分生產資金，及更多水利，也都不是非工業化社會做得到的，而是必須憑藉着工業化社會的財富力量才真正做得到的。」

（二）衣服工業

關於衣服工業，孫氏提出六大生產項目。即是絲紡織、麻紡織、棉紡織三種農產品加工業，與毛紡織工業、皮革工業，以至製衣機器工業。孫氏宗旨，當然俱在於機器生產，蓋舊日手工業紡織製衣，早已為列強廉價產品奪去市場，並早已遭到淘汰。而今則須先設紡織機器製造廠，興造各類機器，以供應全國生產之需要。蓋中國民戶眾多，極需衣物之補充，中國本身實即為一廣大之內銷市場。

以近代工業發展而論，紡織與製衣工業均成長迅速，具龐大規模，並能對外競爭，為中國工業化之先鋒。當知可以迅速提供國人足夠之衣服需要，並且以其餘力，可與先進國家競爭市場，對於中國立國於世界，競勝圖強，啟發堅強信心。

（三）居室工業

中國古來傳統居室，富家多是大而無當有似廟宇；貧家多是湫隘簡陋，破舊骯髒。而孫氏則對於人類居所極端重視，提出其根本改革主張，極具新意，並見魄力。[28]

---

[28] 《國父全集》，第 1 冊，頁 639 云：「中國一切居室，皆可謂為廟宇式。中國人建築居室，所以為死者計，過於為生者計。屋主先謀祖先神龕之所，是以安置於屋室中央，其他一切部份皆不及。於是重要居室非以圖安適，而以合於所謂紅白事。紅事者，即家族中任何人嫁娶，及其他喜慶之事；白事者，即喪葬之事。除祖先神龕之外，尚須安設許多家神之龕位。凡此一切神事，皆較人事為更重要，須先謀及之。故舊中國之居室，殆無一為人類之安適及方便計者。今於國際發展計畫中，為居室工業計畫，必須謀及全中國之居室。或謂為四萬萬人建屋，乃不可能。吾亦認此事過巨；但

孫逸仙於其居室計畫之討論，提出根本思想，可以作為中國國民建屋原則。對於政府領導與關心人民生活福祉之從政者，極具參考意義，茲引括於後，以為研討之依據：

> 居室為文明一因子，人類由是所得之快樂，較之衣食更多，人類之工業過半數皆以應居室需要者，故居室工業，為國際計畫中之最大企業，且為其最有利益之一部份。吾所定發展居室計畫，乃為群眾預備廉價居室；通商諸埠所築之屋，今需萬員者，可以千員以下得之，建屋者且有利益可獲。為是之故，當謀建築材料之生產運輸分配；建屋既畢，尚須謀屋中之家具裝置，是皆包括於居室工業之內。[29]

孫氏設計居室工業，分別為四個部分。其一為建築材料之生產及運輸，此包括磚、瓦、木、石、鐵架、水泥等建材製造廠之設置與其輸送各類器材之工具。其二為房屋之建築，此類建築，凡為公用者，由政府設專業部門主理；其為私人居住者，以低廉房價供給人民。其三為室內應用家具之製造，凡食堂、書室、客廳、臥室、廚房、浴室、便所等處所用家具，均製造新式，以圖國人生活之安適。其四孫氏稱為「家用物之供給」，實指家庭之用水用電。孫氏主張國民須食用衛生潔淨之自來水，須有電燈供給取光，有蒸氣供給取煖。

中國若棄其最近三千年愚蒙之古說，及無用之習慣，而適用近世文明，如予國際發展計畫之所引導，則改建一切居室，以合於近世安適方便之式，乃勢所必至。」

[29] 《國父全集》，第 1 冊，頁 640。

（四）行動工業

孫逸仙所計畫之行動工業，原甚簡明。實可分為兩大部分：
其一在於造路，除前此大計畫之造鐵路、浚河道之外，更須有全
國公路大道之網脈系統，便利人民行動來往。當時計畫首先建一
百萬英里之公路。其二則為供行路方便之各類車輛之製造，必須
創設各類造車廠，建造農用、工用、商用、旅行用、運輸用種種
不同車輛。

孫氏討論建立行動工業，對於改造國民生活習慣有其嚴肅正大
之理由。觀點實是深入敏銳，極具遠識。茲引據如後：

> 人生時期內，行動最多，每人之有行動，故文明得以進步。
> 中國欲得近時文明，必須行動。個人之行動，為國民之重要
> 部分，每人必須隨時隨地行動，甚易甚速。惟中國現在尚無
> 法使個人行動容易，因古時大道既已廢毀，內地尚不識自動
> 車（即摩托）為何物。自動車為近時所發明，乃急速行動所
> 必要，吾儕欲行動敏捷，作工較多，必須以自動車為行具。
> 但欲用自動車，必先建造大路。吾於國際發展計畫提前一
> 部，已提議造大路一百萬英里。[30]

---

[30] 《國父全集》，第 1 冊，頁 642。

（五）印刷工業

孫逸仙設計民生五大工業，印刷列為最後，但決非並不重視。因其為保存知識、傳授知識之重要媒介，實為文明進步之基本因子。故孫氏開宗明義解釋十分明白：

> 此項工業為以智識供給人民，是為近世社會一種需要，人類非此無由進步。一切人類大事，皆以印刷紀述之；一切人類智識，以印刷蓄積之。故此為文明一大因子，世界諸民族文明之進步，每以其每年出版物之多少衡量之。中國民族雖為發明印刷術者，而印刷之工業發達，反甚遲緩。吾所定國際發展計畫，亦須兼及印刷工業，若中國依予實業計畫發達，則四萬萬人所需印刷物必甚多，須於一切大城鄉中設立大印刷所，印刷一切，自報紙以至百科全書。各國所出新書，以中文繙譯，廉價售出，以應中國公眾之所需。[31]

印刷工業是一複雜之綜合機構，必須連帶有其他技術與器具之配合。需用大量紙張、墨彩、鉛模，均須廣為設廠生產，尤其印刷機之需要，更須有精良之製造工廠，以創造快速之印刷機器。

以上所敘民生五大工業，為六十年前孫逸仙為建設現代國家所設計。為人民生活設想之仁惠周致，為急圖富國富民之熱望深心，為求國際合作之醇誠信賴，為擔當浩繁用費之苦心策畫。迄今讀之，仍令人興奮鼓舞，對國家前途充滿樂觀希望。真可稱為建國良師，一代偉大政治家。

---

[31] 《國父全集》，第 1 冊，頁 643。

今日驗證近三十餘年，我中華民國政府之建國績效，民生工業均已一一實現，且因現代科技之精進，另有一種重大之民生工業興起，亦有重大建樹，實可列為民生之第六大工業，可稱之為通信工業。孫逸仙於居室工業中，強調電話之需要，有謂：「無論城鄉各家，皆宜有電話，故當於中國設立製造電話器具工場，以使其價甚廉。」[32]但今日之通信工業非常發達，已成複雜之綜合體系，為民生中一日不可缺少。舉凡電報、電話、電視、傳真、航空郵訊種種通信工具，日出而不窮。為建設現代國家便利國民計，必當使此立為獨立事業體系。今日國民之享受幸福，自為六大民生工業實現之結果。孫逸仙之設計遠見，當已不是一種空言理想而已。[33]

除上述民生工業之外，與建設現代國家極有關係之鋼鐵、石油、煤與水泥生產，亦極關重要，孫氏原即置於國家發展基礎工業之中。茲為其與民生工業亦息息相關，當附論此類工業於次。

其一，煤鐵生產。孫氏最先列入第一計畫，在討論北方大港之餘，注意河北、山西兩省煤藏與鐵礦，計畫投以五萬萬至十萬萬元資本，建煉鋼工廠。當國際開發建設工作開始，即用以應港口、鐵路、都市，以至建造車船之需要。

其二，水泥生產。原在孫氏計畫書中直譯為「士敏土」。列入第二計畫，於討論東方大港之餘，注意沿長江兩岸之石灰石地質，以為大量興建士敏土廠於沿江各省。投資二萬萬元，俾供開發計畫與國民建屋之需用。

---

[32] 《國父全集》，第 1 冊，頁 642。
[33] 吳相湘著：《孫逸仙先生傳》，頁 1752－1753。

其三，機關車、客貨車之生產。此處純指火車之原動力車頭以及客貨車廂生產而言。原附孫氏第四計畫，即六大鐵路系統，十萬英里鐵路，無處不需大量機車及各類車廂。故需廣設製造工廠，以供全國鐵路營運之需要。

以上各類生產事業，雖謂為基礎工業，而俱能提高與輔助民生工業之發達，故當於此論及。惟尚有更基本之物質，出自地下，是為各類礦產。孫氏列為最後之第六計畫，並分別鐵礦、煤礦、油礦、銅礦、特礦各細節討論評估。此時更列出礦業機器製造與冶礦廠兩大工業門類，實中國資源之開發計畫。孫氏對於礦產資源，提出其基本認識，視為國家富強進步，國民文明幸福之天惠：

> 礦業與農業，為工業上供給原料之主要源泉也。礦業產原料以供機器，猶農業產食物以供人類。故機器者，實為近代工業之樹；而礦業者，又為工業之根。如無礦業，則機器無從成立，如無機器，則近代工業之足以轉移人類經濟之狀況者，亦無從發達。總而言之，礦業者為物質文明與經濟進步之極大主因也。[34]

孫逸仙實業計畫，原在提出設想原則，一時尚缺完善之調查，與各項專家之配合，仍不免粗枝大葉。尤其基礎工業方面，無法詳細。惟孫氏曾一再聲言，所有六項計畫，仍待專家作實地考察評估，再作開發計畫之定案。而孫氏之勇於提出各類建設構想原則，正為政治領袖所應有為國為民之思考用心。

---

[34] 《國父全集》，第 1 冊，頁 645。

五、結論

　　孫逸仙提出建國之實業計畫，共為六大計畫。其總體綱目分別
載於《孫文學說》及《實業計畫》兩書。內容並無不同。草創啟念
當在民國 7 年冬，自以《孫文學說》較更原始，茲全部開列於後：

（一）運輸交通之開發：

　　甲、鐵道一十萬英里。

　　乙、鋪石馬路一百萬英里。

　　丙、修濬現有運河：

　　　　（子）杭州、天津間運河。

　　　　（丑）西江、揚子江間運河。

　　丁、新開運河：

　　　　（子）遼河、松花江間運河。

　　　　（丑）其他運河。

　　戊、治河：

　　　　（子）揚子江築堤、濬水路，起漢口迄於海，以
　　　　　　　便航洋船直達該港，無間冬夏。

　　　　（丑）黃河築堤、濬水路，以免洪水之泛濫。

　　　　（寅）導西江。

　　　　（卯）導淮河。

　　　　（辰）導其他河流。

　　己、增設電報線、電話及無線電等，使徧布於全國。

（二）商港之開闢：

　　甲、於中國中部、北部、南部，各建一大洋港口，如紐
　　　　約港者。

　　乙、沿海岸建種種之商業港及漁業港。

　　丙、於通航河流沿岸建商船船埠。

（三）鐵路中心及終點，併商港地，設新式市街，各具公用設備。

（四）水力之發展。

（五）設冶鐵製鋼，並造士敏土之大工廠，以供上列各項之需。

（六）礦業之發展。

（七）農業之發展。

（八）蒙古、新疆之灌溉。

（九）於中國北部及中部建造森林。

（十）移民於東三省、蒙古、新疆、青海、西藏，以營墾殖。[35]

　　就此計畫全貌而言，工、商、農、礦、林、牧各業俱已包容其中。尤以對外洋商港之設計最見出色。孫氏實業計畫所表現之崇高理想，實是引導國際上之商業競爭，而至於國際共同開發落後地區之合作。孫氏自中華民國肇造伊始，已注意到國際商戰對中國之損害。前後論及商戰之處不下十次，為鄭觀應以外陳說商戰問題最多之人。孫氏為進而力求消弭國際衝突與戰爭，並在世界大戰後為戰略工業策善後出路。孫氏對此思想之表達與樂觀之信持，詳述於其《實業計畫》結論之中，茲為引證於次：

　　　國際戰爭者無他，純然一簡直有組織之大強盜行為耳。故對於此種強盜行為，凡有心人，莫不深疾痛恨之。當美國之參加歐戰也，遂變歐戰而為世界之大戰爭，美國人民舉國一致，皆欲以此戰而終結將來之戰，為一勞永逸之計焉。世界愛和平之民族之希望，莫不為之興起，而中國人民為尤甚，一時幾咸信大同之世至矣。惜乎美國在戰場上所獲之大勝利，竟

---

[35] 《國父全集》，第 1 冊，頁 487－489。

被議席間之失敗完全推翻之，遂至世界再回復歐戰以前之狀況，為土地而爭，為食物而爭，為原料而爭，將再出現。因此之故，前之提倡弭兵者，今則聯軍列強，又增加海軍以預備再次之戰爭。中國為世界最多人口之國，將來當為戰爭賠償之代價也。十餘年前，列強曾倡瓜分中國，俄羅斯帝國且實行殖民滿洲，後因擊動日本之義憤，與俄戰爭，得以救中國之亡。今則日本之軍國政策，又欲以獨力併吞中國。如中國不能脫離列強包圍，即不為列國瓜分，亦為一國兼併。今日世界之潮流，似有轉機矣；中國人經受數世紀之壓迫，現已醒覺，將起而隨世界之進步，現已在行程中矣。其將為戰爭而結合乎？抑為和平而結合乎？如前者之說，是吾中國軍國主義者與反動者之主張，行將以日本化中國。如其然也，待時之至，拳匪之變，或將再見於文明世界。但中華民國之創造者，其目的本為和平，故吾敢證言曰：為和平而利用吾筆作此計畫，其效力當比吾利用兵器以推倒滿清為更大也。[36]

　　孫逸仙之實業思想，上啟於清末以來之商戰觀念，下開國際合作計畫，以謀迅速建設中國於民富國強之境。其網羅全局，設計切實，識見高遠，態度樂觀。發展實業，正為中國自救自立、建國富強之有效途徑；亦足以顯現賢明政治家之抱負與氣度。雖未能推行成功，實我後人努力不足與國際環境所限，豈能因此而稍損其歷史地位。謹願徵引其最後結論，俾為謀國家建設與國民福祉者之簡要參考：

　　　夫物質文明之標的，非私人之利益，乃公共之利益，而其最
　　　直捷之途徑，不在競爭，而在互助。故在吾之國際發展計畫

---

[36] 《國父全集》，第 1 冊，頁 651。

中，提議以工業發展所生之利益，其一須攤還借用外資之利息，二為增加工人之工資，三為改良與推廣機器之生產。除此數種外，其餘利益，須留存以為節省各種物品及公用事業之價值。如此人民將一律享受近代文明之樂矣。前之六大計畫，為吾欲建設新中國之總計畫之一部分耳。簡括言之，此乃吾之意見，蓋欲使外國之資本主義，以造成中國之社會主義，而調和此兩種人類進化之經濟能力，使之互相為用，以促進將來世界之文明也。[37]

孫氏最初以英文撰就實業計畫，分致各國政治財經領袖，以圖獲得各國支持，進而合作協助中國，在民國 10 年於其邀請英國寇松侯爵（Marquis Curzon）為其書作序時，表明此一動機：

惟余請其為該書作序言，確非為我黨之利害，而對他有所利用之意念。余深信，如果希望中國及全世界民眾，能早日運用中國無數之資源而不再延誤，則余書中所擬之發展方針，實為正確之途徑。余希望國際政策之制定者，或對此巨大政策具有影響力之人士，能同意此種觀點，藉以產生必要之推動力量，傳播余之構想，以利計畫之實施與完成。[38]

孫氏實業計畫在其寄達外國政治家之後，自民國 8 年以降，實獲致若干反響，多具贊成之意，可惜並未達於行動階段，茲舉美國公使芮恩施（Paul S. Reinsch）民國 8 年 3 月 17 日回信，以代表外人之意見：

---

[37] 《國父全集》，第 1 冊，頁 654。
[38] 《國父全集》，第 3 冊，頁 793。

若先生許吾進言，吾欲將先生之偉大計畫，為之介紹，或可
使世界原料與資本，生一密切之關係。吾人皆知現殘餘之歐
洲，亟需資以恢復，而他國又以發展偉大計畫而求資，如此
之發展中國實業計畫，必須認定其最急迫最密切之需要，而
後共同聯合整頓輸運，使在如此之計畫中，佔一永久位置。
故為目前計，五萬英里之鐵路，似可最敷需用。如此，可使
中國西北部之豐富無人境域，交通利便，移民居住，既可以
救濟沿海岸一帶人居過密之各省，不至受經濟之壓迫，亦可
以使中國西北兩部之豐富區域，能與中國各部及世界各國有
通商之機會也。[39]

即孫氏要求國際合作，祛除帝國主義特權，顧全中國主權及應
保有之權利，均能獲得芮恩施之同情同意。如芮氏復函又云：

尊意以為發展中國實業，須聯合國際共同辦理，凡命為中國
朋友者，應當竭力贊助。前者列強每當戰爭告終，既施其所
謂勢力範圍與割讓、租借等手段，是不幸事，人皆知之。尊
意以為革除彼向來惡習為必要之圖，故提倡用一聯合政策，
由國際機關與中國共同發展中國之實業，所見甚是。若依此
辦法，中國應享之權利，無不可保矣。[40]

孫氏實業計畫，不惟對外大力呼籲國際合作，而自其書譯成中
文，民國10年刊行問世之後，對當時國人亦產生若干影響，尤其
四川省，政府各領袖，紛紛求教開發實業，建設川省。孫氏於民國

---

[39] 《國父全集》，第 1 冊，頁 661。
[40] 《國父全集》，第 1 冊，頁 660，同前函件，芮恩施所言。

11 年 10 月特派戴傳賢入川共相謀畫，[41]蓋真正有實行之意圖者，始自四川省。而經實踐孫氏計畫並達致真正成效，國民幸福利賴之食、衣、住、行、印刷、通信六大工業成就，獲致高度發展，世人有目共睹者，則為三十餘年來臺灣省之建設貢獻。

最後必須鄭重指出：孫逸仙「建國大綱」第二條開頭的一句「建設之首要在民生」，可說是他實業計畫的宗旨，也是實業計畫全部精神之所在。孫氏的實業計畫，其內容固包羅萬象，但可以確定的是它的重心乃在民生主義的實現。建國大綱所闡明的，是他一生建設國家最重要精華所在，吾人對實業計畫的了解，也應當從這點來體認。

---

[41] 《國父全集》，第 3 冊，頁 826－831。民國 11 年，孫氏分別致但懋辛、鄧錫侯、賴心輝、夏之時、呂輔周、田頌堯、黃肅方、劉成勳、陳洪範、劉斌、余際唐、向楚、石青陽等數函。

孫中山理想中的現代中國

　　近十年來中外熱心研究孫中山先生，成為一時盛況，無論專集、專書、散文、雜誌、報紙，大量湧現嚴肅之研究與論題之追索。據香港浸會學院史席李金強先生統計，單以大型學術會議言，純以孫中山為主題者，在此十年中外舉行不下四十次之多，再加學報雜誌所載之嚴肅性散見之論文，此一時期出產數量達一千種以上。

　　以筆者個人而言，在此大潮流中亦參加大型會議有五次之多。個人被邀演講及參與非正式討論會更在十次以上，其中我有六次正式演講。

　　我個人不敢冒濫專家之名，然趁此風雲際會，此身已進入一代顯學潮流之中，不期然而刊布論文四篇；另有三篇演講稿，而待修訂以完成論文。

　　自民國 75 年（1986）10 月香港天主教明愛中心邀我為青年學生講演：孫中山理想中的現代中國，題目為彼方所訂，因是得以草撰此文，並於民國 76 年（1987）5 月 1 日下午在明愛中心講此論題，有一百六十餘位青年前來聽講，這時各校已接近考期，青年學生何以會如此願來聽講？甚值思考。

　　今日中國人海內外深心關注的中國大問題，仍與百年前相同，十分明白而扼要，就是求富圖強，無論思想上是如何反映，無論熱潮運動是如何翻騰，這一百多年上下努力的方向與根本祈願，總是要謀求中國富強的真正實現。明顯的，大陸上採用馬列主義治國醫

方，四十年來帶使中國普遍落後，人民饑困，人命輕賤，姑不必論某些人物誤國之罪，而當世要使中國人最起碼的能安居樂業、溫飽存活都成了嚴重問題。千萬人待業，二百萬人盲流，近岸香港青年能不觸目心驚。因是而不免回頭考量孫中山的建國理想及其謀國籌畫；尤其切想知道孫中山是要建造一個何等景況的現代中國。

這正與香港青年的未來有極大關係，為他們誠切的渴求，給我出了這樣的一個題目，對我而言也是一個嚴肅的問題，應該是一個重要的考試。

一、建國理想與基本宗旨

近年來熱門話題之一，有大陸上御用學者認為，中山領導的革命是資產階級革命，目的是陪襯共產黨的無產階級革命，肯定其進步性與優越性，為中共政權建立理論根據，不免先定論點，再加蒐舉證據，嚴肅的學者不肯接受。另有張玉法以史料之歸納綜合，肯定中山領導之革命是全民革命，因為革命分子有大量的工人、會黨、新軍，再加上知識分子的策畫領導，包羅各階層，歷史家的判斷至此，我認為較為吻合實情。

不過這仍不能和前代的種種革命歷史充分的畫分出特色，全民革命是一特色，我們可以接受，而劉邦所作的平民革命，朱元璋、洪秀全所作的民族革命恐怕也不免是全民性的革命。凡史學家考量問題，總結一種命義，概括一代特色，固然是智慧之表現，學識之結晶，但拿當事人自有之語言，概括其活動之宗旨，應較後世人所加之形容更為真實而生動，如果可以找出，則以此為長。

中山於光緒 20 年 10 月 27 日（1894.11.24）在檀香山創立興中會，在會員誓詞中充分表明其革命宗旨，就是：「驅除韃虜，恢復

中華，創立合眾政府。」接著光緒 21 年正月 27 日（1895.2.21）又在香港創組興中會，其會員誓詞也是相同。[1]

就此誓詞，可以了解孫中山的革命宗旨，除強調中華一個民族特色外，最突出與歷代革命絕大不同之點，是要建立合眾政府，在中國五千年歷史上，這是開創新運畫時代的起點。

中山一開始即志在創建中國成為一個共和政體的國家，這也正是全民革命的真正思想基礎動力泉源，證據俱在，可以與歷代比較。

十年以後，在光緒 31 年 7 月 13 日（1905.8.13）孫中山在東京留學生歡迎會上演講，再度公開宣告其創建共和國家的志願，立場鮮明，態度堅決。

> 我們清夜自思，不把我們中國造起一個二十世紀頭等的共和國來，是將自己連檀香山的土民，南米的黑奴都看做不如了。這豈是我們同志諸君所期望的嗎？
>
> 所以我們決不能說我們同胞不能共和，如說不能，是不知世界的進步，不知世界的真文明，不知享這共和幸福的蠢動物了。[2]

在此演講後一週，旅日革命志士，結合各省人才，於 7 月 20 日（8.20）組織中國同盟會，並推舉孫中山為總理，顯見其創建共和政體，獲得多數人的支持與擁護。

---

[1]　《國父年譜》（臺北：中國國民黨中央委員會黨史委員會[以下簡稱「黨史會」]，民國 74 年 11 月第 3 次增訂本），上冊，頁 69－73。

[2]　《國父全集》（臺北：黨史會，民國 62 年版），第 2 冊，頁 196。同頁又云：「若創造這立憲共和二等的政體，不是在別的緣故上分判，總在志士的經營。百姓無所知，要在志士的提倡。志士的思想高，則百姓的程度高。所以我們為志士的，總要擇地球上最文明的政治、法律來救我們中國，最優等的人格，來待我們四萬萬同胞。」

　　事實上，旅居東京中華志士，在醞釀創組同盟會之始，已先與中山多次接觸，共定聯絡同志之方法以及同志入盟之誓詞。就誓詞要點所見，充分可以推知同盟會之革命思想與精神是直接繼承興中會並由其發展而來。誓詞中四句要點充份表現同盟會理想宗旨，即是「驅除韃虜，恢復中華，創立民國，平均地權」。在同盟會籌組之先，早議定於同年 6 月 28 日（1905.7.30）。[3]

　　至此又有一個重要名詞出現，可謂創自孫中山，是即「民國」一詞。同盟會宗旨，是要創建民國，而此一詞彙，早於光緒 29 年（1903）出現於孫氏在檀香山所定誓詞中，其要點四句完全與興中會誓詞相同，更可證明興中會為其直接淵源。[4]於此可知，孫中山倡導革命，創組興中會、同盟會，其原始宗旨，基本願望是要把中國建造成一個共和國，是即其所謂的民國。

　　這正代表中國歷史上一個新紀元，這與前代革命完全不同。誰能抹殺和否定他的崇高意義？創始前徽？

　　宗旨目標定了，這樣一個共和政體的民國，內涵如何？實質怎樣？自當具體的申解，俾能普遍接受。當然，孫中山在同盟會機關報《民報》的創刊詞中，已將民族、民權、民生三大主義作為同盟會思想綱領，而在第二年也就是光緒 32 年 10 月 17 日（1906.12.2）《民報》成立一周年紀念會中更作詳細講演。在這次講演中，充分說明所要創建共和國的大致內容重點，「五權憲法」的構想，即在此時首次揭示。

　　　我們革命的目的是為眾生謀幸福，因不願少數滿洲人專利，
　　　故要民族革命；不願君主一人專利，故要政治革命；不要少

3　《國父年譜》，上冊，頁 224－225。

4　王爾敏，〈興中會同盟會與中華民國國號之創生〉，載《孫中山先生與近代中國學術研討會論文集》（臺北：中央文物供應社，民國 74 年），第 2 冊，頁 6。

數富人專利，故要社會革命。這三樣有一樣做不到，也不是我們的本意。達了這三樣目的之後，我們中國當成為至完美的國家。

尚有一問題，我們應要研究的，就是將來中華民國的憲法。憲法二字，近時人人樂道，便是滿洲政府也曉得派些奴才出洋考察政治，弄些豫備立憲的上諭，自驚自擾。那中華民國的憲法，更是要講求的，不用說了。兄弟歷觀各國的憲法，有文憲法，是美國最好；無文憲法，是英國最好。英是不能學的，美是不必學的。英的憲法，所謂三權分立，行政權、立法權、裁判權各不相統，這是從六七百年前由漸而生，成了習慣，但界限還沒有清楚。後來法國孟德斯鳩將英國制度作為根本，參合自己的理想成為一家之學。美國憲法又將孟氏學說作為根本，把那三權界限更分得清楚，在一百年前，算是最完美的了。一百二十年以來，雖數次修改，那大體仍然是未變的。但是這百餘年間，美國文明日日進步，土地財產也是增加不已，當時的憲法，現在已經是不適用的了。兄弟的意思，將來中華民國的憲法，是要創一種新主義，叫做「五權分立」。[5]

孫中山創建民國的理想，在光緒 31、2 年間（1905－1906）構思創制一個嶄新的國家體制，以五權憲法的政治規範，實現三民主義的現代國家理想。

同一年冬天（1906）孫中山草擬「革命方略」，把實現政治理想的雛型，表現於軍政府的奮鬥目標與其組織章程中。在其軍政府的宣言，扼要的說明革命的目標，建國的宗旨。最值得注意之點，是在此次宣言確定其革命的命義。孫氏已在此時宣示，他的革命是

---

[5] 《國父全集》，第 2 冊，頁 205，三民主義與中國民族之前途。

「國民革命」。於此可以澄清近年學界的爭議，與其各持一端，互不相下，何不追源溯始，用孫中山自己的命義，將辛亥革命的性質與意義定為「國民革命」。

筆者個人以為妥當，茲引據「革命方略」原文，以供識家參酌：

> 惟前代革命，如有明及太平天國，祇以驅除光復自任，此外無所轉移，我等今日與前代殊，於驅除韃虜、恢復中華之外，國體民生，尚當與民變革；雖經緯萬端，要其一貫之精神，則為自由、平等、博愛。
>
> 故前代為英雄革命，今日為國民革命。所謂國民革命者，一國之人，皆有自由、平等、博愛之精神，即皆負革命之責任，軍政府特為其樞機而已。
>
> 自今已往，國民之責任，即軍政府之責任，軍政府之功，即國民之功，軍政府與國民同心戮力，以盡責任。用特披露腹心，以今日革命之經綸，暨將來治國之大本，布告天下。[6]

我人至此清楚的了解，孫中山從事革命，一開始在很早（1894）即已想到建立一個共和政府。隨後就提出目標在建立三民主義現代國家，這個國家的統治規程，是依據五權分立的憲法，國家體制不是帝國，不是王國、公國，而是民國。為使民國的實現，不能不領導同志從事革命，革命的性質是由他自己所定，他在 1906 年指出，這是「國民革命」。

---

[6] 《國父全集》，第 1 冊，頁 285，同盟會革命方略。

二、理想中的現代中國政府

孫中山在進行革命之始，在 1895 年即已標示奮鬥目標，志在建立合眾政府。及至辛亥革命成功，民國肇造，一開始就須把表率國家的政府建立起來。是以各省代表選舉臨時大總統，成立了南京臨時政府，在此完成民族革命開始建造民國之初，中山在民國元年（1912）4、5 月用英文稿發表論說：「China's Next Step」（中國之第二步），其中表明了其革命黨人的建國原則：

> 數年前，余等若干人會集日本，成立革命黨，有三大原則焉：
> 一曰中華民族自主（即不受外族之統治）；二曰政府受人民
> 之支配；三曰國家財富受人民之支配。現滿清政府既倒，則
> 此三者中之二大原則，已獲有相當之成功；然尚有待於吾人
> 之努力者，則有社會革命之一大事焉。[7]

在這項文獻中，孫氏說明要建造一個受人民支配的中國政府，也就是共和政府之意。

孫氏提到理想中的政府是萬能政府，這一點是古今中外一致的。但是萬能政府未必就容易為人民所管轄所控制，一切聽命於人民。在中國歷代的政府向來盼望由聖君賢相出面領導，被稱為郅治之盛世，孫中山自然熟知而且深切了解，十分嚮往，他的分析相當中肯：

---

[7] 《國父全集》，第 2 冊，頁 97。

在共和政體之下，就是用人民來做皇帝。照中國幾千年的歷史看，實在負政治責任為人民謀幸福的皇帝，只有堯、舜、禹、湯、文、武，其餘的那些皇帝，都是不能負政治責任為人民謀幸福的，所以中國幾千年的皇帝，只有堯、舜、禹、湯、文、武能夠負政治責任，上無愧於天，下無怍於民。他們所以能夠達到這種目的，令我們在幾千年之後，都來歌功頌德的原因，是因為他們有兩種特別的長處：第一種長處，是他們的本領很好，能夠做成一個良政府，為人民謀幸福。第二種長處，是他們的道德很好，所謂「仁民愛物」、「視民如傷」、「愛民若子」，有這種仁慈的好道德。因為他們有這兩種長處，所以對於政治能夠完全負責，完全達到目的。

中國幾千年來，只有這幾個皇帝令後人崇拜；其餘的皇帝不知道有多少，甚至於有許多皇帝，後人連姓名也不知道。歷代的皇帝，只有堯、舜、禹、湯、文、武有很好的本領、很好道德的，其餘都是沒有本領、沒有道德的多。那些皇帝雖然沒有本領、沒有道德，但是很有權力的。[8]

往史賢明帝王，在那時人群知識信仰之下，所作所為，真的為人民謀福祉，後人是應予肯定的，孫氏未嘗輕忽，但志在討論一個賢能政府的領導，將以全民幸福樂利為依歸。

在此一點，孫中山深澈的分析一個觀念，就是人民希望自己的政府有萬全的能力，而又怕管制不住這個政府。再用盡思考想出種種限制、約束政府的法條，卻反過來把政府壓制到毫無活動

8　《三民主義》，民權主義第五講。

能力。以致歐美政治學家逐漸承認，民權政治下，政府退化而終至於無能。[9]

孫氏在「民權主義」中，提出其個人創新的解決辦法，是即權能分立的辦法，使政府有能，人民有權，如其所言：

> 我的解決方法，是世界上學理中第一次的發明，我想到的方法，就是解決這個問題的一個根本辦法。我的辦法，就是像瑞士學者近日的發明一樣，人民對於政府要改變態度。
>
> 近日有這種學理之發明，更足以證明我向來的主張是不錯。這是什麼辦法呢？就是權與能要分別的道理。這個權能分別的道理，從前歐美的學者都沒有發明過。[10]

較詳細的解釋，則如下所云：

9　《三民主義》，中山指出云：最新的對於政治問題的有一位美國學者說：「現在講民權的國家，最怕的是得到了一個萬能政府，人民沒有方法去節制他；最好的是得一個萬能政府，完全歸人民使用，為人民謀幸福」。這一說是最新發明的民權學理。但所怕、所欲都是在一個萬能政府。第一說是人民怕不能管理的萬能政府，第二說是為人民謀幸福的萬能政府。怎麼樣才能夠把政府成為萬能呢？變成了萬能政府，要怎樣才聽人民的話呢？在民權發達的國家，多數的政府都是弄到無能的；民權不發達的國家，政府多是有能的。像前次所講，近十幾年來歐洲最有能的政府，就是德國俾士麥當權的政府，在那個時候的德國政府的確是萬能政府，那個政府本是不主張民權的，本是要反對民權的，但是他的政府還是成了萬能政府。其他各國主張民權的政府，沒有那一國可以叫做萬能政府。又有一位瑞士學者說：「各國自實行了民權以後，政府的能力便行退化」。這個理由，就是人民恐怕政府有了能力，人民不能管理。所以人民總是防範政府，不許政府有能力，不許政府是萬能。所以實行民治的國家，對於這個問題便應該想方法去解決，想解決這個問題，人民對於政府的態度，就應該要改變。

10　《三民主義》，民權主義第五講。

中國有了強有力的政府之後，我們便不要像歐美的人民，怕政府的力量太大，不能夠管理。因為在我們的計畫之中，想造成的新國家，是要把國家的政治大權，分開成兩個：一個是政權，要把這個大權，完全交到人民的手內，要人民有充分的政權，可以直接去管理國事。這個政權，便是民權。一個是治權，要把這個大權，完全交到政府機關之內，要政府有很大的力量，治理全國事務。這個治權，便是政府權。人民有了很充分的政權，管理政府的方法很完全，便不怕政府的力量太大，不能夠管理。[11]

有效能有作為的政府怎樣組成，如何設計，早在民國建國前六年，孫中山在光緒 32 年 10 月 17 日（1906.12.2）在東京歡迎會中提出，也就是他「五權憲法」概念最早出現的日子。

在他講演中，申述在西方已有的立法、司法、行政三權分立之外，加上中國政治史上固有的「考選權」和「糾察權」，使五權獨立，構成中華民國政府的最上層體制。[12]

五權分立的政府體制，出自孫中山的構想，到民國 5 年（1916）8 月 20 日更作具體闡釋：

何為五權分立？蓋除立法、司法、行政外，加入彈劾、考試二種是已。此二種制度，在我國並非新法，古時已有此制，良法美意，實足為近世各國模範。古時彈劾之制，不獨行之官吏，即君上有過，犯顏諫諍，亦不容絲毫假借。設行諸近

---

[11] 《三民主義》，民權主義第六講。

[12] 《國父年譜》，上冊，頁 248－249。又《國父全集》，第 2 冊，頁 205－206。按：據《國父年譜》，上冊，頁 247－248 所載，可知孫中山五權分立的構想，應早在同年 9 月 29 日（1906.11.15）在東京談話中提出。

世，實足以救三權鼎立之弊。至於考試之法，尤為良善。稽諸古昔，泰西各國大都係貴族制度，非貴族不能作官。我國昔時雖亦有此弊，然自世祿之制廢，考試之制行，無論貧民貴族，一經考試合格，即可作官，備位卿相，亦不為僭。此制最為平允，為泰西各國所無。

厥後英人首倡文官考試，實取法於我，而法、德諸國繼之。美國以共和國體，其大權常為政黨所把持，真才反致埋沒。故自華盛頓後，除林肯外，其餘之大總統均不能大有所設施。至羅斯福始力矯此弊，故繼任之總統如塔夫脫、威爾遜，均一時之選，各能有所樹立。

然而共和國家，首重選舉，所選之人，其真實學問如何，每易為世人所忽。故黠者得乘時取勢，以售其欺。今若實行考試制度，一省之內，則應取得高等文官資格者幾人，普通資格文官者幾人，議員資格者幾人，就此資格中再加以選舉，則被選舉之資格限制甚嚴，自能真才輩出。[13]

　　上層設立五權分立的政府，依據五權憲法的規定，行使治權，發揮有能力有效率的功用，為人民創造福祉。孫中山更多次形容說，這是一部治國的機器，人民必須有充分能力操縱管理這部機器。因為是在人民有權的構思需求之下，更提出他的「主權在民」的主張。

　　人民的主權何所表現？孫中山有多次詳細解說。而以民國 10 年（1921）3 月 6 日所講最為簡明扼要：

---

[13] 《國父全集》，第 2 冊，頁 364。

現在應聲明那代議制不是真正民權，直接民權纔是真正民
權。美、法、英雖主張民權主義，仍不是直接民權。兄弟
底民權主義，係採瑞士底民權主義，即直接底民權主義。
然間接民權，已非容易可得，不知流了多少碧血以作代價，
始能得之。從這裏看起來，直接民權，更是可貴，但是卻
一定要有很大的代價。

直接民權，一是「選舉權」。人民既得直接民權底選舉權，
尤必有「罷官權」。選之在民，罷之亦在民。又如立法部任
立一法，人民因其不便，亦可起而廢之。此種廢法權，謂之
「複決權」，言人民可再以公意決定之。

又人民應有「創制權」，即人民可以公意創制一種法律。直
接民權凡四種：一選舉權，一複決權，一創制權，一罷官權。
此為具體底民權，乃真正底民權主義。[14]

　　孫中山綜合了政權與治權的運用民權政治結構，用一種簡要體
系圖，表示政權、治權結合的中國政府模型，在此可以展示，便易
於了解。

---

[14] 《國父全集》，第 2 冊，頁 406，三民主義之具體辦法。又《三民主義》，
　　民權主義第六講，所論人民政權最為詳盡。

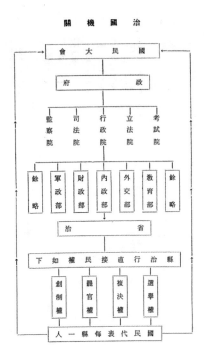

孫氏對這個圖表[15]的解釋有謂:

> 上面這個圖,就是治國的機關。除了憲法上規定五權分立之外,最要的就是縣自治,行使直接民權;能夠有直接民權,才算是真正民權。直接民權共有四個:一個是選舉權,二個是罷官權,三個是創制權,四個是複決權。五權憲法好像是一架大機器,直接民權便是這架大機器中的掣扣。[16]

---

15 《國父全集》,第 2 冊,頁 424。
16 《國父全集》,第 2 冊,頁 424-425。

孫中山總結說明他的權能分立的政府，使人民有權，政府有能。運用五權憲法，政府分別獨立治權領域，運用職能，為人民謀致福祉。他在民權主義第六講，提出其理想中的現代政府之總結：

> 人民有了這四個大權來管理政府，要政府去做工夫，在政府之中要用甚麼方法呢？要政府有很完全的機關，去做很好的工夫，便要用五權憲法。用五權憲法所組織的政府才是完全政府，才是完全的政府機關。有了這種政府機關，去替人民做工夫，才可以做很好很完全的工夫。[17]

三、理想中的現代國民及其地位

孫中山領導革命，畢生奮鬥，起始宗旨，不是自建王朝，而是拯救萬民，推翻專制，為全國人民創建一個富強國家。這種觀點，早在光緒 22 年（1896）倫敦蒙難獲釋後對朝野明白說出。[18]其宗旨要使中華民族適存於現代世界而能發展壯大，曾在《民報》發刊詞申述其領導革命之重大使命：

> 醫我祖國，以最大之民族，聰明強力，超絕等倫，而沈夢不起，萬事墮壞；幸為風潮所激，醒其渴睡，旦夕之間，奮發振強，勵精不已，則半事倍功，良非誇嫚。惟夫一群之中，有少數最良之心理，能策其群而進之，使最宜之治法，適應

---

[17] 《三民主義》，民權主義第六講。
[18] 《國父年譜》，上冊，頁 99－104。

於吾群；吾群之進步，適應於世界，此先知先覺之天職，而
吾民報所為作也。抑非常革新之學說，其理想輸灌於人心而
化為常識，則其去實行也近，吾於民報之出世覘之。[19]

文中所謂一群也者，實指中華民族全體，並無分貴賤貧富。先
知先覺也者，在於知能之持有，而非階級之獨佔，故自始自終，孫
氏革命在為全民創建共和國體，為全民謀求幸福，是其一貫志節。

自興中會至同盟會，革命目標四個要領，「驅除韃虜，恢復中
華，創立民國，平均地權」。其中明白揭示「中華民國」四字，這
個高遠的理想，早已醞釀深熟。[20]

當辛亥革命成功，中華民國建造之後，中山於民國 5 年（1916）
7 月 15 日再度解釋「中華民國」之意義，特於「共和」及「民」
兩概念作了精湛的分析：

顧僕尚有一重大意志，欲白於今日者，諸君知中華民國之意
義乎？何以不曰「中華共和國」？而必曰「中華民國」？此
「民」字之意義，為僕研究十餘年之結果而得之者。歐美之
共和國，創建遠在吾國之前。二十世紀之國，當含有創制之
精神，不當自謂能效法於十八、九世紀成法，而引為自足。
共和政體為代表政體，世界各國隸於此旗幟之下者，如希
臘，則有貴族奴隸之階級，直可稱之曰「專制共和」。如美
國則已有十四省，樹直接民權之規模。而瑞士則全乎直接民
權制度也。雖吾人今既易專制而成代議政體，然何可故步自
封，落於人後。故今後國民當奮振全神於世界，發現一光芒

---

[19] 《民報》發刊詞（1905 年，日本東京刊）。

[20] 王爾敏，〈興中會同盟會與中華民國國號之創生〉，載《孫中山先生與近代
中國學術研討會論文集》第 2 冊，頁 6-12。

萬丈之奇采，俾更進而底於直接民權之域。代議政體旗幟之下，吾民所享者，祇一種代議權。若底於直接民權，則有創制權、廢止權、退官權。但此種民權，不宜以廣漠之省境施行之，故當以縣為單位。[21]

於此可知「民」字意義，在「民國」政體上的重要性及在孫中山建國思想中之主體地位，這是何以命名為「中華民國」之重要詮釋，是中國歷史上一個新的起點、新的運會，值得中國人重視與珍惜。

請勿懷疑中山此言為突創世運之主張，在中山個人之自待以對人民，以及為政之努力與志節，同一文中，中山有清楚之表明：

僕試以歷史上之事實喻之：昔漢高祖初得天下，諸將叫號不寧，自叔孫通制定禮儀，乃始識天子之尊嚴。國民者，民國之天子也，吾儕當以叔孫通自任，制定一切，使國民即於尊嚴之地位，則國民知所愛，而視民權如性命矣。[22]

事實上，孫中山在其所著「三民主義」中，把四萬萬民眾看成四萬萬皇帝，屢屢習慣言之，成為口頭用語。在此可以一語概括，中山看待國民，視為國家主人。茲就其民國元年（1912）8 月 13 日的「國民黨宣言」中見之：

今夫國家之所以成立，蓋不外乎國民之合成心力。其統治國家之權力，與夫左右此統治權力之人，亦恆存乎國民合成心力之主宰而綱維之。其在君主專制國，國民合成心力趨重於

---

21 《國父全集》，第 2 冊，頁 352。
22 《國父全集》，第 2 冊，頁 253。

一階級、一部分，故左右統治權力者，常為閥族、為官僚。
其在共和立憲國，國民合成心力普遍於全部，故左右統治權
力者，常為多數之國民。誠以共和立憲國者，法律上國家之
主權在國民全體，實事上統治國家之機關，均由國民之意思
構成之，國民為國家之主人翁，固不得不起而負此維持國家
之責，間接以維持國民自身之安寧幸福也。[23]

　　民權的基礎是人權，人權的實踐是基於人人生而平等，因是天
經地義，國民地位正是要人人平等。近代平等觀念之創生與廣泛流
佈，原先是對待帝王專制所造成的人為的不平等，因而要爭取國民
地位平等。然而絕對的平等很不可能有，理論上社會可以消除人為
的不平等，但人有智愚賢不肖等能力的差別，表現才智與提出貢
獻，有很大的不同。社會上不可一律平頭平等，給予相同看待，雖
說是平頭平等，立足點各不相同，這被看作是假平等。只有立足點
站在同一條件、同一地位，各自謀發展，各展才智，這纔是真平等。
　　孫中山在其「民權主義」第三講中分析得十分精到，充分說明
了國民地位平等的要義。是其民權思想上一大貢獻，他描繪出三幅
圖式，俾使人人易曉：

---

[23] 《國父全集》，第 1 冊，頁 793。又頁 795「國民黨宣言」云：「共和之制，
國民為國主體，吾黨欲使人不忘斯義也，故顏其名曰國民黨。黨有宗旨，
所以定眾志，吾黨以求完全共和立憲政治為志者也，故明其義曰鞏固共和，
實行平民政治。眾志既定於內，不可不有所標幟於外，則黨綱尚焉。故斟
酌損益，義取適時，概列五事，以為揭櫫：曰保持政治統一，將以建單一
之國，行集中之制，便建設之事，綱舉而目張也。曰發展地方自治，將以
練國民之能力，養共和之基礎，補中央之所未逮也。曰勵行種族同化，將
以發達國內平等文明，收道一同風之效也。曰採用民生政策，將以施行國
家社會主義，保育國民生計，以國家權力，使一國經濟之發達均衡而迅速
也。曰維持國際和平，將以尊重外交之信義，維持均勢之現狀，以專力於
內治也」。

孫氏雖然作此圖解，而重點卻要表達國民政治地位必須平等的意義。看到中山在「民權主義」第三講，即可領悟其用心：

> 說到社會上的地位平等，是始初起點的地位平等，後來各人根據天賦的聰明才力，自己去造就，因為各人的聰明才力有天賦的不同，所以造就的結果，當然不同；造就既是不同，自然不能有平等，像這樣講來，才是真正平等的道理。如果不管各人天賦的聰明才力，就是以後有造就高的地位，也要把他們壓下去，一律要平等，世界便沒有進步，人類便要退化。所以我們講民權平等，又要世界有進步，是要人民在政治上的地位平等。因為平等是人為的，不是天生的；人造的平等，只有做到政治上的地位平等。
>
> 故革命以後，必要各人在政治上的立足點都是平等，好像第三圖的底線，一律是平的，那才是真平等，那是自然之真理。[24]

打破人為之不平等，調和社會之不平等，進至於真正的平等，孫氏深思研考，而歸結於社會之服務、國家之服務，導使人民以服務為目的，現身社會，以袪除自私與爭奪，這雖是理想的遠景，而孫氏卻通澈的作了樂觀的分析，代表他的理想：

> 我從前發明過一個道理，就是世界人類其得之天賦者，約分三種：有先知先覺者，有後知後覺者，有不知不覺者。先知先覺者為發明家，後知後覺者為宣傳家，不知不覺者為實行

---

[24] 《三民主義》，民權主義第三講。又時人蘇文擢教授研討孫中山平等論至為深刻切實。見其所撰〈孫中山先生平等論與現代倫理〉，載《孫中山先生與中國現代化國際學術會議論文集》（香港：1987 年 10 月），頁 178－183。

家。此三種人互相為用，協力進行，則人類之文明進步，必能一日千里。

天之生人，雖有聰明才力之不平等，但人心則必欲使之平等，斯為道德上之最高目的，而人類當努力進行者。但是要達到這個最高之道德目的，到底要怎麼樣做法呢？我們可把人類兩種思想來比對，便可以明白了。一種就是利己，一種就是利人。重於利己者，每每出於害人，亦有所不惜。此種思想發達，則聰明才力之人，專用彼之才能去奪取人家之利益，漸而積成專制之階級，生出政治上之不平等。此民權革命以前之世界也。重於利人者，每每至到犧牲自己，亦樂而為之。此種思想發達，則聰明才力之人，專用彼之才能，以謀他人的幸福，漸而積成博愛之宗教、慈善之事業。惟是宗教之力有所窮，慈善之事有不濟，則不得不為根本之解決，實行革命，推翻專制，主張民權，以平人事之不平了。

從此以後，要調和三種之人使之平等，則人人當以服務為目的，而不以奪取為目的。聰明才力愈大者，當盡其能力而服千萬人之務，造千萬人之福。聰明才力略小者，當盡其能力以服十百人之務，造十百人之福。所謂巧者拙之奴，就是這個道理。[25]

　　總結孫氏用心，他所要建樹的理想中國，正是開啟新運，五千年來所未有的民主政體，主權在民，而不再統治於任何英雄偉人，更不必談帝王將相。國民地位高尚，是國家的主人翁；不做任何人的奴僕，享受平等與自由。在個人天賦才智能力的充分發揮下，服務大眾、服務國家，各獻才力，謀致國家富強，國民康樂。

---

[25] 《三民主義》，民權主義第三講。

四、理想中的國民生活福祉

　　孫中山要建造的現代中國，謀求實現自由平等，國民地位提高，同時自始至終注意到為人民創造幸福。雖然在發抒三民主義理論之時，排列次序是「民族」、「民權」、「民生」的順序，無論早期的「民報發刊詞」和晚期的「三民主義」講義，都始終一致。

　　但自民國元年起，無論早期、晚期，凡為國家立論，必定是民生主義最居首要，排列最先，如其在民國元年（1912）3月3日發布的「中國同盟會總章」所云：

> 第一條　本會定名為中國同盟會。
> 第二條　本會以鞏固中華民國，實行民生主義為宗旨。[26]

　　在民國13年（1924）4月12日擬定建國大綱，第二條即云：「建設之首要在民生」，可知其為建國設想，三民主義的次序改以民生為優先，次為民權，再次為民族，也是始終一貫，毫不含混。

　　中山要實行民生主義，就是宗旨在增進人民福祉，他在民國元年9月4日在北京共和黨歡迎會上，說明實行民生主義宗旨，同時表明他自己擺脫一切政治職務，專心以辦理實業、建設國家為志節：

> 兄弟此次北來，擬從事社會事業，當脫離政界關係。前國民黨舉兄弟為理事長，今晚開職員會，兄弟即擬辭職，此後即專心致志，辦理實業。兄弟前曾主張三民主義，民生主義即其一端。

---

[26] 《國父全集》，第2冊，頁905。

惟民生主義至今尚未達到；然民生主義關係國民生計至重，非達到不可。使大多數人享大幸福，非民生主義不可。

但外間對於此問題，頗有疑慮，與前二十年反對革命相同。殊不知民生主義，並非均貧富之主義，乃以國家之力，發達天然實利，防資本家之專制。[27]

在同一年的國慶日，中山深具信念，並展示遠見的詳細解釋實行民生主義的意義，充份表現其寬博仁愛與建國理想：

惟民生主義之意義維何？吾人所主張者，並非如反動派所言，將產業重行分配之荒謬絕倫；但欲行一方策，使物產之供給，得按公理而互蒙利益耳，此即余所主張之民生主義的定義。余將使勞工得其勞力所獲之全部，將來中國之實業，建設於合作的基礎之上，政治與實業皆民主化。每一階級，皆依賴其他階級，而共同生活於互愛的情形之下。此種理想固難達到；但吾人當努力以求理想之實現，以改良社會之情狀，使臻於完善之域也。依照此種計畫，生產將日益增加，以最少限度之窮困與奴役現象，以達到最高限度之生產。對於待開發之產業，人人皆得按其應得之比例，以分沾其利益，享受其勞力結果之全部，獲得較優良之工作狀態，並有餘暇之機會，可以思及其他工作以外之事件。如此，勞工必能知識日進，獲得充分之娛樂與幸福。此種娛種與幸福，本為一切人類所應享；但在他國，勞工與窮苦之人，常無享受之權利耳。故在一個民族之中，須給人民全體以生活之機會，並與以完全之自由，此即余之希望。余所以主張民生主

---

[27] 《國父全集》，第 2 冊，頁 261。

義制度者，蓋欲用一種制度，使國民對於國事發生直接之興趣，願全國人民皆享受其生產之結果。[28]

中山這一理想，表現照顧社會上生活之公平，並足以鼓勵人民努力生產，遠較平均主義切實而合理。這一點也是儒家子游一派制度化發揮人性優點的大同理想。

孫中山立意宗旨，要為大多數人謀最大幸福，多數人即是四萬萬國民，如何謀得？自何處入手？自是一個嚴肅的建國問題。「建設之首要在民生」，把照顧人民生活提昇至一切建設目標上，是中山建國理想特色，也正是他思想中民生主義重點。孫氏為全民謀求福祉，自最淺近最基本的每人生活需要入手，就是食、衣、住、行四大需要。看似簡單平凡，而只有孫氏立為最重大的努力方針。

大政治家不厭庸俗，是歷代人物中最難得的特色，他在民國5年（1916）7月15日提其建設的努力重點：

> 今當與諸君言建設矣。國家如商業公司然，股東贏利，必有向隅之夥友。若夥友僅謀贏其私利，則股東蹶而夥友無立足地矣。故謀國者，無論英、美、德、法，必有四大主旨：一、為國民謀吃飯；二、為國民謀穿衣；三、為國民謀居屋；四、為國民謀走路。
>
> 衣食住為生活之根本，走路則且影響至國家經濟與社會經濟矣。國家生產力與築路運動，有一與時俱進之正比例。吾國號稱四萬萬人，每人每日無不與路政有至密切之關係。[29]

---

[28] 《國父全集》，第2冊，頁91。
[29] 《國父全集》，第2冊，頁351。

　　尤其是行的需要之提出，更見出孫氏卓越的遠識，從孫中山行的觀念，足以反應出現代思想之重點。國家建設應以交通為首要，我國任何人主持國政，都必須將交通列為建國之基礎。如違背孫氏教言，必致誤國誤民。

　　孫中山固已自民國元年廣泛鼓吹建造全國七萬里鐵路，反覆申述，不下數十次，最終於民國 8 年著成《實業計劃》一書，定為其「建國方略」中之物質建設大計，表現其為人民謀幸福，致國家於富強的雄偉魄力。略舉孫氏論點如次：

> 予之計畫，首先注重於鐵路、道路之建築，運河、水道之修
> 治，商港、市街之建設。蓋此皆為實業之利器，非先有此種
> 交通、運輸、屯集之利器，則雖全具發展實業之要素，而亦
> 無由發展也。其次則注重於移民、墾荒、冶鐵、鍊鋼。蓋農、
> 鑛二業，實為其他種種事業之母也。農、鑛一興，則凡百事
> 業由之而興矣。且鋼鐵者，為一切實業之體質也。凡觀一國
> 之實業發達與否，觀其鋼鐵出產多少可知也。[30]

　　建築鐵路、公路，浚治水道，修造堤壩，開闢港口，均屬建國基本工程。最後則就食、衣、住、行，再加傳佈知識之印刷，立為五大民生工業，俱於《實業計劃》有詳備說明，實為謀求全民福祉的基本藍圖。我們可以根據《實業計劃》的具體設計，了解到孫中山為人民生活幸福所作的周密設想。尤其在民國 2 年（1913）3月 1 日在日本東京所發表對於政黨的看法，俱可見出其為國為民的坦蕩情懷：

---

[30]　《國父全集》，第 2 冊，頁 168。

> 政黨之要義，在為國家造幸福、人民謀樂利。人之入黨，其
> 未入黨之始，必先察其黨之黨德如何？黨人行為如何？其黨
> 所主張之政策如何？與我同志者，贊成之；與我異趣者，則
> 不贊成之。全係自家心理上之採擇，無利益可貪，無勢力可
> 畏，並無情面可徇的。[31]

中山所見，無論何種政黨，必須弄明白自身的宗旨使命，必須將人民幸福看作首要，否則就只能爭權營私，是必須戒慎而予以斷絕。

五、結論

我個人研究中國近代思想學說有三十餘年，所閱覽參考資料甚多，所研考參酌的人物有數百位，所見對於建設國家、拯救民族、提高人民福祉，關心最切者為孫中山，尤其在於孫氏提出具體的政府架構與建國的規模。我們必須重視，也應該充份信賴。孫氏有崇高的思想和卓越的建國計畫，一直顧念為大多數人謀最大幸福。他並不重視權位，願獻身於建設，可惜先為袁世凱所破

---

[31] 《國父全集》，第2冊，頁334。又頁335同一文件，孫氏又云：「各黨黨員祇須對於政黨盡力效忠，以正道公理謀國家人民之福利，不用不正當行為，無論對於何黨，均未為不可。但是中國普通人之心理，對於黨字之意義，不甚明瞭，以為古書上於黨字之解釋不甚良美，有所謂『君子群而不黨』之說。不知今日之政黨黨字，在英語名詞為 party，在中國文字別無與 party 相當之字，只有以黨字較為近似，並無別字確當者，故用此黨字，究竟與古時所用之黨字大有區別」。「至於黨爭亦非不美之事，既有黨不能無爭。但黨爭須在政見上爭，不可在意見上爭。爭而出於正當，可以福民利國；爭而出於不正當，則遺禍無窮」。

壞，繼為軍閥所阻撓，不幸建國未成，而齎志以終，當是中國全民族重大損失。

孫中山是現代中國洞悉中西政治情勢的政治家，其生平學問貫通中西，卻非要追索絕對真理。其發抒思想言論，無不由淺近日常生活實事立說，在平易中創建其理論，無時無地不為全國平民設想，提出可行之實踐步驟，與可以完成之預期結果，樂觀而具有自信。

近代民主思想中，各家各類的言論，至為豐富，孫氏多能超越，即其所講論之平等觀念，深入淺出，圖表明確，而構思則十分縝密洞澈，看似簡單，實不容易。

孫中山創造「三民主義」學說，設想種種實現三民主義的步驟、規程與架構。在革命時期是把「民族主義」排列最前，「民生主義」排列最後，顯見出其革命與建設的方法步驟有所不同，證明其思想靈活，運用有方，能顧及實際需要。他的知識博通中西，而歸趨於中國之固有條件及文化環境，是真能融會貫通，博采眾長。

孫中山要建造的中國，是充分實行三民主義的新中國，他不只一次提到，而其中在民國 10 年 3 月 6 日一次演講最具力量、最能動人，使我們可以接受，並堅定信仰。茲舉其所言：

> 兄弟底三民主義，是集合中外底學說、應世界底潮流所得的，就是美國前總統林肯底主義，也有與兄弟底三民主義符合底地方，其原文為：The government of the people, by the people, for the people.話苦沒有適當底譯文，兄弟把他譯作「民有」、「民治」、「民享」。of the people 就是「民有」、by the people 就是「民治」、for the people 就是「民享」。他這「民有」、「民治」、「民享」主義，就是兄弟底「民族」、「民權」、「民生」主義。由是可知美國有今日底富強，都是先哲底主義所賜。而兄弟底三民主義，在彼海外底偉人已有先得我心

的。兄弟迴（回）想從前在海外底時候，外人不知什麼叫三民主義，嘗來問我的。兄弟當時苦無適當底譯語回答他，只好援引林肯底主義告訴他，外人然後纔了解我底主義。

由此可知兄弟底三民主義，不但是有來歷，而且迎合現代底潮流。[32]

這個解釋，真是具有智慧，使人知道，孫氏是要建造一個民有、民治、民享的新中國，這樣的國家就是孫中山理想中的中國。

孫中山理想中的中國政府是要歸人民管轄，要使政府有能，人民有權。政府之權是治理國家，稱之為治權。這樣的政治，孫中山稱之為「全民政治」，在「民權主義」第六講中，說出他的理想：

> 要人民能夠直接管理政府，便要人民能夠實行這四個民權。人民能夠實行四個民權，才叫做全民政治。全民政治是甚麼意思呢？就是從前講過了的，用四萬萬人來做皇帝。四萬萬人要怎麼樣才可以做皇帝呢？就是要有這四個民權來管理國家的大事。
>
> 所以這四個民權，就是四個放水制，或者是四個接電鈕。我們有了放水制，便可以直接管理自來水；有了接電鈕，便可以直接管理電燈；有了四個民權，便可以直接管理國家的政治。
>
> 這四個民權，又叫做政權，就是管理政府的權。至於政府自己辦事的權，又可以說是做工權，就是政府來替人民做工夫的權。[33]

---

[32] 《國父全集》，第 2 冊，頁 405－406。

　　理想中的中國國民個個是擁有政權的皇帝，豈能是饑寒貧困，衣衫襤褸，無棲身之所的流丐樣子。人民食、衣、住、行，應是建設國家最迫切的首務，故而孫中山多次言喻，並在其《建國大綱》中列為第二條，清楚說出政府要做的工作！「建設之首要在民生。故對於全國人民之食、衣、住、行四大需要，政府當與人民協力，共謀農業之發展，以足民食；共謀織造之發展，以裕民衣；建築大計畫之各式屋舍，以樂民居；修治道路、運河，以利民行」。[34]總之，孫氏理想，必要使全國人民豐衣足食，安居樂業，幸福歡愉，纔是他力求實現的目標。

33　《三民主義》，民權主義第六講。
34　《國父全集》，第 1 冊，頁 751。

孫中山思想學說的實用價值

　　我在近十年中參加有關孫中山包括中國國民黨以及辛亥革命、中華民國建國之學術會議不下十次之多。據香港浸會大學歷史系李金強博士統計，包括大陸、臺灣、香港及日本、美國等地，十五年來舉行有關此類學術會議已達四、五十次。在所有其他重大學術會議與之比對，均望塵莫及。李先生是辛亥革命研究專家，所言皆本之於確實根據。

　　茲引用《聯合報》報導中共廣東省社會科學院院長張磊於民國84年1月11日在臺北所表露的談話：

> 張磊指出，目前孫中山學術研究在大陸已成為一種「顯學」。十幾年來，大陸已成立十個全國性研究會，出版一百多種孫中山專書，發表了數千篇學術論文，並編成《孫中山全集》和《孫中山年譜長編》等資料，出版《孫中山學術辭典》。此外，還召開了五次國際學術研討會。他表示，孫學能成為「顯學」，主要是社會需要。
>
> 張磊指出，大陸積極研究孫中山思想，是因為大陸正從事空前的試驗，希望振興民族、統一國家。在精神上需要吸取過去一切優秀思想的精華，而孫中山的思想恰是值得吸收，並成為思想中心。民族要獨立、國家要民主、社會要富裕的思

想，是永恆的主題，具有長久的意義，雖然孫先生已去世七十年，其思想依然有活力，且是大陸迫切需要的精神遺產。[1]

張磊終還是居一省最高學術機構的領導人。我相信他是本之於學術真誠，尤且為國家重大動向的考量。我相信他們正在依循中山學說而施之於國家建設的。想想今日中國，除中山思想之外，還尚有何等萬全主義、高妙策略可循？

同時《聯合報》報導另一廣東社會科學院孫中山研究所所長黃彥於同年 1 月 12 日也在臺北表示：

> 黃彥指出，明年是孫中山先生誕辰一百三十周年，大陸十個全國性孫中山研究團體和孫中山基金會將分別舉辦多項學術活動，隆重紀念這個革命先行者和偉人，並計劃在廣東和北京召開二次孫中山國際學術研討會，將孫中山先生的思想寶庫讓更多人的認識並學習。屆時邀請臺灣學者、專家與會。[2]

對於新編輯的《孫文全集》，黃彥曾表示，這是大陸研究孫中山思想的專家學者的巨大工程，有別於前幾年大陸學者編著的《孫中山全集》和臺灣的《國父全集》。他指出，由於後兩者均缺乏足夠的外文材料，說明孫文在英、日、俄及歐洲等國的事蹟行為，新編的《孫文全集》增加了許多英國、日本官方資料，德國、法國的民間資料和新加坡及莫斯科的史料。[3]這部大型學術工程，已於 1996 年底出版。

---

[1]　《聯合報》，中華民國 84 年 1 月 11 日，第 10 版。
[2]　《聯合報》，中華民國 84 年 1 月 12 日，第 10 版。
[3]　《聯合報》，中華民國 84 年 1 月 12 日，第 10 版。

　　黃彥與張磊俱是大陸上研究孫中山思想的學者,基於深入研究,而確切提出其論斷看法,決可相信出於知識之真誠,毫無可疑。我並非孫中山研究專家,但也非孤陋寡聞。抑且我也有多篇專題論文,敢說自有識見、與眾不同。學界高手如不服信,可儘加批評,不怕考驗,卑人甚願聽聞。在此說一句中肯話,張、黃兩人的識見不但可信,而且有關領導人宜多加反省、多加思考。不要使人誤解,孫中山的繼承人在大陸不在臺灣。

　　我在此說清楚,站在學術嚴肅立場,我對於張磊、黃彥二人的立言動機充分肯定,決不置疑。本於學術良知之中正精醇,如無真確實據,不可對他人輕加妄斷,否則即是厚誣。不過就中共過去一向對孫中山所加的眼光和所置的地位,那是與張、黃二人的觀點大有出入。我固然未作深入研究,但也具備一點參考知識。現在舉一位有遠見的專欄作家徐東濱,他用王延芝(妄言之)筆名論中共當局對孫中山的定位。他介紹中共過去一向御用的制式論點:

> 中共對孫中山的評價,在最基本層次把他說成一個「民主革命的先行者」。先行者即是披荊棘的開路先鋒,不是定國安邦的真命天子。在中共教條主義心目中,馬克思相當於基督的聖父;列寧相當於聖靈;毛澤東相當於聖子耶穌;至於孫中山,則充其量只相當於「洗禮者約翰」。他們把孫中山倡導的民權主義稱為「資產階級民主」和「西方民主制度」,表示它不符合中國國情,也不符合工農階級的權益。[4]

---

[4]　《星島日報》,中華民國 75 年(1986)11 月 10 日,「專欄」。

在那時（十年前）王延芝（徐東濱）已具超越眼光，正確指出歷史動力的適然，正與張磊、黃彥的所見相合。如《星島日報》報導所言：

> 王延芝要鄭重指出：中共改革派的急進份子，在政治理論面已經開始向孫中山的民權主義「靠攏」；而未來中共的「政治體制改革」如要成功，也必須在實質上接受中山先生政治理想的精神領導。這一形勢在一年之前還未形成。[5]

接著又謂：

> 過去一年來中共的「經濟體制改革」，是在許多方面實際向中山先生的民生主義靠攏。前幾年開始的農村生產責任制，事實上是向中山先生「平均地權」、「耕者有其田」的主張靠攏。最近出現的「國營企業倒閉破產」、「國營小型商業企業『開放經營』、租賃給私人經營」、「國營小型商業企業公開拍賣、變為私有私營」、「國營企業『股份化』、出售一部份股權讓私人承購」等等新生事物，實際上也是向中山先生「節制資本」主張靠攏。[6]

關於過去中共上下貶抑孫中山的論說制斷：一個御定命義是民主革命的先行者；另一個命義是孫中山是資產階級革命。自然不能和無產階級革命來比。這在大陸上可能早已形成牢不可破的共識。而在海外則難盡掩天下人耳目。因為中共的御用說詞，破綻甚多，

---

[5]　《星島日報》，中華民國 75 年（1986）11 月 10 日，「專欄」。
[6]　《星島日報》，中華民國 75 年（1986）11 月 10 日，「專欄」。

漏洞百出，具有理性思考與熟悉史事經緯者，不可能完全死絕，任其胡說。

　　近今有臺灣學者蕭行易教授對中共看待孫中山的立場與用心，作了全面的檢證分析。指出其形式上相當尊崇孫中山，實質上則十分誣衊孫中山。同時對於中共所運用的理論格局，所強調的史實理據，也一一加以分析駁斥，自是有所廓清。[7]我以為蕭氏此文，可謂持理充足。而認定中共誣衊孫中山，則未免語氣太重。中共只求利用孫中山，尚未能見其任何詆毀孫氏之處，不得竟謂之誣衊。

　　拙見以為不可對大陸學者有苛烈批評，因為凡是治學，若要立足於嚴肅學問，非本於良知有一說一，是不能心安的。大陸的希望仍在於有頭腦、具良知的學者們，俱在孜孜不倦的探求真知。而所當小心防備誤入陷阱者，則是中共當局把學人當作棋子，把學術當作招帖，把孫中山的研討當作誘餌。可使我們不知不覺中入其彀中。我非憑空猜想，早有多人提出批評，臺灣蕭行易教授的大文，只是正面辯駁。而實際另有直接探討的文章，即管惟炎的大作：〈孫中山與中共的統戰策略〉。此文的精彩處，在說明中共的主張與中山思想學說的基本差異，但仍有其足以強調利用的部分。請參考管氏分析：

　　　　中共從浩瀚的中山文庫中，只截取其極小部分，作有利於自己的解釋，並用以指責中國國民黨人背叛了孫中山。中共特別強調中山先生晚年與蘇聯及列寧的關係。中共將中山先生一度主張的「聯俄、聯共、扶助工農」稱之為「三大政策」。並認定包容「三大政策」的三民主義為「新三民主義」。中共自詡曾幫助了孫中山先生改造了國民黨。中共將總理遺囑

中「必須喚起民眾及聯合世界上一切以平等待我之民族」，
片面解釋為聯合的對象僅指蘇俄。[8]

接著又分析說：

中共在奪取全國政權以前，標榜的不是「社會主義革命」，
而是所謂「新民主主義革命」，以區別於孫先生領導的所謂
「舊民主主義革命」。他們的理論認為這一階級的革命任務
只是「反帝、反封建」，仍然具有「資產階級革命的屬性」。
資產階級不是革命對象，而是革命營壘中的一員，或革命的
同盟者。他們聲稱只反對資產階級中與帝國主義有勾結的所
謂「買辦資產階級」，而「民族資產階級」仍屬團結的對象，
孫中山先生被中共定位為中國民族資產階級的政治代表，他
所領導的「推翻帝制，建立共和」的國民革命是一種「舊民
主主義革命」，因為它是由資產階級領導的。[9]

管氏提醒人們注意之點有幾句話，代表他所警覺的一個重點：

我們常常懾於中共的武力威脅，但較少注意中共的「統戰」
陰謀。沒有任何「兼容性」，具有「絕對排他性」的中共，
居然有時也祭起為其定性為資產階級代表的孫中山這面旗
幟，無非是為了分化、瓦解國民黨人，爭取海內外真心崇敬
中山先生廣大同胞的同情。[10]

---

[8] 《聯合報》，中華民國 83 年 11 月 12 日。
[9] 《聯合報》，中華民國 83 年 11 月 12 日。
[10] 《聯合報》，中華民國 83 年 11 月 12 日。

　　此處無意再延伸探討中共當局利用孫中山的統戰策略。管先生是從大陸出來的學界領袖，他的警惕自然是深值參考。而我們也需轉換另一個角度看，不能不肯定大陸學者張磊、黃彥的嚴肅表達。我們要清楚，中共領導人早已面臨共產主義走不通的死胡同。就是所有的法術用盡，只能帶使中共經濟全面呆滯與全國貧困，江河日下，社會主義天堂永難實現。

　　顯然可見的事實，在周恩來、毛澤東晚年未死之前，中共經濟已達於崩潰邊緣。因是而有周恩來所親自提出的四個現代化重大國策，即科技現代化、軍事現代化、工業現代化和農業現代化，用以使國家建設導入一個新的方向。於是「四個現代化」口號自1975年以來即成為其全國一致奔趨的目標，直迄今日。不過這一步重要轉向，實不過是一百年前曾國藩、李鴻章所走的老路，其內涵與那時的「自強運動」完全相同。原來一向是中共日日詛咒的買辦階級賣國賊的道路，他們官民評論的文章早已滿坑滿谷，正可彼此對比。我有拙文：〈從自強運動展望四個現代化〉，可以見及兩者的內涵。[11]

　　周、毛死後，鄧小平復出，自1979年起，更把四個現代化熱烈推動。擅於運用政治標題口號的中共領袖，寄望於鄧小平領導方向的普遍推廣，而當1980年是庚申年，遂即提出「庚申變法」一個命義，概括此一政治動力，表露其重大變革的徹底與決斷。對於這次政治運動，我也有拙文：〈從戊戌變法經驗展望庚申變法〉。兩相比較，以為成功在望，應必樂觀。當時的看法是：

　　　　鄧小平的變法大膽猛晉，超過光緒皇帝甚多，左胡右趙，再加幾個英豪後進，助手相當得力，他們都是飽歷滄桑，富政

---

[11]　王爾敏撰：〈從自強運動展望四個現代化〉，《明報》，1987年2月18日刊。

> 治鬥爭經驗，推動變法，可以勇往直前，不怕惡鬼攔道。尤
> 其最關緊要的，是軍權握在鄧小平之手。不像戊戌變法軍權
> 在榮祿之手，供慈禧差遣。這是我們相信變法會成功的最大
> 保證。[12]

不過「庚申變法」做得虎頭蛇尾，一年過了，就消聲匿跡，不
再提了。實在說來，中共領導人可以神鬼不怕，直喊下去。但是他
們的頭腦一樣迷信腐朽。一則把鄧小平比做光緒，結局太慘，未免
太過悲氣。二則但凡變法是變祖宗之法。中共是以馬、恩、列、史
為列祖列宗，以鐮刀鋤頭為共宗圖騰，無論如何也干犯不得。既言
變法，就要痛快的去掉共產主義。鄧小平這些人估量一下，不敢公
然再說變法。終於不免再換口號，提出一個「有中國特色的社會主
義」，作為鄧小平實行經濟改造的概括目標。

甚麼是有中國特色的社會主義？十年來，鄧小平未嘗作過任何
肯定的宗旨界說，一直避免透露他們真個是暗中揚棄了共產主義。
對於這個思想界域，我也在拙文：〈中國人的社會主義〉，作了充分
的廓清。

甚麼是有中國特色的社會主義？我相信就是孫中山的民生主
義。舉孫氏訂的《建國大綱》第二條，甚是淺顯明白，決不高蹈，
也不深奧。但必為全國國民歡迎宗奉，如其所言：

> 建設之首要在民生，故對於全國人民之食、衣、住、行四大
> 需要，政府當與人民協力，共謀農業之發展，以足民食。共
> 謀織造之發展，以裕民衣。建築大計劃之各式屋舍，以樂民
> 居。修治道路運河，以利民行。

---

[12] 王爾敏撰：〈從戊戌變法經驗展望庚申變法〉，《明報》，1987 年 1 月 28 日刊。

　　孫氏的民生主義，平凡實際，絲毫不涉玄理，也決不用欺愚人民的辯證法。治理國家，宗旨是對人民服務。國民基本願望，一致要求食、衣、住、行、育、樂六大需要獲得滿足，甚麼偉大國策，也趕不及這六大項目重要。這清清楚楚是孫中山創制的有中國特色社會主義。比較近代人物，有誰比他更重視人民、更為人民設想？還有甚麼社會主義比民生主義更能照顧人民？[13]

　　我在此不是自誇，敢向學界前修提出確切時日比論，我們在香港的幾位學界人士，早在蘇聯瓦解之前，亦即遠在 1992 年以前，徐東濱先生在 1989 年，就戈巴契夫的政治改革而提出聳人聽聞的政論文章：〈第四次世界大戰結束〉。內涵在表敘蘇俄共產主義勢將崩潰。我在民國 75 年 10 月撰文：〈從政治局限看中國近代化的延誤〉，並在臺北第二次國際漢學會議明清史組提出宣讀，所提要點如下：

> 大陸上推行馬列共產制度三十多年，使得國困民貧，人民知識、品格、道德，普遍降低。連中共政權高層領導也要改弦更張。如果遵循馬列制度可使民富國強，周恩來也不會提出四個現代化的新目標。顯見在人們心目中馬列偶像早已破產。共產正統理論家，維護馬列正統，把中國固有一切也排斥在正統之外，中國文化亦在三十年來為馬列正統排除淨盡。但當四個現代化提出，馬列正統即須要與現代化爭持思想上正宗傳統地位。馬列主義有制度有中心思想，排他性如同一神教。現代化也有制度有中心思想，沒有排他性，但有逃逸性，就是違反現代制度規律，現代化就永遠不能實現。現在中共要用現代化挽救其政權，尚無

---

[13] 王爾敏撰：〈中國人的社會主義〉，《明報》，1987 年 1 月 11 日、12 日連載。

問題，若要同時維持其信仰制度，則有嚴重衝突。這是一個重大矛盾。在一九八〇年是庚申年，當時中共領導人提出一個庚申變法的口號，但一年以後又不再提起。蓋因露出破綻。向來變法是變祖宗之法或前人之法，現在他們祖宗之法是馬列制度，一定祖宗之法有嚴重弊害，不然也不要變法。成功與否尚是其次。從總體來看，周恩來的四個現代化，以至鄧小平的庚申變法，都表明馬列制度已至窮途，不能再施於中國人民。[14]

此文是我民國 75 年確定論點，明白指出，在中共最高領袖本身估量，共產主義制度，四十年來已是一個失敗的試驗。

眼看自周恩來在世起，已在開始試探轉換邁出新路，如果不跟隨西歐走資本主義的路，而最近便且容易的選擇，就只有悄悄的借重孫中山的三民主義了。這也是徐東濱首先鄭重指出：

總結來看，孫中山固然不是「國民黨極右派」，也並非「國民黨左派」，而他更不是只代表某一階級利益的政客。他有「致中和」的見識與氣度，是以國家民族的整體利益，甚至全世界的整體利益為前提的大政治家。他不會贊成階級鬥爭，不會贊成「一邊倒」，不會贊成蘇聯模式和中共那套社會主義制度。中共今日雖然「實迷途其已遠」，但只要能「覺今是而昨非」，則逐步改弦易轍，向孫中山靠攏，仍然「回頭是岸」，可以求得一條生路。[15]

---

[14] 王爾敏撰：〈從政治局限看中國近代化的延誤〉，《中央研究院第二屆國際漢學會議論文集》（臺北，中央研究院，民國 78 年印），頁 681－703。

[15] 王廷芝（徐東濱）撰：〈民主革命的先行者〉，《星島日報》，民國 75 年 11

　　我們至此可以肯定大陸學者如張磊、黃彥等人所謂的全國上下重視中山學說，絲毫無可置疑。大陸上如火如荼的研究孫中山思想已十餘年了，開大型國際會議不下五次，開小型之會無數，創立研究所十餘個，發表論文數千篇。這一種蓬勃現象，人才共趨的潮流，我們學者怎可不正視一眼。其努力表現正當喝彩，何須滿懷狐疑？我人看看張磊所提示大陸上對中山學說的實踐，可作實證：

> 「中山先生的實業計劃，目前是大陸建設的重要藍圖。」張磊表示，三峽工程、乍浦港、黃浦港都逐漸開通建設，中山先生強調發展能源與鐵路兩項，目前正是大陸所急需。對大陸學者來說，現在研究孫中山思想「十分親切」。孫中山強調中國要工業化、發展私人資本、發展國家資本，既有中國特色，且不照搬西方的一套。不僅發展「市場經濟」需要中山先生思想，而是整個建設的藍圖，也是近代中國最宏偉的建設計劃。[16]

　　分析中共之普遍重視孫中山，不應有太多的陰謀論。需要真能了悟中山思想學說本身的真正價值，方是信心的根本。事實很清楚，在周、毛死後，中國領導人鄧小平、胡耀邦、趙紫陽為解救長期貧困、一窮二白，已作了枝枝節節的改革試探。「包產到戶」先紓解農村經濟，「鳥籠經濟」則對市場略為開放一點自由。鄧小平更大膽一點，要放鬆搞活市場經濟。此時的中共自己，連鄧小平也都明白講，他們是摸著石頭過河。但為甚麼放著現成的橋樑不走？中山學說即是建國的橋樑，可以由此導致國家於富

月 10 日，「專欄」。

[16] 《聯合報》，中華民國 84 年 1 月 11 日，第 10 版。

強。中共除了有眾多政壇官僚，小產資本家早被殺光，大資本家更是無有。於是一眼看上香港，拱港紳於上座，從洋人買辦階級，帝國主義走狗，一躍而成愛國僑商，民族救星。無非求其投點資金，發展經濟。向香港取經是走資本主義道路。大約到開放深圳、珠海、蛇口、汕頭四個特區，已經是中共最大的妥協，向資本主義屈服最明顯的指標了。

很明顯，包括一切中共領導及學者，此時還未曾思考到利用孫中山的思想學說作為建國藍圖。何以知之？在最初的十年中，中共要從人民公社蛻變出來，已經不知摸索的改變多少次。鄧小平為此延誤開放上海浦東有十年之久，就可證明尚未發現孫中山的眼光遠大。孫中山在民國8年提出一個改造上海計劃，另一個東方大港計劃。基本宗旨是要避開帝國主義者盤踞的租界。而其另闢天地，則是對今日中共最好的啟示。若其早照孫中山的設計去做，也不至於有十年期間摸著石頭過河了。

我確信中共領導人有其用心而缺乏知識。鄧小平發展市場經濟的豪語，是要再製造幾個香港。真是外行，別說製造幾個香港，連這現有的一個香港是如何造成他都不懂。由於中共先毀掉一個上海，纔會造成一個香港。同時必須毀掉這個現有的香港，纔會製造另一個香港。因為整個亞洲只能有一個國際金融中心。新加坡、東京、高雄、漢城都在等候中共毀掉這個香港，而出來代替它。中共永遠做不到製造幾個香港，可以斷言。

中共會不會跟隨孫中山所指示的建國路線，端看他們領導人的智慧與選擇。事實上中共學界群起研究中山思想學說，十年來日漸重要，果然形成當今顯學。我們若尚再有人否認其真誠，簡直是茫昧無知。若說中共要借孫中山作統戰線索，我們自己先怕起來，亦可說是知識不足，信心不堅。中共若果明悉其重要性，首先得利，是祛除其思想上的徬徨，順勢填補共產黨信仰中心，

免除其走上蘇聯式的崩潰。現在有誰還會信仰共產主義？中共已改稱有中國特色的社會主義。看看共黨已撤除馬、恩、列、史遺像，卻還保留鐮刀斧頭商標。可以說是奴才商標。顯然這是俄製商標。尤其這全然俄國玩藝，中國自古以來沒有這種俄式的鐮刀斧頭，看了令人感到奴性十足，真對不起中國祖先。我肯定說，中共五千萬黨徒，全然是蘇俄奴才，有其黨徽為證。十年以前我就如此說。我負言論責任。其次是協同全國一致之信仰，走中山建國之路。再其次，如其學臺灣的經濟發展，以臺灣為師，何如直接以孫中山為師，可免去追隨臺灣之譏。最後方是開通一個統戰孔道，以相同信仰打成一片。

回頭看看我們自己的孫中山研究如何？信仰如何？實際已多年走進於呆滯的低潮。有關當局並不重視，學者毫無信心。互相作偽，彼此欺騙。別說向海外宏揚，連國內已十分懈怠。別說國人信仰，連官員也缺乏真心。只會說些官樣文章，也早被中共一眼看穿。我們前數年還賣力的宣揚「三民主義統一中國」，須知十年之前提倡「三民主義統一中國」是超卓識力，宏偉氣魄，是一種政治遠見。對於孫中山先生是堅定之繼承，尚非主要，而所表現建國前途，深具謀略而有信心。對於中共政權提示引入和平建設正途，有攜手合作之寬宏氣度，為國為民之遠大志節。此是中國國民黨之使命、責任，也是一個嚴肅政略，和平手段。而今竟已無此雄心，再要一味提倡，更顯見力不從心，情非所願。因為要貫徹民主政黨，事業宗旨，已作改變，三民主義、五權憲法已非必要作治國圭臬。於是大學裡已取消施教，官員們也免除了考試。好像再也用不著三民主義、五權憲法了。這些都是事實，正是國家大事。數年前由教育部長毛高文推行各大學撤消三民主義課程，繼而又在考試院使三民主義停試，或降分計算等一連串相關決定與作法，這種實情國人共知，豈是任意造謠。我們若果不

信重孫中山的思想學說，何妨丟給中共，要他們去證明中山思想的實用價值？又何必怕他們有一天變成三民主義信徒？若果大陸可以實行三民主義，代替了共產主義，豈非就達到了三民主義統一中國？

孫中山先生在二十世紀之歷史地位

一、十九世紀思想界之明確地位

　　兩年前看到美國報界烘抬品選二十世紀一百位偉人，有些固然名符其實，有些不免令人齒冷。而在此名單上竟然未列孫中山，真是蒙昧無識。

　　鄙人生平研治中國近代史，所關心時代，正跨十九、二十兩世紀，在中國近代之領域，已研究五十餘年。過眼要人累千數百。所經手研析之思想人物而言亦不下三百名家，其他各類不同專業人才，並未列計。

　　史家若果熟悉年代學，自能看出問題關鍵，而世人甚至學者只能知道一些籠統脈絡，往往下論不能中肯。舉例來說，一般看待嚴復、梁啟超、孫中山俱為二十世紀同時代人。嚴復年長，孫中山其次，梁啟超則稍幼。如此看並不成問題。但問此三人中誰是最早思想先驅，相信史家未必答中。我在此說，三人俱是二十世紀思想先驅，而在十九世紀已露聲影者，則三人大致同時展現時代覺識。若果細心考察，仍能見出先後差異。三人之中應推尊孫中山為見機最早，當然是先知前徹。我有兩點理據作此定論。其一，純就年代上之比較。孫中山的代表名論「上李鴻章書」，成稿於光緒二十年（1894）二月之前，二月即偕同陸皓東赴上海。六月到達天津上書

李鴻章。至此尚在中日甲午戰爭開戰之前。而於同年九、十兩月在上海《萬國公報》刊布。至嚴復生平著名的思想卓論：「原強」、「論世變之亟」、「救亡決論」及「闢韓」四篇，俱在光緒二十一年（1895）刊於天津《直報》。至梁啟超之「變法通議」則於光緒二十二年（1896）刊布於上海《時務報》。其二，嚴、梁、孫三人固同為一代思想先驅，創說年代又十分接近，自是在伯仲之間，原無可議。惟其彼此細較，嚴、梁二人創說，俱承甲午戰敗之衝擊而激發其警世名論。但在孫中山之「上李鴻章書」，草成於甲午戰爭之前。並非受此重大刺激而作，實早具世勢之醒覺，經熟思深慮而提示卓論，自更符合先知先覺之特質。

在此單就孫中山早期思想而言，學界早有不斷研究，而今可以澄清，見其一個主體重點，確定說，孫中山最初始的思考論題，是在於農業技術改良。是一種科學技藝手段，卻是對我們農業國家的一個救國救民宗旨。我們可以參閱孫氏於光緒十六年（1890）致鄭藻如（字玉軒）書，所言重點在蠶桑之利與鴉片之害，俱相關農務，亦兼論及庶民之教育，提高民智，亦為救國手段。在此書信中有特須注意之點，其向鄭藻如陳說：「某之翹首以期用世者，非一日矣。每欲上書總署（即總理各國事務衙門），以陳時勢之得失。」[1]此點可旁證後日上李鴻章書的啟念動機。自是立意甚早，醞釀甚久的。

進一步檢證 1894 年孫中山之上李鴻章書，提出謀求富強之四大綱領。似此文獻不但世人熟知，而且研討者眾。自無須一一列引。當知孫氏上李鴻章書，在後段有一個突出的重點，就是要赴歐洲學

---

[1]　《國父全集》，補編，台北，中國國民黨黨史委員會編，民國 74 年（1985）6 月印，297 頁。

習農業科技知識，我人可以清楚確信，孫氏是希望取得赴歐洲護照，以便個人吸取最新農技知識。孫氏上書，立言申陳：

> 夫國以民為本，民以食為天，不足食胡以養民？不養民胡以立國？是在先養而後教，此農政之興，尤為今日之急務也。[2]

而具體進行，則自改良農業科技入手，亦即今日習稱之農業現代化。此即正確代表孫中山早期蘊蓄之農業改良思想。由於農業科技包含育種、品種改良、土壤、化學施肥、灌溉、除病蟲害、墾殖、畜牧、機械化生產收儲，種種俱需吸收最新知識，故自願遠赴歐洲學習。同一函中聲明，在學成之後，親往新疆、關東、海南島，招墾開拓荒地。尚有一個急切而重要的宗旨，是要解救被美國排斥迫退之華工，導引於中國之農業開發。近今論者，已有言及。[3]

孫中山第三件最重要最正式的文獻，是光緒二十一年八月十八日（1895.10.6）所發布的「創立農學會啟事」。全篇詳論中國改良農業的重要。此文為世人熟知，無須引述細節，人人俱信是一篇農業改良之思想理趣表達。[4]

討論到此，我可以用我多年研治近代思想史的經驗作一點肯定的論斷：第一，若論時代思想先驅，在十九世紀這一段，應有孫中山先生的地位，不容忽略。第二，孫中山在十九世紀所展示的思想內涵，肯定是農業改良思想。第三，站在十九世紀農業改良思想之

---

[2] 《國父全集》，第三冊，台北，中國國民黨黨史委員會編，民國62年（1973）6月初版，民國70年（1981）8月再版，1—11頁。本文引據出於第10頁。

[3] 沈渭濱撰：一八九四年孫中山謁見李鴻章一事的新資料，《辛亥革命史叢刊》，第一期，北京，1980年。

[4] 《國父全集》，第三冊，12—13頁。

各先驅人物而言。自 1890 或是自 1894 年，或是 1895 年算起。孫中山應是超越同流，一個最前驅的先知領袖。比起他同時代農業改良思想名家之張謇、朱祖榮、徐樹蘭、羅振玉、蔣黼等之於光緒二十二年（1896）在上海共創「務農會」仍然還早。[5]應與同時代著《續富國策》的農業改良思想家陳熾俱有著作傳世之人。孫中山在十九世紀之思想地位，不可磨滅。

綜覽十九世紀開新思想，啟於鴉片戰爭及第二次鴉片戰爭之衝擊，中國人才志士，未嘗忽視所遭變局。自 1842 年以後，有多種覺識睿見，前後思潮澎湃，有多樣表達，其超卓名論，俱可覆按。[6]

農業現代化言論晚出，仍為時代思想重要一環。但於十九世紀後期，特別在甲午戰爭之後，方始展現重要論述。計其足以代表此一門類之先驅思想家，自當概舉其人，俱是倡導農業改良思想。以陳熾（字次亮）為最全面深入，以其《續富國策》為代表。其次為孫中山具最新科技內涵與農學重點。可以其前述三篇為代表。其三則為鄭觀應（號陶齋），鄭氏言論有多方面表達。其特出識見在於商戰。而有農功篇代表其農業改良思想。一般將其農功篇改收於孫中山論著，是一錯誤。[7]其四則為張謇（字季直），張氏言論最晚出已至二十世紀。此四位思想先驅，俱有著作傳世，可供資證比較。其下尚有四位，皆與張謇在 1896 年在上海創組務農會而居於同代思想先驅之列。此四人者，即為蔣黼（字伯斧）、羅振玉（號雪堂）、朱祖榮、徐樹蘭等，而俱未傳下任何農學言論。如此把同一類思想家並列評估，自可見出其每人所據之時代地位。

---

[5]　王爾敏著：《晚清政治思想史論》，台北，1969 年 9 月印，136 頁，清季學會彙表。

[6]　王爾敏著《中國近代思想史論》，台北，民國六十六年四月（1977）出版。

[7]　王爾敏撰：對於吳著《孫逸仙先生傳》之補充，台北，《政治大學學報》，第 2 期，1984 年刊。

二、革命際遇，領袖稟質

民國肇建以來，為探溯淵源，一代革命史形成顯學，專業名家輩出，無論史家學者，即政治領袖、軍人將士、小學教師亦俱能熟論革命活動與先烈志士。史家定出一個「辛亥革命」之時代主題。近二十年尤為中外學者一致鑽研之重要領域，以辛亥革命、中華建國以及孫中山之論題而舉行之大型國際學術研討會，在近二十年間不下百餘次。我所參與者不下十次。同一時期中外研治革命史之論文、專著、人物傳記，可累鉅萬計。成果真是豐碩。

在此無須引述革命故事，亦不暇辨析各家觀點。我願在此指出一個年代界線，不管別人早有一定成說，我以為甲午中日戰爭而致敗，是中國醒覺的一個分水嶺（1894）。以前的時代，有識之士只在推動謀求國家富強。並無強烈的激進思想。這也是史家共喻的常識，但我在三十年前早抒論據。[8]

自 1895 年以後，思想界立即進入一個百花齊放、議論激進、觀點複雜的新時代。無論復古、維新、變法、立憲、革命等言論，俱得展現旺盛生機。我在此文只能挑出革命一端作討論素地。

從 1895 年這個年代起，自近代革命史開端首頁，孫中山之名即站上領先地位。孫氏在光緒二十二年（1896）九月（西曆十月）在倫敦清廷駐英使館被扣留。所蒙受羈押的罪名，就是頭年秋

8　王爾敏著：《中國近代思想史論》，其中「清季知識分子的自覺」、「晚清政治思潮之動向」、「近代中國知識分子應變之自覺」、「商戰觀念與重商思想」等文。又，王爾敏著：《晚清政治思想史論》，其中「晚清士大夫對於近代民主政治的認識」。

（1895）的廣州起義事件。孫中山倫敦蒙難之真實故事，史料完備，世人熟悉，在此無須引述。[9]

光緒二十二年九月（1896年10月）孫中山之被囚禁倫敦清使館，以及孫氏醫學老師康德黎（Dr. James Cantlie）和老師孟生（Dr. Patrick Manson）二人的努力營救，終於救出虎穴，得以自由面對報界記者，宣述其救國意見與奮鬥目標。自是即肩負革命大任，並蹈赴艱危而無悔。故事委婉曲折，啟動世人同情，自然遂使孫中山聲名遠播歐亞美三洲，遠近歆羨。近年旅澳洲漢學家黃宇和（J. Y. Wong）以英文專書，展敘故事全程，肯定其形成革命英雄形象（heroic image）。[10]我們同意黃宇和教授的論點。但要澄清者，其時代仍在十九世紀。正可證明孫中山革命的身分地位，實是早於他人顯露頭角。不須爭較革命先驅，在嗣後各地會黨各路英雄好漢無不推尊孫中山為領先革命的前徵。當今革命史俱講究革命團體和革命領袖，只說到孫中山革命生涯起點，當在1895年。而西方漢學家所見並無歧異，只是英雄形象之說，出於近二十年漢學家黃宇和的研究結果。

孫中山大名成於1896年的倫敦被難，是生死關頭，也是革命事業的起點，為世共知，無所質疑。從反面史料看，更能使人堅定

9　關於中山倫敦被難史料，清政府方面的可據資料，出於駐英使館隨員吳宗濂（字挹清）所著：《隨軺筆記四種》所載「鄧翻譯（鄧廷鏗）與孫文問答節略」。英國國家檔案局（Public Record Office）所藏檔卷 HO,144/935/A58272/12 號孫逸仙‧綁架，為張桂越於民國82年3月9日在《聯合報》繽紛版介紹大要。中國國民黨黨史會所刊《國父全集》則收錄有：1896年10月孫氏致劍橋大學漢學教授翟理斯（Herbert Giles）書，孫氏「倫敦被難記」之中譯。原有版本收載孫氏「與倫敦各報記者談被幽禁於清廷駐英使館的經過」。今已不易查得。以上俱是當年文獻，世人見之甚熟，參考價值亦高。

10　J. Y. Wong： *The Origins of an Heroic Image, sun yat-sen in London, 1896 – 1897,* 1986 年, Hong Kong。

信念。三十年前，台北文海出版社計畫景印盛宣懷《愚齋存稿》，
我警告他小心，因為其書中有光緒二十四年駐日公使蔡鈞的一通電
報，書稱逆犯孫汶，已到橫濱。他們若不刪去，恐有政治麻煩。因
此在其所出書中刪去一些忌諱的句子。我們知道，自 1896 年以後
清廷駐外使節英、美、日駐使，已隨時注意查報孫中山行蹤。可貴
之處，歷史家須把目光放準，嗣後十六年革命生涯，孫中山始終漂
泊三洲兩洋，受拒於香港登岸，委屈於日本東京，日警天天追蹤，
有時出現大聲責斥咒詛，逐其出境。日本下級走狗，怎識英雄，豈
不天天嘔氣。只有在美較受同鄉僑胞關顧並惠贈旅費，保護有加。
此皆為史家所知，宜看重此際之磨難，方知革命事業之不易。是以
在艱危困局中，正足見出英雄傑士的志識質稟，有其超卓堅忍毅
力。十六年浪跡三洲兩洋，歷盡艱苦，奔走革命，是中國史上三千
年未有的創格，國人應加同情崇重。

　　除了 1896 年的倫敦使館幽囚之危，足以證明孫中山革命先驅
之地位。清廷官方的通緝與駐使館的通報，亦可見出孫中山是在
冒著生命危險奔走革命。我今尚可在反面證據上，追溯孫氏民權
思想在十九世紀所造成的激蕩。就是在倫敦蒙難後不到一年，光
緒二十三年八月二十一日（1897.9.17）蘇州出刊的《實學報》，由
發行人王仁俊所撰寫的「民主駁義」一文，一文之中三次提到孫
文，針對民權之說提出駁論。此一文獻，前人未嘗提及，願引相
關一段為證：

> 民主非法也，西法也。泰西有民主國，又有君民共主國。中
> 國儒者，莫不駴且怪之。錢塘汪子（汪康年字穰卿）曰：是
> 不足怪，中國宜參用民權。麥君者（麥孟華字孺博），順德
> 傑士也，獨曰：中國宜尊君權，抑民權。由前之說，則丙申
> 秋（1896），由後之說，則丁酉春（1897）。王仁俊忼慨言曰：

　　麥論匱哉。邇者，孫文事起，海表囂聚。闐然以民主為揭橥。君權不尊，民氣囂然，震旦恐從此不靖矣。[11]

　　王仁俊之駁論，已視孫氏為民權主義倡導者，正足以反證孫中山言論在當時迅速傳播與影響，亦可顯示孫中山之革命事業，早在十九世紀已激起思想界之迴響。不須等待十年後之孫梁筆戰也。

　　過了光緒二十四年八月（1898）戊戌政變之後，在十九世紀末期又有自立會之曇花一現，第二位革命家唐才常始短暫閃現，唐氏亦於 1900 年被捕處死。故當十九世紀末造年代，海內之革命領袖則只有孫文一人。

　　清光緒帝之變法圖強，本為滿清政府自救之最後機會，卻遭到既得利益者之抵制破壞，不及一年，而激成宮廷政變，誅殺六君子，放逐新政官僚，遂使國家受制於顢頇排外一批皇族權貴之手，鼓動義和團與洋人為難，在光緒二十六年（1900）由軍機大臣剛毅、刑部尚書趙舒翹將義和團拳民引進京畿，高倡扶清滅洋，在京津、山西展開仇洋殺教，攻打外國使館，戕殺德國公使，終於招致八國聯軍攻入北京，慈禧太后、光緒皇帝終不免逃奔西安。使國家更陷入水深火熱之中。國人對此政權，豈會再存擁戴之心。自不免使人產生推翻昏庸帝室之啟念。革命風潮自然日漸蠭起。

　　滿清末造，上層貴族王公習故蹈常，不知因應世變，一味防閑漢人奪權，以至舉措乖方，卻想用拳民血肉抵擋外洋槍礮，終致招來八國聯軍橫禍，簽訂屈辱辛丑條約。此在下民看來，真不知如何言。遂至於二十世紀初始，國境之內自然釀出兩個平行的政治運動。其一即是溫和改革思潮之立憲運動，其二即是洶湧澎

---

[11] 《實學報》，第三冊，蘇州，光緒二十三年八月二十一日刊。王仁俊撰〈民主駁義〉，北京，中華書局，1991 年 9 月景印。

湃的革命運動。此期史實,研治者眾,著作甚豐,足備參考對照,在此無須多引,惟在革命史乘一端,亦是論題如麻,可有多方面追索。

孫中山自十九、二十世紀之交(1897－1907),仍是飄洋過海奔走三洲。自是忍辱負重,艱苦備嘗。惟革命志節未懈,而光復信心彌堅。其潛沉度思中國共和建國遠景,在宗旨在理論均經熟思深計,而胸有成算。直到日本東京各革命會黨聯合創立同盟會。合興中會、華興會、光復會革命領袖,公推孫中山為全會總理,其革命領袖資格為各路英雄所公認,承擔此職,自非偶然。當日攜同共事之英雄偉人,有黃興、陶成章、章太炎。而相依追隨之英傑俊彥若陳少白、鄭士良、尤列、秦力山、胡漢民、汪兆銘、戴傳賢、馬君武、畢永年、居正、朱執信皆為獨具方面大才,亦俱是傾心服從,自願追隨。

革命領袖要使同志傾心信服,個人品詣、人格風範、責任擔當、奮鬥意志,以至裁斷英敏、眼光遠大俱是必要條件。而學問識力、革命理論、建國策略,實更能吸引信眾。自 1897 至 1907 年之十年間,孫中山自是忙於革命,而中華民國之國號及英文 Republic of China,民族、民權、民生三大主義之提論,五權憲法之陳說,以及革命方略之擬訂(革命方略在 1911 年已有法文譯本)。均在此一時期思考發布。[12] 在同時代革命領袖而言,遠自歐洲、美洲,近當日本、香港、南洋。可以同作比較,均不能及孫中山救國建國之主義方略,實最能切於中國之需要。更清楚而真確之較量,則為孫中山、梁啟超兩大陣營間的君憲與革命論戰。

---

[12] 王爾敏撰:興中會、同盟會與中華民國國號之創生,《孫中山與近代中國學術研討會論文集》,台北,民國 75 年印。又,《國父年譜》,羅家倫、黃季陸、秦孝儀、李雲漢編,台北,中國國民黨黨史委員會,民國 74 年印,上冊。

兩方各有施展言論智術、中外大勢、國家需要、國民未來前景，俱有精彩論戰。真可謂是君子之爭。代表這一時代兩個思想主流之激盪，留下清晰印記。[13]而孫中山革命前途之先知與政團領袖之稟質，俱能為世人所共見。

有一個在近代革命史家所爭訟多年的問題，我願在此略表個人意見。因為這關係到同盟會革命團體的問題，自然也與孫中山這位領袖有關，也與其他成員的出身階級有關。那就是革命性質問題。大陸學者多主張辛亥革命是資產階級革命，久成定說。近代史學者張玉法教授則主張辛亥革命是全民革命。我深信是很恰當。然我有自己的主張，是在 1963 年時與我的業師王德昭相同。他那時是主張辛亥革命是知識分子的革命，這是郭穎頤教授告訴我的。我是相信這一說法。但見近今各方學者尚未塵埃落定。我簡單說孫中山領導的革命團體是知識分子冒險犯難不計生死的投入犧牲，而其追隨者俱是貧苦勞工。不過中國數千年來第一次是以文字、思想、言論、著作、文學、詩歌做革命工具的，有革命方略之使用，就完全不同古昔任何一代。這是智識的力量，故我主張是知識分子的革命。拿革命分子講階級成分，真是多此一舉。通覽清末起義的革命黨分子，沒有富有之人，卻多有洪門會黨成員，和水手碼頭工人。孫中山是何出身，他自己說得明白。在 1895 年的創立農學會書啟中說出：「某也，農家子也，生於畎畝，早知稼穡之艱難。」[14]我想大家當無異言。所以如果不肯接受我所主張的知識分子革命，就請接受張玉法的全民革命。

---

[13] 亓冰峯著：《清末革命與君憲論爭》，台北，中央研究院近代史研究所，1966 年印。

[14] 《國父全集》，第三冊，12 頁。創立農學會啟。

三、創建民國，興邦偉畫

同盟會組成之後，革命黨人有諸多起事舉動。是革命史家熟知的十次起義。雖然局面小而多歸失敗，卻為革命黨建立良好聲譽，這都是難得的經歷。世人或因史料不足頗為輕忽，因無較強證據，久為史家漠視。我願在此提一件前所未見的史料，是在同盟會成立之後，1906 年（光緒三十二年）十月十八日至二十四日，打著旗號的「國民革命軍南軍先鋒」，由龔春台率領，在醴陵、萍鄉起事。短暫進入城池，隨後不能抵擋清軍，退出而解散。

我從湖南醴陵地方史料，找出反面證明。一切史跡，全面真實。原來湘紳熊希齡、袁思亮剛在此時在醴陵開辦「醴陵磁業公司」，請日本技師燒造新磁器。主持廠務者名沈明煦。他正在此時遇上革命軍攻城。事後在當月十月二十八日以長函照知袁思亮。其中提到革命分子。在此引據供史家採擇。

> 此次之匪，甚似革命黨所為。其號衣有革命字樣。即旗章亦書有革命漢軍等字。且二十一（日）成事之後（指進城），在鄉間絕無悖於公理之行為。即間有搶掠者，彼黨亦自治甚嚴。其告示中且有殘害同種，毀滅教堂及學堂者斬之語。故起事至今，並未傷害一人。殊為可異。諒此中必有革命黨人從中主持也。[15]

---

[15] 王爾敏編：《袁氏家藏近代名人手書》，台北，中央研究院近代史研究所，民國 90 年 2 月印，602 頁。又，《國父全集》，第一冊，762－763 頁。丙午（1906）萍鄉之役致革命軍首領照會。

革命活動，以其隱秘而富冒險，史跡資料最難發現與蓄存，近代史家應盡力搜輯保存，不能全靠政治起伏而有重輕。在此引據，只是盡責而已。

同盟會之革命運動，十年之間，屢有舉事，而以廣州之役最為慘烈。戰死同志達七十二（張玉法主張 86 烈士）。此雖失敗，而革命之勢與孫中山、黃興之領袖地位，已聲名遠播。孫中山奔走美洲、南洋、日本，籌集起事用費，十年間亦歷盡艱難，而革命同志誰不遙奉孫氏為領袖？故當 1911 年（宣統三年）十月武昌起義成功。各方屬望孫中山回國。而孫氏不自美遄返，反而先赴歐洲，以先與列強大國建立關係得其承認。此亦可知孫氏回國建立中華民國臨時政府時十八省代表有十七省支持孫氏，此即自然之理，水到渠成。是歷盡艱險、飽受風波，備嘗委曲而得，決非容易。

民國肇建之始，政治先知孫文即展開建設國家之雄圖。綜合會觀，自二十世紀初始以來，尤其辛亥革命成功後民國建立之初，這一階段的思想先驅，最初自 1903 年嚴復繙譯《原富》出版。嗣後繼有梁啟超著之介紹生計學理。其時尚未形成「經濟學」這一名詞，二十世紀初，梁氏先後使用平準界、生計學以介紹西方 Economics。正可見其先驅地位。像嚴、梁二人只是向國人介紹西方學問，在供國人參考，亦非其自創見解。自非我人所需檢證國人謀國之宏圖。惟當民國創建之始，所能考見為國謀建設之全面方向者，同一時期，只有三人。其一為張謇所主張「棉鐵救國論」，宗旨在發展輕工業之紡織和重工業之鋼鐵。後來張氏又提出「父教育，母實業」一個主張。其二是康有為提出的「物質救國論」和「理財救國論」。其三則是孫中山所提「全面利用外資政策」。[16]當然，在孫中山一

---

[16] 王爾敏撰：《中華民國開國初期之實業建國思想》，《中華民國建國史國際會議論文集》，民國 70 年印。當時開會宣讀論文，有位學經濟學的姓王的老混蛋擔任分組主席，借這個舞台對拙著大放厥詞，信口雌黃。他不懂歷史，

生之中未及實行其政策。直到 1980 年代後期，鄧小平推行開放政策，纔展開序幕，當時也是摸著石頭過河，而後至今二十年，大陸已是全面利用外資，其相差於孫中山之最初主張已晚了七十年。孫中山初始建國步驟執行全面利用外資的具體實踐，是計畫十年之內建二十萬里鐵路，今日看來這個計畫定能做到，然在當年國人不明利用外資的進行方式與共約的實踐，一些淺薄之人視為全不可能，竟指中山是說大話，由是譏中山為孫大砲，國人漠視，亦不能鑑賞中山的卓見。[17]

當歐戰爆發，中國政治領袖只有孫中山為中國自身利益而反對參戰。史家知道後來受日本、英國影響而參戰。當然是北洋政府如段祺瑞等是為擴張軍力對內用兵而參戰。孫中山特別表現其世界眼光超邁一代之處，是當民國七年（1918）11 月歐戰結束之時，立即擬定國際合作開發中國的計畫，在這年 12 月完成，並以英文本分送戰勝的列強。定名為「國際共同發展中國實業計畫書」。主要是看到在戰爭中生產武器的各大工業勢將因戰爭而停止生產，這會造成大量失業和生產停滯等問題。故而設想國際合作計畫，將西方剩餘物質與龐大生產力移到中國，既幫助中國，也解除西方各國的生產過剩經濟蕭條。可是各國反應冷淡，毫無幫助中國的興趣。只有少數西方政治家有回信。[18]孫中山目光洞察世勢，於歐戰後立見機先，提出計畫，亦使列強獲利，當日西方政治家氣焰萬丈，那裡會投視一分注意，未料在三十七年後，二次世界大戰結束，美國國務卿馬歇爾（George Cotlett Marshall）為挽救歐洲之殘破，而提出

民國元、二年之期，中國學問之中那有甚麼經濟學理論。當時有個實業名詞，內涵也和今日不同。不識時代意義。終至徒費唇舌。
[17] 李雲漢、于宗先、王爾敏合著：《中山先生民生主義正解》，台北，台灣書店，民國 90 年 9 月印，181－229 頁：「全面利用外資政策」。
[18] 《國父全集》，第一冊，485－490 頁，《孫文學說》附錄。

「歐洲復興計畫」（European Recovery Program）。這正是蹈襲孫中山先知的後塵。[19]

孫中山在民國八年（1919）撰成國家全面建設的《實業計畫》，世人熟知，多人熟讀。簡要說是全部有六大計畫，是全面開發中國境內之交通動脈。在沿海對外要建南方、東方、北方三大港。又有二等港三等港以及漁業港之開發。陸上動脈開發全國五大鐵路系統，也有像今日西藏之高原鐵路系統。水上動脈注重濬溰長江、黃河、珠江、運河以及東北西南之國際河流。其中尤具高尚功能，關顧國民生計者，則為第五計畫之五大工業建設，是為糧食工業、衣服工業、居室工業、行動工業以及印刷工業。孫氏對其所作之《實業計畫》之根本宗旨，是很具世界眼光富超邁時代意義。願引據如下：

> 簡括言之，此乃吾之意見。蓋欲使外國之資本主義，以造成中國之社會主義，而調和此兩種人類進化之經濟能力，使之互相為用，以促進將來世界之文明也。[20]

我在二十年前，曾著文「《實業計畫》之時代背景及建國功能」一文中曾引稱此段文字。以表暴孫中山之偉大懷抱與謀國宏識。[21]近年大陸學界亦多有注意，如鍾少華先生，即特別舉證孫氏話語。相距當年已度越七十年之久矣。

與《實業計畫》功能宗旨密切相關的文獻，是即民國十三年（1924）四月十二日孫中山所手訂的《建國大綱》，其第二條短短

[19] 李雲漢、于宗先、王爾敏合著：《中山先生民生主義正解》，213－222 頁。

[20] 《國父全集》，第一冊，654 頁。

[21] 王爾敏撰《實業計畫》之時代背景及建國功能，《中華民國歷史與文化學術討論會論文集》，台北，民國 73 年（1984）印。

數語，表現古今聖哲所共契的仁政要領。雖然世人熟知，也須引據此處，以備參證：

> 建國之首要在民生。故對於全國人民之食、衣、住、行四大需要，政府當與人民協力，共謀農業之發展，以足民食。共謀織造之發展，以裕民衣。建築大計畫之各式屋舍，以樂民居。修治道路、運河，以利民行。[22]

古今聖哲注重人民生存生計者自以儒、墨兩家早具先範。而直接引論人民基本需要者，古今來只有二人。古為墨子之「辭過篇」，內中分別討論人民所需之飲食、衣服、宮室、舟車以及婚姻生育五種。同於孫中山的食、衣、住、行四大需要。[23]對人民而言，這比甚麼高深偉大哲理重要，也比諄諄訓誡忠黨愛國更為重要。環觀二十世紀之中國思想界與政治領袖，沒有人能如孫中山言論之淺俗平易，也沒有人能如孫中山之博愛慈惠。

孫中山謀為中國富強，求效心切，急求劍及履及，能與西方列強爭驂比靳。故而創出「迎頭趕上」一語。此是文學性警世之言。科學家、哲學家斥為不合邏輯推理原則。殊不知文學創作不受約束規範，像李白詩：白髮三千丈，緣愁似箇長。像李後主詞：問君能有幾多愁，恰似一江春水向東流。俱是慫動千古人心，永遠同抱遺憾之呼吁。若要喚醒億萬民眾，有何言詞可以趕上「迎頭趕上」之堅毅勇邁，緊迫急切。雖只簡短四字，卻具有萬鈞衝力，銳不可當。這樣子領導國家，自足以啟動全國人民的建國活力。

---

[22] 《國父全集》，第一冊，751 頁。

[23] 李雲漢、于宗先、王爾敏合著：《中山先生民生主義正解》，291－336 頁，民生六大需要。

　　孫中山謀國的深思遠見，尚有其他方面的卓越表達。在此可以略述，以備後人資證。

　　其一，當民國元年孫中山辭去大總統職位以讓袁世凱。袁氏一意要坐鎮北京，自是主張以北京為首都。孫中山就在同年八月北上到北京。在 1912 年 8 月 31 日，在參議院歡迎會上講演。詳細申言反對建都北京。所持理由甚為簡明，就是認為自 1901 年以後北京已是不設防城市，沿路到天津、大沽以至海口，所有砲台已拆毀。北京暴露在外國武力威脅之下，中國政府中樞備受挾制，豈可以共和國之新政府置於外人刀俎之上，故而力主遷都。這一識見自具深思，至其所欲遷建首都之地，其宗旨則重視南京、武昌。亦是甚切實際。只是也提到西安、開封、太原。其實這三處已決不能當首都之選。中國境內宜於建都之地以北京、南京為最宜，武昌亦夠格。已不可再思考在古都中挑選承擔複雜世局的國政首腦所在。孫中山逝世後，國民黨在北伐成功而遷建首都於南京，這是完全正確。[24]一個國家首都不能有武力自保，反在洋人武力監視之下，有何能力統率全國對外奮鬥，其處境之危殆，亦自可明鑑。

　　其二，是民國元年九月十一日與廣東旅京同鄉梁士詒、張汝翹、陳治安等人共議改建海南為省聯名上書大總統之事。

　　孫氏之與同鄉共議上書大總統，要將瓊州（即海南島）改建為行省。其注意海南早存蓄於甲午戰爭前上李鴻章書時。其年（1894）五月鄭觀應致書盛宣懷，提及孫中山研究農業，計在新疆、瓊州、台灣等地招人大量開發農業。足見孫氏重在農業現代化，而特別可以見出其眼光所及正是注意到帝國主義者之耽耽虎視。其時俄對新

---

[24] 王爾敏撰：孫中山先生的謀國遠識，《國父建黨革命一百周年學術討論會論文集》，民國 83 年 11 月報告。

疆、法對瓊州、日對台灣，俱是貪欲逐逐，存吞噬之志。因乃先以開發此地，以防禦侵奪。

孫中山與旅京同鄉共同商計海南建省，重要對話，為《民立報》在九月十八日刊載報導。其後即草擬四千言「瓊州改設行省理由書」，由孫中山領銜，附簽者有同鄉官紳梁士詒、易廷熹、陳治安、梁孝肅、潘敬、陳發檀、吳棟周、徐傅霖、譚學夔、張伯楨、鍾毓桂、盧信、吳鐵城、馮拔俊、陳定平、陳振先、陳復、林格蘭、林瑞琪、司徒穎、陳啟輝、吳瀚澂、黃毅、楊永泰、張汝翹、林國光、韓禧豐、鄭憲武、金溥崇、黃有益、邢福基、劉天梓、祁耀川、馮裕芳、伍宗珏。此一建省意見書，亦已收載於《國父全集》。[25] 孫中山海南建省的遠識，終於在 1986 年實現。可知其早見機先。只是已晚了七十五年，已是佔建國進程的三個世代。中山建國良謀，應久注入於國人記憶。

其三，最近十餘年之事，人們記憶猶新。八〇年代鄧小平為了力挺共產黨政權而大膽新闢開放之路，號稱有中國特色的社會主義，使久困之國力得以舒解活躍，國家漸致富裕，人民多獲溫飽。大陸二十年生聚教訓，全方位吸引外資，大量投入生產建設，外匯存底日增月盛。正可見出開發經濟建設之效。鄧小平欣然自嬉。得意之餘，發豪語要製造十幾個香港，自可見其開放之決心。我早在八〇年代在香港中文大學告訴人言，今日香港在英人治理之下成為世界三大金融中心之一。其所以造成如此國際大都市，非英人之功也。因為是先毀掉一個上海，纔造成一個這樣的香港。有位從大陸來到香港中文大學中國文化研究所的學者朱承樸先生是親身聽到，並多向其友人宣述。這話早已陳說，並非針對鄧小平。鄧氏豪

25　《國父全集》，第四冊，1409－1413 頁。

語自具開拓宏力，具歷史價值。不過若論誰具政治家宏抱，則可與孫中山作一比較。

民國元年（1912）四月一日，亦即孫中山辭退大總統職之次日，中山應南京同盟會會員餞別會之邀，向同志講演。引解英國、澳洲都市致富之飛速，而亦回論上海都市之更加進步迅捷，因而在會中宣示主張：「中國五十年後，應造成數十上海」。[26]相較於鄧小平之豪語，同為一代政治偉人，而中山自為八十年前之先知先覺。

其四，孫中山亦有使中國超越歐美之主張。時在民國八年（1919）中山手著三民主義之萬言論文。在其中表達其可達成富強之境，直書所言：

> 夫以世界最古、最大、最富於同化力之民族，加以世界之新主義，向為積極之行動，以發揚光大中華民族。吾決不久必能駕美迭（軼）歐而為世界之冠。此固理有當然，勢所必至也。國人其無餒。[27]

孫氏立言自然從容，堅定而信持。

四、學貫古今，識通中西

自我在大學做學生起，所修讀就有《三民主義》課，我的業師是孫德中先生。他的教法是分系統按民族、民權、民生三大主義介紹。我的筆記已早丟掉。在我大學畢業後，接受一年預備軍官訓練，

---

26 《國父全集》，第二冊，216頁。
27 《國父全集》，第二冊，156頁。

在軍中所分到的課外參考書,有《三民主義》、《民權初步》、《實業計畫》、《孫文學說》、以及若干其他教材。在當時我是全讀過。此外,在大學受教期間,也都在校內校外場合聽過崔書琴、任覺五、李宗黃、任卓宣、張鐵君、谷正綱、程天放、陳雪屏等三民主義專家講演,一直到我進入社會,研求學問,見聞到戴傳賢、蔣中正、崔載陽等人的研究論著。使我充分了解這一時代學者,是太過於強調哲學體系。其中最深入並且著名者是我做學生時所聽聞的任卓宣的講演。前一代人真是太過重視哲學理論了。我自然欽佩,卻不願追隨。我相信這一風氣,一時造成,並不能代表孫中山。到我和中央研究院徐高阮接觸後,他是多講孫中山的政策計畫,而不講三民主義哲學,這卻給我的思想開出一條路。後來又結識了李雲漢、蔣永敬兩位朋友。他們是羅家倫識拔的青年學者,也是不講哲學而只講孫中山及其黨人的歷史。這使我可以有信心進入孫中山的研究領域,我是最晚出後進,到二十世紀八〇年代纔有這方面的演講和論著。所循的路子,是承徐高阮先生所指教,而研究孫中山的政策。我在此提到徐高阮,已是我第九次論著寫到他了。

我自來所抱的研究態度,對於孫中山先生這位大思想家,把其著作分開來看。我把《三民主義》當成是政治學而不當成哲學,這毫不貶抑孫中山,而亦決不可多事建立體系,但卻能避免和哲學家引起爭論。我看《三民主義》雖是政治學,卻可與中國古典的《尚書》洪範;《禮記》中庸、禮運;《荀子》王制、富國、王霸等篇相同等看待。那些都是古典政治學,無須當成哲學。

孫中山也有自己的哲學創說,那就是他獨有的《孫文學說》。他所創造的哲學精詣,就是「行易知難」學說,這也是前無古人,為孫氏所獨有。他參照中國《尚書》中的「知之匪艱,行之維艱」而加以反證,創出自己的學說。他的立旨是上承中國古代典籍,而與古人不同者,則是取用西洋的邏輯推理,以例證展開七步行易知難

之論題，這是中國古典著作中一向省略。但卻是現代學術所要求的。《孫文學說》既能承續古老文獻，又能以現代哲學理則證明其前提穩固周備。對於古代是發千載之覆，對於今時是垂百代之教。[28]

孫中山雖在少年在夏威夷讀書，又在香港攻讀醫學，而其早在私塾熟誦四書五經，又在香港隨地訪習名師，十三歲後，已多習西方，而中國基本文化教養已具。進而受教於區逢時牧師，亦得廣泛薰陶，打下國學深厚基礎。每下筆行文，無不典雅簡練。其傳世之文上李鴻章書、農學會創立緣起、民報發刊詞、建國大綱、第一次全國代表大會宣言、實業計畫序以及黃花岡七十二烈士事略序，俱成文學典範，抑且具時代思想先驅地位。為近代思想文獻。（本人有專文研究，探討中山傳統文化素養。[29]）

孫中山雖然長期遊蹤海外，久歷歐美，即未嘗忘卻本來，亦未曾認同洋化。勇於吸收西方知識，其自識則承認承襲中國古來傳統。此點出自徐高阮先生親口相告，並詳述根據來源。是在民國十年（1921）中山在桂林受到俄國顧問馬林的詢問，問他生平學問根源出自何處。這裡可以引孫氏直答之語：

> 馬林曾問先生曰：「你的革命思想基礎是甚麼？」先生答曰：中國有一個正統的道德，自堯、舜、禹、湯、文、武、周公至孔子而絕。我的思想就是繼承這一個正統的道德思想，來發揚光大的。[30]

---

[28] 《國父全集》，第二冊，466－476 頁，民國十年十二月九日，在桂林學界歡迎會講演。

[29] 王爾敏撰：孫中山與其中華文化傳統信仰，《近代中國》，135 期，台北，民國 89 年 2 月刊，56－74 頁。又，本人讀初中時，沈幼文老師授讀：黃花岡七十二烈士事略序，王桂芳老師授讀嶺南大學歡迎會講演詞。

[30] 《國父年譜》，台北，中國國民黨黨史委員會，增訂本，下冊，民國 83 年

我們後生學者，不論如何須尊重孫氏本人的自述，不可妄加裝飾，以使這一家時代先驅之精神理想代表所據之一定歷史地位。後之史家須承認這一責任。

孫中山於十九世紀已具先驅思想地位，其生平自期自信，有多次提到先知先覺，不下十次。不要以為這是一句普通話，這是他熟用《孟子》，而《孟子》則兩度稱引伊尹之言，以先知覺後知，以先覺覺後覺，這是古代聖人承擔天下責任之言。孟子說伊尹是聖之任者也，宗旨在此。中山生平以先知先覺自期，不是隨便說說，而是表現其對喚醒國人之責任。也以此要求同黨同志。

我們若細心閱讀《三民主義》以及孫氏論著講演，可以看到其熟引古籍，特別是直引《尚書》語句。冷僻之書，亦引《列子》。大體已略在拙文敘及，不須於此再引。

歷史家研究歷史須重視年代，重視年代可以掌握歷史真實，而不至為時代風氣以至曲解蒙騙所欺。這裡舉孫中山在民國八年六月十二日的信，可以看到孫中山之強烈的肯定前一個月所發生的五四運動，其信中語句之可貴，是肯定五四的正當內涵，也就是因中國為歐戰戰勝國，竟不能收回山東青島與膠濟鐵路沿線特權，反被日本帝國主義者搶奪過去，因是爆發五四運動，他的明確徽幟是「外抗強權、內除國賊」。這是五四運動的正統內涵，並沒有其他附帶的色彩。孫中山的信可以引以為證：〈復顏德基書〉：

> 月來國民怵於外患之烈，群起救國，民氣大張。是足證國民智識之進步，公理之終足以戰勝強權也。[31]

---

11 月印，1168－1169 頁。

[31] 《國父全集》，第三冊，622 頁。又，同前書，623 頁，民國八年六月十八復蔡冰若函云：「試觀此數月來全國學生之奮起，何莫非新思想鼓盪陶鎔之

孫中山身在當時五四之年，肯定五四運動，是契合於當時情景與人心動向。未料後之文人粉飾虛矯，加上許多內涵，像新文學、新文化、白話文、科學與民主，以至新人生觀，一概被納入五四運動。而五四這一天，這一年的真實歷史卻被排擠全然不見。尤可恥可鄙者，是一些下流文人在此中偷食成果，享盡香火。史家若忠於歷史，就該加以澄清。最妥善之法，仍然須有良知史家，就歷史脈絡，再從一團混沌中，本之史實，辨其理路，無論如何偉大運動，仍要就史實各尋淵源。使新文化運動，新文學運動，新人生觀運動，白話文運動，科學與民主運動，各歸各路，不要再戴五四運動的帽子。以免蒙混大眾。各路神主各歸各廟，受人崇拜。

想一想二十世紀三十年代流行風氣，新文化運動風靡全國，那一代的文獻俱在，看看這個狂熱的運動之下，只見有人譁眾取寵，有誰會表達反對呢？我們只能找到孫中山一人。他是諄諄相告，要繼承中國的固有文化道德，反對外來的新文化。在此可直引其言：

> 講到中國固有的道德，中國人至今不能忘記的，首是忠孝，次是仁愛，其次是信義，其次是和平。這些舊道德，中國人至今還是常講的。但是現在受外來民族的壓迫，侵入了新文化，那些新文化的勢力，此刻橫行中國，一般醉心新文化的人，便排斥舊道德。以為有了新文化，便可以不要舊道德。不知道我們固有的東西，如果是好的，當然是要保存，不好的纔可以放棄。此刻中國正是新舊潮流相衝突的時候，一般國民無所適從。[32]

功？故文以為灌輸學識，表示吾黨根本之主張于全國，使國民有普遍之覺悟，異日時機既熟，一致奮起，除舊布新，此即吾黨主義之大成功也。」

[32] 《國父全集》，第一冊，55頁，民族主義第六講。

　　八十年來中國文化進步多少？文化創造又有那些？恐怕是一言難盡。台灣有四十餘年很講究民族精神，很重視民族道德，很用心兒童教育，普及教育。而至今又多年置諸腦後。高等華人，提倡做世界公民。到那一國也做不成官，還是回到台灣做官。世界上文明之國上百個，沒有一國接納世界公民，如要到訪，須有國家簽證。如要入籍，須按法律程序。捨此辦法，只有偷渡，會被逮捕入獄。世界公民，沒有市場。學問雖大，不可欺騙愚民。

　　中國自古以來，代有文豪、聖哲，闡明天地間人情物理，而習故蹈常，亦有熟知而不覺，常行而不察者。孫中山論行易知難，而舉中國千古以來各類傳世之文章為例。舉證中國三千年來，代出文豪。有不朽之作，而文家如此高妙表現，竟是向來不講文法，並且不知文法。以中國文學而論，自十九世紀末上溯古代，三千餘年並無文法之書。第一種文法書出於馬建忠所著《馬氏文通》，其書傳世已至二十世紀，馬氏當是中國第一個重視文法之人。孫中山於民國七年（1918）討論中國自古沒有文法，而能創造優美文學，在表陳其行易知難理論。與我們當代文家來比，只有孫中山說出沒有文法是中國自古以來文學特色。[33]

　　孫中山雖然不是文學家，而其對文學領悟與文章功夫卻自具特識，如其應答鄒魯所詢鑑別文章之法云：

> 　　一篇文章能當做一章讀，一章文章能當做一段讀，一段文字能當做一句讀，這便是好文章。因為唯有這樣的文章，全篇氣勢纔能貫注，作文之道亦如此。[34]

---

[33]　同前書，443－446頁，《孫文學說》。
[34]　《國父全集》，第二冊，844頁。

　　於此言可見中山個人之文學嚴格態度與其造詣。中山著文典雅簡潔，用字講究隨處可見。與並時之張謇、嚴復、梁啟超等人具相同地位。此四人之書我俱已大部通讀，立言願負全責。

　　當民國初年文學革命風靡全國，孫中山未見有任何反應。茲事體大，謹言為上，自遠不及文學家之狂熱。有一端則見出孫中山相當反對新體白話詩，完全持否定態度。孫氏在民國七年（1918）向胡漢民表明其對古今詩的看法：

> 中國詩之美，超越各國，如三百篇以逮唐宋名家，有一韻數句，可演為彼方數千百言而不盡者，或以格律為束縛，不知能者以是益見工巧。至於塗飾無意味，自非好詩。然如「床前明月光」之絕句，謂妙手偶得則可，惟決非尋常人能道也。今倡為至粗率淺俚之詩，不復求二千餘年吾國之粹美，或者人人能詩，而中國已無詩矣。[35]

　　中山申言堅定明確，出於明慧估斷。在庸庸眾生之前，作反乎風潮之論。定使百年來文家沮喪失望，新詩名家自必憤憤不平。新文學之興起，非出於一二人之提倡，亦非一朝一夕形成。有遙遠背景，早種於十九世紀之口岸文學。民國以來，小說躍居文學主流，其來由亦始於十九世紀。小說、散文原與明清以來文學相接相承。獨有新詩是完全追隨西方文學，二十世紀五十年代以後，如非出身外文系，是無法擅寫新詩的。大多文學名家先出自於西洋文學教養，方能成器。此點關建，是孫中山所不能早料及的。惟我仍崇重孫氏在文學大潮流中獨出逆耳之言，英雄偉人自有信持，不可奪也。

　　現在進一步略論孫中山通達中西知識文化之識見。

---

[35] 同前引書，842 頁。

　　孫中山少年時代先後在檀香山、香港讀書，全部承受西人之英制教育，又習西醫，自亦接受西洋文學科學之薰陶。自三十歲又經常遠遊歐、美、南洋、日本，海外遊踪，歷十六年之久。其所流觀親接，洞悉西洋文化各方面之特色，熟知其長短優絀。惟其本人志節，始終持中國本位優先之見，畢生不易。

　　我個人的認識，不主張把三民主義體系化、哲學化，那是本之於孫中山個人的意見。他不認為歐洲哲學優於中國，也不主張向歐洲學習政治哲學，明白說他在三民主義中民族主義第四講已宣示明白：

> 在數百年以前，歐洲還是不及中國。我們現在要學歐洲，是要學中國沒有的東西；中國沒有的東西是科學，不是政治哲學。至於講到政治哲學的真諦，歐洲人還要求之于中國。諸君都知道世界上學問最好的是德國，但是現在德國研究學問的人還要研究中國的哲學，甚至于研究印度的佛理，去補救他們科學之偏。世界主義在歐洲，是近世才發表出來的，在中國二千多年以前，便老早說過了。我們固有的文明，歐洲人到現在還看不出，不過講到政治哲學的世界文明，我們四萬萬人從前已經發明了很多；就是講到世界大道德，我們四萬萬人也是很愛和平的。但是因為失了民族主義，所以固有的道德文明都不能表彰，到現在便退步。至於歐洲人現在所講的世界主義，其實就是有強權無公理的主義，英國話所說的「能力就是公理」，就是以打得的為有道理。中國人的心理向來不以打得為然，以講打的就是野蠻；這種不講打的好道德，就是世界主義的真精神。[36]

---

[36] 《國父全集》，第一冊，43 頁，民族主義第四講。

　　這段申論，反映出中山是充分分辨優與絀，對與錯的，指出重點，決不妄加論斷。中山所著三民主義，他是無意和西方哲學對峙，但卻一心在繼承中國的古典政治學，就是中國固有的道統。

　　孫中山自以繼承中國固有道統為志業，實亦不避言大肆吸收現行之西洋政治思想。三民主義自是中山所構創，而分別則有中國最古與西方最新之學問道理。五權憲法亦是吸收西方三權分立而配上中國固有之監察、考試兩權而合成。真正純為中山所自創之哲學，只有行易知難學說。

　　孫中山亦決不諱言其吸收西洋學者之理論。明言承受崇重Henry George 的社會主義，茲可舉證其言。民國元年四月四日在上海答《文匯報》記者：

> 孫君又謂：余乃極端之社會黨，甚欲採擇顯理佐治氏（Henry George）之主義施行於中國。中國無資本界、勞働界之競爭，又無托拉司之遺毒。國家無資財，國家所有之資財，乃百姓之資財。民國政府擬將國內所有鐵路、航業、運河及其他重要事業，一律改為國有云云。[37]

　　孫中山對於中西文化特色，辨其異同，遇平常事體，亦作比較，持平立論，可以發人深省。如其所舉中西建築，西洋以奠基為重，中國以上樑為重。而功能相同，各具深意。此即平常事體見其真理之處。

　　孫中山有一點學貫古今識通中西的確切明證，必須在此清楚開據，宣示國人。這就是他對於帝國主義（imperialism）的看法。然後，再申敘反帝國主義之決心。

---

[37]　《國父全集》，第二冊，796 頁。

　　幾年前李雲漢先生與我合著《中山先生民族主義正解》，承他好意推轂，要我寫書中四章，而其中有「反帝國主義的民族自救思想」是我執筆。我引括一段中心言論，不但世人不以為奇，連學者史家也不能見出精彩。我必須在此詳加解說，但只先引一段簡短文字如次：

> 歐戰之前，歐洲民族都受了帝國主義的毒。甚麼是帝國主義呢？就是用政治力去侵略別國的主義。即中國所謂勤遠略。這種侵略政策，現在名為帝國主義。歐洲各民族都染了這種主義。所以常常發生戰爭。幾幾乎每十年中必有一小戰，每百年中必有一大戰。[38]

　　這段文字看似很平常，卻表現中山博通古今中西之學問。中山是十九、二十世紀兩世代數百思想名家中第一個指出：西方的帝國主義在中國古代是叫做「勤遠略」。如對古史不熟，是想也想不到作此通解。當今政界學界論帝國主義者累千百計，無人能見到此點。正見孫中山之悟力過人。十九世紀只有一位思想家薛福成曾重視「勤遠略」這一觀念，他的著書我已全讀，只是其所寫是談唐代人物李德裕。對於牛李黨爭，批評牛僧孺進士輕薄，不如門第出身的李德裕。牛氏在朝中力詆李氏「勤遠略」之非，而其時土番強大，西疆幾無寧日，若非李德裕之經營，唐人更難自保疆宇。清光緒中葉，帝國主義一詞尚未出現，而薛氏無法作相同聯想，但其言論中，已不同於前古通行之言，「聖王耀德而不觀兵，撫萬民而不勤遠略」。故可知十九世紀之思想界已現改變端倪。十九世紀思想家尚

---

[38] 李雲漢、王爾敏合著：《中山先生民族主義正解》，台北，台灣書店，民國88年2月印，170頁。

有不少人提示中國傳統政治這一特長，但決未嘗涉及帝國主義。及至二十世紀，一百年間，惟只能見中山一人提出此項詮釋，一語點醒世人。通解而讀其書者，尚不知其難能可貴。

現在再順舉旁證，也讓我們各界學者見識見識：

> 再就文化說，中國的文化比歐洲早幾千年。歐洲文化最好的時代是希臘、羅馬，到了羅馬才最盛。羅馬不過與中國的漢朝同時，那個時候，中國的政治思想便很高深，一般大言論家都極力反對帝國主義。反對帝國主義的文字很多，其中最著名的有「棄珠崖議」。此項文章就是反對中國去擴充領土，不可與南方蠻夷爭地方。由此便可見在漢朝的時候，中國便不主張與外人戰爭；中國的和平思想到漢朝時已經是很充分的了。到了宋朝，中國不但不去侵略外人，反為外人所侵略，所以宋朝為蒙古所滅。宋亡之後，到明朝才復國，明朝復國之後，更是不侵略外人。當時南洋各小國要來進貢歸化中國，是他們仰慕中國的文化，自己願意來歸順的，不是中國以武力去壓迫他們的。像巫來由及南洋群島那些小國，以中國把他們收入版圖之中，許他們來進貢，便以為是很榮耀。若是不要他們進貢，他們便以為很恥辱。像這項尊榮，現在世界上頂強盛的國家還沒有做到。[39]

像這裡孫中山所引的漢代掌故，別說是通常人，就是歷史家能夠說有幾人知道？我之作此例證，要據實保證本文的標題。他不愧是學貫古今，識通中西。

---

[39] 《國父全集》，第一冊，40頁，民族主義第四講。

關於中山先生的民族主義，其中的廢除不平等條約一章，也是由我執筆。中山思想始終一貫，可查其民國元年（1912）的談話和民國十三年（1924）的前後一致，甚易查對。不平等條約之內涵有多種類項，都必須廢除並收回主權。而其中的口岸租界是最顯著，中山在民國元年和十三年均曾受到記者訪問，茲舉孫氏民國十三年（1924）十一月十七日在上海回答日本記者的訪問：

> 余之宣言，已見今日之報，除此之外，他無可言。惟余知某方（住滬洋人）於余之來滬有所激論。如此事固實，則余須警告外人，即上海在中國境內，外人僅立於賓客地位，我華人實為主人翁。此節外人須牢記。又云：租界遲早必須收回，華人對於收回租界事，久有非常之決心。[40]

於此可見中山對於不平等條約之深熟，持之恆久，自民國元年至十三年，均表達收回租界之決心。

民國十三年孫中山應北方政府領袖之邀，於十一月道經上海乘日本輪船過神戶進航天津。到日本神戶候船之期，受到紳商學界歡迎。其時日本正具領導亞洲之心，出相同題目請孫中山作一次講演。論題就是「大亞洲主義」。中山全集中講題照舊，我以為後人研究，不可亂改泛亞主義或亞細亞主義。這不合中山本人的宗旨。必須用「大亞洲主義」方合原來日紳命題之意。大不是泛，不是擴大，不是盛大，不是偉大，而是著成重大之意。是強調亞洲人之團結，共圖亞洲之富強之意。大亞洲主義就是把亞洲列為優先看得重要的一種主義。凡研治中國經學，都談及「大一統」觀念。也是一樣。也不是強大，不是偉大，不是擴大，而是重大。

---

[40] 《國父全集》，第二冊，869 頁。

所以在中山先生民族主義正解中這一章是由我執筆，敢向學界識者請教。

在此附帶說，研究孫中山大亞洲主義問題者，中日學者皆有前論，我是後進。其中特別推荐讀者去閱讀彭澤周先生所撰「論孫中山先生的泛亞主義」。我是受其啟發而寫成這一章。[41]

民國十三年十一月二十八日，孫中山在神戶應日本政教各界五大團體之邀，講演大亞洲主義。簡單說，他深切申說當前亞洲大部分淪為歐美列強的殖民地，而能獨立之國只有中國、日本、土耳其、暹羅數國，各國務要團結，力抗外邦侵略，並挽救已沉淪國家。特別對日本寄予最大希望，由於日本已是世界一等強國，最有資格領導亞洲各國，對抗西方列強。中山熱望日本上下能夠承當領導亞洲責任，各國勢必追隨日本而得拯救。中山雖對日本如此恭維寄望，但也提出最後警言。可謂是透闢深入，伊原澤周先生特別標示出來。本文只能照抄中山原語：

> 你們日本民族既得到了歐美的霸道的文化，又有亞洲王道文化的本質，從今以後，對於世界文化的前途，究竟是做西方霸道的鷹犬，或是做東方王道的干城，就在你們日本國民去詳審慎擇。[42]

中山此時只是一介平民，未負任何政治責任，而在日本講演，仍站在國家民族立場，善意勸戒日本。驗之近時身膺政要高職，其在走訪日本記者面前作何辱國言行，其奴顏婢膝，諂佞取媚，世人共見。把這類寡廉鮮恥之輩，可以比照，以見高下。

---

[41] 伊原澤周撰：孫中山先生的泛亞主義，《國父建黨革命一百周年學術討論集》，第一冊，452－473 頁，台北，民國 84 年刊。

[42] 《國父全集》，第二冊，770－771 頁。

五、結論

　　但凡古今政治領袖，其為國家元首，或一黨黨魁，所具品詣修養，才學能力，抱負節操，眼光識斷，均須超越恒流，具獨特稟質。今世習見常稱領袖魅力，具有感人服人之風範。自必為領導他人之特質，說來輕鬆，而刻求甚難。看似面面具體，實亦不免抽象概念。此所以研究歷史最不容易之理。

　　本人治史，就事論事，必須衡時度勢，而不刻舟求劍。史家忠於史事，不可任意臧否。所見古之偉人，歷萬難渡魔劫，而史家輕鬆評騭，如隔岸觀火，不知他人之艱鉅困難，而任情批評高下，指畫賢愚。又有甚麼春秋責賢者，這種鬼話，最為茫昧狂瞽。這原是經學家觀點，迂腐而不顧他人艱危。政治領袖，出生入死，日在險惡中掙扎，國與國間，爭權挈勢，爾虞我詐，危機四伏。怎可用聖賢尺度裁量。必是道貌岸然，毛舉細故，信口雌黃。那能天下一切容易之事全由文人做盡？史家必須自重自愛，多聞闕疑，慎言其餘。總而言之，治史必須洞察古人今人之不同處境。我在此談論孫中山是兢兢業業，小心謹慎。前揭四章，析論經緯。必據史料而推演論斷，以期多人俱能接受，決不標榜新奇。我之研究入手，是就十九、二十兩世紀中國思想先驅作全面評估，從多數比較中，看孫中山歷史地位。年代學的把握決不含糊，在同一時期，以累百數之各家思想可會觀而見高下，不會輕下評斷。前面各節，各有重點，尚不能充分介述中山之優長，茲願稍列數端，補陳於後。

　　其一，誠信。政治領袖誠信為其第二生命，率行天下，豈可言而無信，朝秦暮楚？中山生平講究，有明切之信持，寧使天下人負我，決不負天下人：

寧願天下人負我，不願我負天下人。天下人可以欺偽成功，我寧願以不欺偽失敗。予讀中外史冊，凡聖賢英雄，皆以誠率成功，及身有不成功者，而成功必在身後。吾人有千秋之業，不在一時獲得之功名榮辱也。傳曰：「修辭立其誠」。古人言語文字，尚以誠意為要，況事業乎？「耶穌曰：「誠實者無後患」；孔子曰：「正心誠意，不誠未有能動者也」。華盛頓昭大信於美洲，唐虞格有苗于干羽，諸葛亮七擒孟獲而不誅，貞觀放囚徒歸而皆返，雖漢高祖之漫罵，朱元璋自述父行乞，而己為僧，亦不失真率之道。此予讀中外史，知其所以成功，而底於滅亡者，誠則有物，不誠無物而已。歷代以欺世偽術而得大業者，滅亡不及其身，及其子孫，此篡弒攘奪殘民以逞者，可不懼哉！予之律己，對人無虛言，馭人無權術，一本誠率，人皆諒我，予一人已成功矣。[43]

中山自己說得十分堅定清晰，洞察史事，領悟深澈。不須後人疏解，自可了然於心，以對照當世人才，便有分數。

其二，謙卑。做政治領袖，自古聖君賢相有聲名於後世者，其紆尊降貴，屈己下人，為網羅人才所常用之智術。不但要誠懇相待，同時亦要虛心聽教。著名者甚多，不須細舉。孫中山既要領導全國國民，其對國民的姿態不是高高在上，氣焰薰灼。中山對全國國民自稱是天下公僕。在其一生，見諸文字者不下十次，皆以公僕自待。須知十九、二十世紀以來，公僕係新輸入名詞。因嚴復於光緒二十一年（1895）向中國介紹公僕一詞，入於二十世紀初，又有梁啟超介紹，稱言西方領袖自稱你的公僕。惟更重要人物有二，在二十世紀，只有張謇和孫中山二人以公僕自命，非指別人。惟使用最多者

---

[43] 《國父全集》，補編，台北，中國國民黨黨史委員會，民國74年印，243頁。

為孫中山。張謇是在實業上對股東自稱公僕。而孫中山則是真正對全國人民自稱公僕。我是有專門研究的。[44]

其三，大公。做政治領袖，凡要率眾，就必須大公無私。歷往至今，所見多難恭維。孫中山奔走革命，十六年飄洋過海，聯絡同志，籌募起義資金，十九畫餅充饑，受盡委曲，畢生鬧窮。而其私用檢點，久為同志傾信，追隨之士，俱為一代英豪。中山常言人生不如意十常八九，是生平閱歷之言，一語帶過，而不知其曾經多少屈抑苦難。這尚是個人細節。中山高遠之處，在對全國國民，追求《禮運》理想，引重天下為公之目標，以獻身為國為民。據儒家政術明教，孔門子游一派之政典，立為擔當治國信念與救焚拯溺之重責。

孫中山示大公於天下，以人民公僕自任，而其直抒謀國入手，倡為「主權在民」之說。前後立論申述，不下十次。天下為公，自是主權在民，係中山明白詮釋，畢生服膺。環觀我國十九、二十世紀，先驅思想名家不下數百，而主張「主權在民」反覆熟誦者，只有中山一人。[45]

此前我嘗三次著論，申解孫中山革命之歷史意義。願再略陳，以堅定我素抱之論點。鄙人認定孫中山領導之革命是知識分子革命，歷史上前無古人。本人認定孫中山之革命是軼越商湯、周武，遠邁漢高帝、明太祖。東漢人王充在紀元一世紀七十年代，已詳論漢高帝之起義抗秦，是超越商湯、周武。[46]雖然如此，二千年來，世人多不能知，傳統師儒更不重視，迄今少人注意。余則欽服王充所見甚遠甚早，請學界覆按查驗。我今再論前事，以為湯方七十里，文武方百里，已是

---

[44] 王爾敏撰：中國近代之公僕觀念及主權在民思想，《中華民國建國八十年學術討論會》，台北，民國八十年（1991）印。

[45] 同前引書。

[46] 王充著：《論衡注釋》，第三冊，北京，中華書局，1979年印，1092－1108頁，宣漢篇；1109－1134頁，恢國篇。

方伯諸侯地位，據有一定憑藉，革命亦具聲勢，此亦早為王充論及。故推重漢高原出一介平民，起義抗秦，而得天下。然我則合漢高帝、明太祖以崇重其平民起義，原無憑藉，而號召英豪，推翻暴政。較權臣外戚之篡弒，得國順正，至足頌揚。然其二者得國，皆傳之子孫，尚非完美。中國古今三千年歷史，惟孫中山出身貧苦農家，一介平民，以文字號召革命，各地英雄響應，肇建共和民國，不傳子孫，不貪名位，實是軼越湯武，遠邁漢高帝、明太祖，如此英雄偉人，三千年不世出，我輩史家豈可不慎加載錄，以示後世？[47]

以吾粗淺之見觀之，二十世紀全世界偉人，若科學、文學、藝術、宗教、學術、政治各自統計，不相混併，其在此一世紀之偉大政治家，當推居最前者有美國之韋爾遜總統，以其在第一次世界大戰時提出民族自決之號召，雖未成功，而卻實現於二次世界大戰後。其同等者則為孫中山，不但創建民國開中國民主新紀元，亦是生平提倡濟弱扶傾之國際和平主張，幫助亞洲被壓迫民族。自是一位偉大政治家。再一位應為印度之甘地，他一生奮鬥謀求印度獨立自主，終達目的。至於像歐洲政治領袖邱吉爾、羅斯福、史達林等人，俱是關係帝國主義產物，好像到處救火，焦頭爛額，基本上全用心於武力平衡，抱均勢主義，謀國際利益，鈎心鬥角，彼此牽制，互爭勢力範圍，劍拔弩張，寸步不讓。世界愈治愈亂，有何造福人類之處可言。而洋人視為不世之功勳。何益於世界人類共享和平，不過站在不同觀點，輕重有別，吾則不信從他人偏頗之定位。

民國 92 年 7 月 19 日寫於新大陸之柳谷草堂

---

[47] 王爾敏撰：孫中山先生與其國父稱號，《近代中國》，130 期，台北，民國 88 年 4 月印，6－10 頁。

孫中山先生與其國父稱號

　　中國歷史著作，「春秋」筆法，主張「名從主人，號從中國」。數千載以來，為史家定識。惟自古帝王將相，聖賢傑士，除其本名之外，死後又有諡名，其本人並不預知，而真能傳世者，往往出於後人所贈的諡號。世人多不知小白但知齊桓公，不知重耳但知晉文公。不知劉恒但知漢文帝，不知劉徹但知漢武帝。俱是以死後諡名，遠播百代，其本名則不具重要。這也是史書常例。數千年的中國史上歷代帝王將相，未嘗有任何一人事先預知其死後諡名，此正可見史法格局，向來受到尊重，足以取信於天下，傳示至百代。

　　諡名的規制，創自西周，有〈諡法解〉載之於《逸周書》。諡名不盡為美譽，也有不少惡諡。厲王、幽王、煬帝固是詆譏昏暴，獻帝、懷帝、愍帝亦俱是國家淪亡喪亂的諡號。所謂蓋棺論定，正足以警惕主政者表率萬民所當存有的戒懼。

　　今世已是民主時代，諡法名號從此塵封，三千年帝君制度俱已革除，民人自做國家主人翁，自總統以至百官群僚，都是民人的公僕，這一個有史以來重大的開新局面，是誰所創造的，就是孫中山。

　　中華民國肇建已九十九年，孫中山逝世亦有八十餘年，學界研究孫氏論著不下萬餘種，今後趨勢尚在擴展之中，憑各家智慧論斷，已多獲有一定共識，特別在孫中山的名諱與國父稱號，正宜在此作一個綜合澄清，並就教於國人。

孫中山原來譜名德明，惟凡其自署，多書寫孫文字逸仙，英文簽字俱用 Sun Yat-Sen，學界自當是公認孫文字逸仙為孫氏自主正名。前輩李定一先生曾在香港親自向我表述此一觀點。吳相湘先生手著《孫逸仙先生傳》亦正代表肯定正名。兩位前輩俱是本於「名從主人」之義，當是立足堅穩。因是在學術上討論問題，儘可書寫孫文或孫逸仙，絕無任何爭議。

惟回頭思考我國群民常用孫中山以稱孫氏，為共喻共曉，久成一國通習。拙見以為，使用此名，正足以紀念孫氏一生革命的艱險辛酸歷程。孫氏革走革命，實負生命危險。清廷視為叛國大罪，到處通緝追捕，駐外使領亦隨時訪查緝拿。孫氏流亡漂泊海外，不能不隱姓埋名，變易服飾。因其多次匿居日本，就便即改署中山樵名號。孫氏嘗自述，在日無時不受若干日本警察跟蹤，甚至大聲喝斥，不假辭色。雖是桀犬吠堯，亦無不忍氣吞聲，包羞含辱。中山之名所表狀者，尤甚於孔子陳蔡之危，晉重耳受曹子之辱。國人紀念孫氏，不忘其苦難經歷，表現了甘棠之風，當用此名為宜。同時，中山陵早已成為國家名勝，馳譽中外。中山大學亦長期培育英才，濟濟多士。無須再有所改易，壞已成之局。故願仍舊稱孫中山，以為從俗從眾。

國人推尊孫中山為國父，是孫氏死後多年之事，此一尊稱起於民國 29 年（1940）4 月 1 日出以國民政府的正式表揚，以渝文字三一九號訓令通告全國。其文稱：「倡導國民革命，手創中華民國。更新政體，永奠邦基。謀世界之大同，求國際之平等。光被四表，功高萬世。凡我國民，報本追遠，宜表尊崇。」（《國父年譜》下冊1619 頁）此是中華民國政府明令。我為國民，自是遵行惟謹。國家政令，監司百僚自當奉戴實踐，萬民為國家宗主，其崇敬開國先驅，偉人聖哲，自須充分了然其重要，辨識其意義。本人不揣固陋，願為此政令內涵，略加詮釋，以供國民參酌。

其一，中國四千年世傳家天下的帝君政治，在我們這一代二十世紀，被根本推翻，政治體制完全改變，此是四千年一見的重大變局。抑且孫中山起義革命，以小搏大，推翻滿清，其領導國民革命是英雄造時勢。可謂歷盡百劫，出死入生，屢仆屢起，百折不回，領導同志，奮鬥到底，終能肇造民國。故一切因孫氏而起，亦因孫氏而變。正見出英雄偉人格局，國家今日任何要政，皆由此革命成果而來，豈可不紀念前人功烈。

其二，在中國四千年歷史上對照比較，若湯武革命原是貴族革命，若漢高帝、明太祖雖是平民起家，而仍是建臣家天下專制王朝。故以革命意義而言，孫中山是功蓋湯武，漢高帝、明太祖亦遠出其下，如此偉人，如何不崇敬尊仰？

其三，孫中山倡導政治革命，一意推翻專制政權，其成功因素與建立中華民國志節，均在於其出身於完全平民家庭，其根本思想習慣，毫未沾染官吏習氣。與原出身於世家門第官僚身世之人迥然不同。故能隨時放棄官位，簡化排場，甚至視總統如傳舍，棄權位如敝屣。在中外歷史上俱難得一見。故其一生行事，是創格完人。故他能勸人要做大事，不要做大官，真是聖哲明訓。此話國人可以永遠奉為圭臬。

其四，近代自光緒 22 年（1896）嚴復介紹公僕觀念到本國。嗣後又有梁啟超、張謇自命為公僕，而惟孫中山一生自視為人民的公僕，隨處申明政府官員為人民公僕。可謂既深知又力行。更重要者在其主張主權在民，此一思想為孫氏所獨有，起自民國元年，歷年多有陳說，不下十次。我人讀其所言所行，真可奉為政治典範。

其五，樂觀遠見，寬大宏忍，尤為孫氏一個特出的政治風格。劉成禺紀錄孫氏所言：「寧願天下人負我，不願我負天下人。天下人可以欺偽成功，我寧願以不欺偽失敗。」予讀中外史冊，凡聖賢

英雄，皆以誠率成功，及身有不成功者，而成功必在身後。吾人有
千秋之業，不在一時獲得之功名榮辱也。傳曰：修辭立其誠。古人
言語文字，尚以誠意為要，況事業乎？耶穌曰：誠實者無後患。孔
子曰：正心誠意。不誠未有能動者也。華盛頓昭大信於美洲，唐虞
格有苗于干羽。諸葛亮七擒孟獲而不誅，貞觀放囚徒歸而皆返，雖
漢高祖之謾罵，朱元璋自述父行乞，而己為僧，亦不失真率之道。
此予讀中外史，知其所以成功。而底於滅亡者，誠則有物，不誠無
物而已。」（《國父全集》，補編，243 頁）如此坦蕩胸懷，超卓眼
光，真是英雄聖賢本色，千載以下，永遠令人敬服。

其六，當滿清末造，中國備受帝國主義者侵略壓迫，人民流離
疾苦，真是國家近於危亡。本來歷有先知志士，提出富國強國建策，
清廷無能而貪私，不能變法改制。國勢日趨於困危。會觀此一代人
物的救國宏論，其中只有三人有通盤熟思審計者。其一為張謇的「棉
鐵救國論」，重在發展輕重工業，並提出「父教育、母實業」的入
手程序，自是具體可行。其二，為康有為的「物質救國論」與「理
財救國論」，重在發展實業，改革財政，並在此兩計畫詳細列述條
目步驟，更較深思完備。其三，為孫中山的「三民主義」、「五權憲
法」以至「全面利用外資政策」，均發布於同盟會初期時代，尤見
深思周密而具推行實效。我人研考歷史，平情衡量其同代先驅聖
哲，亦必當推尊孫中山的救國思想為優越可取。

其七，我人從孫中山生平言論，可以明見他於一時代倡導風
氣，鼓舞國人，十分重視先知先覺，生平屢屢言及，不下二十次，
基本上是效法伊尹，當是熟讀《孟子》而抱此觀點。細加尋繹，則
可見中山先生諸多建國遠識具永恒價值。他在清光緒 33 年（1907）
即倡言開發長江三峽水力發電，嗣為今日中共所取法施行。他在民
國元年（1912）以正式建設鐵路計畫，實踐全面利用外資政策。實
至 1980 年代鄧小平挽救中共經濟困局，而不得不採用全面利用外

資。直迄今時，已獲致一個開放新局。再看中華民國 8 年（1919）中山先生的《實業計畫》，總結所言：「此乃吾之意見，蓋欲使外國之資本主義以造成中國之社會主義。而調和此兩種人類進化之經濟能力，使之互相為用，以促進將來世界之文明也。」而經鄧小平、江澤民於近二十年之作為，豈非俱是藉外國資本主義資金技術，以開發有中國特色的社會主義，這種有中國特色也者，豈不正是步趨孫中山的《實業計畫》？再看 1957 年代毛澤東倡言「超英趕美」，世人不明前事，或相信是毛氏創說。若論創說之人，應以孫中山為開路前驅。民國 8 年中山先生講演三民主義，提出實行三民主義可獲其預期結果。乃申言：「夫以世界最古最大最富於同化之民族，加以世界之新主義，而為積極之行動，以發揚光大中華民族。吾決不久必能駕美迭（軼）歐而為世界之冠。此固理有當然，勢所必至也。」（《國父全集》，第二冊 156 頁）於此俱當見出中山先生的過人遠識。尤其在對國家之擔當勇任，樂觀信持，奮鬥不懈，最足以贏得全國人民的擁戴。

我們有幸生存於民主共和時代。帝君高遠，民人卑下，天皇聖明，臣奴昧死，這種政治，早已革除淨盡。上自總統下及百僚，全是我們腳底下的公僕，替我們人民辦事。若果不忠不實，毀法亂紀，狂妄自大，違背民意，定遭國法懲處，中山先生在天之靈亦不予寬恕。我們敬重中山先生尊稱為國父，是感謝他賦予我國人一個新時代，開創一個民主世紀。今日一切，俱是孫中山一生奮鬥得來，他是我們全國人心目中民權、民主的國體象徵，敬重他紀念他，是表現我們繼承的決心，更是保障我們每個人的團結力量。國父名號，只是我們大眾表白心意的符號，在孫中山並不重要。在我們人民大眾，則代表全民族偉大人格的肯定，保持信心與自重。

國父名號之認識基礎

　　自本年 1 月 25 日報紙披露：國立編譯館付印中新版國中歷史教科書，對於孫中山先生直稱其名而不稱國父，社會頗多議論。

　　我現在決定要提出一些簡約的認識基礎，是因為在 2 月 20 日又在《聯合報》「民意論壇」讀到海外人士孫穗芳的文章：〈國父是歷史事實不容改變〉。想想現在還在國民黨政權統治之下，而創黨人國父的名號已弄到自陷於爭議之中。令人不免有今日何世之感。尤且一開始就關繫到對於歷史意義的判斷。我身為一個歷史家，若果緘默不言，直是失職。故願提出史事背景，略作澄清。

歷史淵源背景

　　最簡捷了當的固定規程：國父的稱號是民國 29 年由國民政府明令通告全國實行。今天中華民國尚未滅亡，而主政者仍是國民黨政權，儘可以通令全國廢止之。想想這個簡明道理，不須多說，正待深思。

　　若要深思，實須仔細參考歷史淵源背景，並評估我全國國民奉行此令之何以維恭維謹。

　　先說歷史背景：父字不惟只限於父子的稱號。也是對尊長的一種敬重稱謂。相信在今日也還是大家的普通常識。不必遠舉一般性的稱謂。單就專指專人而言，早在三千年前的西周，武王就稱姜尚

為「尚父」。周代史官也直記載「尚父」，可參看《逸周書》克殷解（此篇出於周初史官），同時也可見於太史公的《史記‧周本紀》。春秋時代紀元前七世紀齊桓公稱管仲為「仲父」，可參看《管子‧霸形篇》。秦末楚漢相爭之際，霸王稱其謀臣范增為「亞父」，可參看《史記‧項羽本紀》。凡姜尚、管仲、范增其時均都在世，均尚未亡故。抑且姜尚亦另有名呂望、太公望，管仲亦另有名管夷吾，范增自是本名。而史家並仍直書「尚父」、「仲父」、「亞父」，入於史書，傳之今世。各家儘可備查。難道這些書不值得我們學習效法嗎？國民中學教科書能會比之高明多少呢？

且說外國吧！這裡不必舉老幼熟知的美國華盛頓。鄙人四十年前選修過「印度史」，老師是吳俊才先生。從印度的歷史看，他們在二十世紀時代，印度人都稱甘地為「甘吉爸」。表達了這一民族敬重他們的偉人。這個有文化有智識的民族，其自信心自尊心也是令人欽敬。他們稱「甘吉爸」叫得是自然而親切。有誰會非笑他們？

我們現今，論時論地與印度甘地相距亦不甚遠，回頭退到鼻尖上來看看我們今日自己，目前就有現成例子，何以瞑目不見丘山？報紙上電視上常見引到政治人物林洋港被稱為阿港伯，許歷農被稱為許老爹。藝人李天祿稱阿祿伯，俱代表國人敬重前修。我們的國民教養水準並不輸給印度，至教育部屬下的編譯館何以不參考國民意願？而竟自作此一更張，徒亂人意？

「國父」一詞，受美國歷史影響。其開始為國人寫來宣示，實在清光緒 24 年（1898）出於《湘報》。作者黃薴云「思夏靡於有扈，呼國父於美都」。相信此言無人知曉，但可代表時代起點。

尊稱國父，具備正當理由

這些古今中外背景且不必談。再深一層來看，我們中國歷史上所以尊稱孫中山為國父，實亦具備正當理由。這須一一交代其嚴肅思考判斷。茲願簡略指陳於次：

其一，孫中山出身平民，毫無政治淵源憑藉。所恃者惟知識信仰與政治宗旨。起事以來，即受清廷通緝追捕。鄙人多見反面文獻，清廷官方一概稱之為逆犯孫汶。駐外使館，隨處訪察其行踪，見之於電報乃至於報紙。不惟如此，流浪海外，常受當地拒斥驅逐，特以香港為甚。倫敦被拘，幾至送命。抑且既乏軍力，尤缺貲財。英雄窮蹙，備受難堪。一切忍辱負屈，有誰知之？孫氏一生患貧，何嘗有黨產可藉？

其二，革命性質評斷。中國古代，湯武革命，俱是諸侯起事，早有一定封域，有豐厚憑藉。但雖稱為仁義之師，最後仍歸趨於封建政權。漢高祖、明太祖，雖起於平民，領導革命，推翻秦、元暴政。而最後仍歸趨於專制王朝。其惟孫中山的革命，一舉推翻二千年來專制政體。建立中國以至亞洲歷史上第一個共和國體，其功績實遠邁百代，軼越湯武，歷史意義重大。應永垂不朽。

其三，孫中山的政治家品質。孫中山奔走革命，甚至到民國建造以後，並未真能有一天處於順境，始終周旋於帝國主義三流政客，顢頇的滿清官僚，以至軍閥時期的社鼠城狐。我人所當重視，孫氏始終自視為人民公僕，是中國近代四位提稱「公僕」觀念者之一，而立論最多，達十餘次以上。特須表述者，在數百位近代思想家之中，孫氏是唯一提倡「主權在民」者。一生屢言，不下十次。只此兩端即足以冠冕群倫，受人敬重。承國父之謚號而無愧。

其四，孫中山思想學說出於自創，上承固有傳統，會通西方新學。此實我國人所熟知，中外學者研究論著累以萬餘計。皆可覆按，不待多敘。鄙人亦非高蹈空言，自有專門著作十餘篇，提陳學界，接受任何挑戰。鄙人立言於此，是史家立場。願受千秋萬世考驗。充分自信，毫無猶豫。

其五，不識其人觀其友。孫中山奔走革命，只憑志識，毫無實力。而相與攜手追隨的英雄傑士，可謂風起雲湧，集一代英彥。略舉若黃興、胡漢民、汪精衛、廖仲愷、張人傑、朱執信、宋教仁、鄧澤如、張永福、陳英士、馮自由、伍廷芳、王寵惠、馬君武、林雲陔、許崇智、蔣介石、居正，俱是非凡人物，甘願追隨共事，當可見出孫氏的親和力。孫氏個人棲棲遑遑，不遑寧處，何嘗有權勢官位引誘諸人。

其六，孫中山於民國 14 年 3 月 12 日逝世，蓋棺論定，同一年中已有定評。是國人共識，並非出於國民黨一黨私見。在此可引據前清狀元、立憲派大老、民國創建的工商總長張謇在當年追悼會上的講演：

> 孫中山是手創中華民國之人。是國民黨之領袖。既手創民國，則凡屬中華民國之國民，誰不該敬佩他？誰不該紀念他？中國以四五千年之君主國體，一旦改為民主，在世界新趨勢雖順，在世界舊觀念則逆。況以一二人為之，則因逆而更難。而孫中山不畏難，不怕苦，不恥屢仆屢起，集合同志，謀舉革命。千回百折，備嘗艱苦，至辛亥年事會湊合，卒告成功。從歷史上看來，中國革命之第一人，要推商湯。其後因君主之昏瞶，或其他原因，起而革命者代不乏人，然不過一朝一姓之更變而已。不足為異。孫中山之革命，則為國體之改革，與一朝一姓之更變迥然不同。所以孫中山不但為手

創民國之元勳，且為中國及亞東歷史上之一大人物。今在京師病歿，政府通令各省各處追悼，南通特先開會。鄙人已有輓聯。（見《張季子九錄》）

張氏言論，正大中肯。足以表達我全國國民對於開國偉人的紀念。可以永注人心。表現一個偉大民族應具的基本德性。在此已無待申述。

※原刊《聯合報》副刊，民國 88 年 3 月 11 日。

孫中山先生國父稱號實至名歸

孫中山先生譜名德明，其本人通常自署孫文號逸仙，凡自署文獻，以此為最常見。西文簽名俱用 Sun Yat-Sen，世人共知。按之名從主人，號從中國，自以孫文為正式名諱。

惟中山先生奔走革命，浪跡海外，清廷通緝追捕，列國歧視驅拒，可謂備歷艱險。自不免隱姓埋名，改易服色。其常避居日本，遂自便以中山樵自署，後來日久，便使孫中山名諱普及國人的共識。孫中山這一名諱，自是代表長期危殆艱險、忍辱受屈的革命生涯。我國國民廣用此一稱謂，表現了深徹同情與懷念。這是人民大眾不忘前事的可貴之點。孫中山三字，代表他艱苦備嘗的來歷。

尊封諡名　國人心志傾向

我人作歷史家鑑證，確知「國父」稱號是孫中山死後的諡名，中山先生未嘗自知，也從來未曾思考及之。中山先生死後十五年方始推尊為中華民國國父，實是代表國人對中山先生的定評與崇敬，而中山先生自己原不在乎甚麼身後名號。所以這個國父名號是充分表現全國國民的心志傾向，和政府繼承者的理想與追隨、人格與德操，以至國民黨黨員的忠誠向背。因此這是後人的事，也是今日之事。正可給人看看我們後人是如何紀念他和對待他。

　　中國歷史的特色，自上古以來，對於政治領袖王侯將相文武大吏，都會在死後奉贈他一個謚名。這是歷史常例，一定是死後贈送，他們自己是全無預知。譬如周昭王、周穆王、晉文公、楚莊王、曾文正公、李文忠公，以至漢武帝、漢獻帝等，自古以來，以至二十世紀初的清德宗（光緒）都是遵循不易。沒有一人在其活著的時候就知道死後謚名。這就叫做謚法制度，文字記載很早，可見《逸周書》謚法解。它的好處，是表現一個影響大眾的人物，後人會對他有一個評斷，尤其政治領袖，像周厲王、周幽王就是表現太壞而得到壞謚名。這卻可警惕活著的政治家，當心萬世口誅筆伐，不敢胡作非為。所謂史鑑者，也不過在人間多少存一點公道而已。

　　我們全國國民尊稱中山先生為國父，有非古代謚法可比。是可以推向一切人民共同思考，人人皆可直抒己見，學者更可引經據典，發表個人評斷，供世人參酌。是以本人願以國民一分子，略加表述一些研究論據，提請本國國民參考。

百代典範　舉世有目共睹

　　第一，中華民國誕生，是自古至今五千年來歷史上最重大史事。上古夏、商、周三代，是封建諸侯的政體，有二千餘年。秦始皇統一六國的專制帝國，歷經二千餘年以至清末，俱是家天下父子相承的君主政制。到了二十世紀 1911 年，孫中山推翻滿清而創建中華民國，這是一個民主共和政體，在中國歷史上是四千年來一個重要的偉大巨變，孫中山帶給中國一個創新世紀。不但功蓋湯武，名垂萬祀，而且震鑠世界，表率全亞洲。就此一點言，有資格被尊稱為國父。

　　第二，回顧九十年前，其時在滿清政權之下，國勢衰弱，國民備受列強欺凌，中國幾瀕於覆亡。而一代憂國憂民的英雄聖哲，俱以挽救國家危亡為己任。鄙人檢考並時各家論著，其能提出一套救國良方，而為國家富強設計建國遠圖者，只有三位政治家足以代表此一時代的思想先驅。一為張謇的「棉鐵救國論」及其「父教育、母實業」的策略。二為康有為的「物質救國論」與「理財救國論」。三為孫中山的「三民主義」、「五權憲法」及「全面利用外資政策」。以其洞澈而實效論，自以孫中山為最優越。鄙人比較一代英雄偉人，是歷考數百人物而下此論斷，敢向後世負永久責任，毫不遲疑含糊。

　　第三，中山先生民主風教，可為百代典範。歷代政治首領，「惟辟作福，惟辟作威，惟辟玉食。」（見於《尚書》）人民奉若帝天，以為當然。中華民國時代不然。中山首言人民纔是主人，所謂四萬萬個皇帝，總統則是人民腳下的公僕。請觀其言：「第一任總統，不知者且視為尊如皇帝，而僕則否。故決意讓之袁世凱，使天下知做總統者當如是。做公僕之不當爭，不必爭，以樹民國之大本。」（《國父全集》第三冊，351 頁）孫中山更特別主張主權在民，表白在十次以上。中山發揮此義最為精闢，且光明正大。如其所解釋：「欲知主權在民之與否，不當於權力之分配觀之，而當於權力之所在觀之。權在於官不在於民，則為官治，權在於民不在於官，則為民治。」（《國父全集》第二冊，178 頁）在我們同一時代百年間，只有中山先生有此主張，並多次言宣。

先知先覺　無人能出其右

　　第四，中山先生是先知先覺，具世界眼光。他取法上古伊尹的自期，生平提論先知先覺不下十餘次。以為從事政治，奔走革命，

須靠先知先覺者即思想家，後知後覺者即宣傳家，不知不覺者即實行家，以為開發國家人才資源的管鑰。故孫氏遠見，每具永恆價值。如其在 1906 年創言開發三峽水壩發展電力，為今日中共所取法。1912 年中山提倡全面利用外資，為鄧小平挽救中共經濟崩潰，而開創一個新局。1919 年中山的實業計畫，明白聲言：「此乃吾之意見，蓋欲使外國之資本主義以造成中國之社會主義，而調和此兩種人類進化之經濟能力，使之互相為用，以促進將來世界之文明也。」七十年後中共所作所為，豈會出此範圍。今人不留心，或以為中共首領毛澤東倡言「超英趕美」是最先發議。其實在 1919 年中山講述三民主義時早已講過，茲引以為證：「夫以世界最古最大最富於同化之民族，加以世界之新主義，而為積極之行動，以發揚光大中華民族。吾決不久必能駕美迭歐而為世界之冠。此固理有當然，勢所必至也。」（《國父全集》第二冊，156 頁）於此俱可見中山超越時代眼光，提出其復國建國忠謀。百世以後，仍能令人心折。

在歷史而言，世運變化固自艱於掌握，惟人群趨吉避凶，近利遠害，自須慎於選擇。一民族一時代政治領袖，關繫全體禍福存亡，豈可不加辨識評斷？善者加以崇奉，惡者加以撻伐，本是理有固然。抑且一個民族的聖賢英雄，實同鳳毛麟角，數百年不遇，豈可不加珍惜。一個國家的聖賢偉人，是代表其一國的尊貴榮譽。一個民族如果不尊重前代先哲聖賢，看似無足輕重，其實是自瀆自伐。

※原刊《中央日報》「中山學術論壇」，民國 88 年 3 月 27 日。

評介徐高阮著：
《中山先生的全面利用外資政策》

一、緒言

　　首先當說明我現在選擇一本十八年前出版的舊書來評介，是基於何種思考和何項理由。這一冊薄薄九十頁的書，一向並不起眼，少人重視，也銷行不廣。著者贈送我一冊，在他去世之後，彌足珍貴，留為紀念。民國 66 年，我到香港任教，認識了徐復觀教授及廖光生博士，我鄭重向他們介紹，並影印二份分別贈送他們。原來我只求推荐識者，並無意廣為傳布。在現在我愈益感覺應該迅速評介，使關心建國前途的人多多閱讀，即使是不學無術而確是關心民命的政治領袖，我也熱切希望他們仔細研討思考。

　　我這一次把一篇書評拿到一個學術會議中討論，只有一個重大理由：就是當前時代的重大參考與需要。特別是近幾年來，最重要的建國問題又被人們廣為關心，重新慎思討論。同時，中共首領們也在努力的要推行四個現代化，我從多日的口頭推荐，進而決心撰寫這篇評介。我並且相信：若是中共最高領導群能夠閱讀，可以說對他們有益。

　　我的次要理由有三：其一，是提到孫中山研究的學術會議上宣讀一個具有卓越識見的研究成果。其二，介紹大會學者思考中山先

生的全面利用外資政策，以便比較實踐的意義與實質功效。其三，我雖然早曾閱讀過《國父全集》，並曾多次徵引，但對於孫中山生平思想事功仍還不能做獨立研究，因此只能寫一篇書評敬陪末座。此外我也希望不要掩沒了亡友徐高阮先生的高遠識見，和他三十年前熱切思考迅速謀致國家富強的希望。

這本小書的主體有三部分：其一，「論中山先生的全面利用外資政策」。其二，「中國政治的一個根本難題」。其三，「中山先生關於外資政策的遺教輯要」。除此以外，前面有一「小引」，後面有一「附錄」。綜合一起，就成為這一冊九十頁的小書。民國 52 年（1963）5 月在台北出版，商務印書館經售。

二、中山全面利用外資政策之宗旨

徐氏撰著文字，表達其一種謀致建國的理想，思考中國國力民力及知識技術物質條件等等問題，終於在民國 39 年至 43 年間（1950－1954）發表一些檢討論文，一般歸趨，最後落於利用外資一條途徑。尤其對於孫中山的全面利用外資政策，不厭反覆討論，極力推崇。可以知道徐氏關心國家前途，極望研求一個迅速而有效的建國方案。而當其所急者，自由地區之台灣建設，應該即時施行全面利用外資政策。不但是為中國建設久遠大計，抑且也是真正理解與實踐孫中山的思想與願望。

徐氏對於孫中山全面利用外資的思想言論作全面分析，深入探討，大致要點，俱在掌握。徐氏參閱中山著作，自光緒 33 年（1907）《民報》第 12 期的「告非難民生主義者」中所提利用外資意見為起點。此文作者，署名「民意」，出自胡漢民手撰。徐氏有一篇詳細考證，說明胡漢民撰寫此文，與《新民叢報》梁啟超筆戰，實受

教於中山之指導。載於徐氏書中最後「附錄」。題稱：《民報》上「告非難民生主義者」一文的作者及寫作背景。徐氏認為這是中山全面利用外資的思想向世人最早的披露。

就歷史發展趨勢而言，最具關鍵的時機，最必要急切思考的時刻，自在於辛亥革命成功之後，中華民國創建，共和建立之始。正是要偉大政治家思考謀致國家富強的建設理論與方針。故在辛亥歲末以至民國元年的共和肇始，孫中山屢次顯著的反覆申述全面利用外資的意義與功效。在此重要時刻，提出這樣迅速建國計劃，要借外資六十萬萬，作全面實業開發，真足見出氣魄雄偉，目光遠大。可惜世人無此膽識，不易接受。

徐氏徵引大量文獻，孫中山自武昌起義後由歐洲返國，於辛亥年12月下旬到香港開始足登國門的數日中，與胡漢民談到共和政府的建設首務，就是借外債從事全國鐵路建設。嗣後在民國元年（1912）全年中多次言論主張全面利用外資。徐氏參考大批孫氏言論，分別安排兩個時期和三個體系。這當是中山全面利用外資政策一個思考圓熟的階段。從其言論中所見，顯示一個開國領袖為國家前途思考偉大遠景，光明無限，希望無窮。後世讀之也足以令人樂觀振奮。

中山借用外資的思想基礎，仍循其初年《民報》所揭的民生主義。茲舉其民國元年基於民生主義之根本主張：

> 中國乃極貧之國，非振興實業不能救貧。僕抱三民主義以民生為歸宿，即是注重實業。顧推倒滿清政府，民族主義已達；改良專制政治，民權主義已伸；至於民生主義，非以社會主義行之，不能完全。然此義人多未明，以致有從而反對者，謂社會主義係反對資本家；又謂社會主義係均貧富，中國萬

做不到。不知資本家應維持，如何反對，特資本家之流弊，
則不能不防備。[1]

在此須特別指出，中山提倡民生主義，其救國建國之最初方案
關係重要。當時為救中國貧弱，人民貧困，其施行民生主義之具體
辦法是提出首先發展實業：

> 今中華由專制而創共和，國既成立，而貧弱至此，何以能富
> 強。我中華之弱，由於民貧。余觀列強致富之原，在於實業。
> 今共和初成，興實業實為救貧之藥劑，為當今莫要之政策。[2]

以發展實業而論，也是頭緒萬端，中山注重全局基礎，以交通
為入手，而交通之中，則首重建築鐵路。他在民國元年 6 月 25 日
在上海對《民立報》記者談話有云：

> 惟吾有求於一般國民之注意者，先當知振興實業，當先以交
> 通為重要；計畫交通，當先以鐵道為重要；建築鐵道，應先
> 以幹路為重要；謀議幹路，尤當先以溝通極不交通之幹路為
> 重要。蓋交通尚便之地，人見僻遠之幹路正在興築，而投資
> 相應起營穩便之內部幹路者必多。故吾人能放大目光，用全
> 力注意於其所難，是不啻四面包圍，適促全國人群起而竟成
> 計畫之內線之適以易之也。[3]

---

[1] 《國父全集》（民國 62 年 6 月版本），第 2 冊，頁 224。民國元年 4 月 17
日，在上海中華實業聯合會講演，題為：「提倡實業在實行民生主義」。
[2] 《國父全集》，第 2 冊，頁 225。同前文。
[3] 《國父全集》，第 2 冊，頁 812－813。

　　再看中山挽救中國貧困之根本設想，其所選擇，不願從政治方面下手，徒耗國力而益滋紛亂。而決計放棄政治而從建築鐵路入手，以完成其救國救民之偉大事業。此種取捨，古今來政治領袖中真難見到，除上古傳說者外，惟中山有此曠達胸襟，高遠志節。中山據國勢民情作此選擇，實亦有其清楚估斷與重大理由。他在民國元年 8 月致宋教仁函中有所表示：

> 民國大局，此時無論何人執政，皆不能大有設施，蓋內力日竭，外患日逼，斷非一時所能解決。若祇從政治方面下藥，必至日弄日紛，每況愈下而已。必先從根本下手，發展物力，使民生充裕，國勢不搖，至政治乃能活動。弟刻欲捨政事，而專心致力於鐵路之建築，於十年之中築二十萬里之線。[4]

　　中山計劃十年之內建築二十萬里鐵路，在民國元年頗為令人驚詫，於是孫大砲之名不脛而走。然以今日觀之，並非不可能，關鍵實在於資金與技術兩大問題。中山思考所及自然循其全盤利用外資政策而作此構想。他在民國元年 9 月 27 日在濟南五十二個團體歡迎會上講演，討論到他的設計與做法。中山大膽提出借外資六十萬萬，而以批辦方式授予外國公司全包承建。又是不免極其驚駭世俗：

> 然所謂建設者，有精神之建設，有物質之建設，兄弟所主張之鐵路政策，乃物質上之建設。惟關乎統一政治，及礦產商工各業，均屬重要。但廿萬里之鐵路，須款六十萬萬，以中國獨力為之，非百年不可。列強進步之速，一日千里，豈能待我百年？兄弟欲以十年之時期告竣，已屬緩無可

---

[4]　徐高阮著：《中山先生的全面利用外資政策》，頁 56－57。

緩。而此時期中之鐵道事業，則有三事須與諸君商之：（一）
借資興辦。（二）華洋合股。（三）定以限期，批與外人承
築，期滿無價收回。三者之中，以批辦為最相宜。因此時
中國資本、人才、方法三事皆缺，若批辦則可收三事之利。
方今世界交通，一國有大計畫，若合數國之力以經營之，
則事之成功甚易；以一國獨當之，則成功極難。中國人向
富於排外性質，與今之世界甚不相宜。且數千年之專制政
體，既可推倒，則昔日之政策之心理之習慣，何嘗不可推
翻？以前事事不能進步，均由排外自大之故。今欲急求發
達，則不得不持開放主義。利用外資，利用外人，皆急求
發達我國家之故，不得不然者。[5]

　　中山大膽設計，呼籲國人同情其利用外資建築鐵路，實是基於
深熟考慮，以求迅速把中華民國建設成一個現代富強國家。同時他
的最後宗旨仍必須歸於民生主義的實踐。故他在民國元年第一個雙
十國慶日為英文大陸報撰寫（原文為英文）紀念中說得十分清楚。
這是全面利用外資的根本目的：

---

[5]　《國父全集》，第 2 冊，頁 278。又，同前書，頁 827，中山在同一天（民
　　國元年 9 月 27 日）對其批辦方式有所解釋，實在考慮技術與物料問題：「日
　　間所言推行鐵路三政策，借資開辦，中外合資二層，尚不如批歸外人承辦，
　　與國家較為有益。例如借資外人，而我國人才不足，材料不足，外國人應
　　募而來，惟計力受值，對於我本無甚感情，工程上求其適可而止，已屬萬
　　幸，安望甚竭盡心力。且購買材料，折扣殊多，收利不可知，而彼已坐獲
　　六厘安穩之保息。至合資開辦，以中國現在狀況，即半數合資，亦非易言，
　　反不如直接批歸外人承辦，限年無價收回。則此限期內，以彼之資本，彼
　　之人才，營彼之事業，自無不竭盡所長，而我於一定年限後，不啻坐獲資
　　財。惟此事對於人民現時之心理，頗難通過。但此事並非將主權送之外人。
　　從前外人造路，路之所至，兵即隨之；故路一經外人承修，不啻割地，此
　　則所宜注意者也。至歸外人批辦，仍宜用私人名義交涉，不牽外交問題」。

惟民生主義之意義維何？吾人所主張者，並非如反動派所言，將產業重行分配之荒謬絕倫；但欲行一方策，使物產之供給，得按公理而互蒙利益耳。此即余所主張之民生主義的定義。余將使勞工得其勞力所獲之全部。將來中國之實業，建設於合作的基礎之上。政治與實業皆民主化。每一階級，皆依賴其他階級，而共同生活於互愛的情形之下。此種理想，固難達到；但吾人當努力以求理想之實現，以改良社會之情狀，使臻於完善之域也。依照此種計畫，生產將日益增加，以最少限度之窮困與奴役現象，以達到最高限度之生產。對於待開發之產業，人人皆得按其應得之比例，以分沾其利益，享受其勞力結果之全部，獲得較優良之工作狀態，並有餘暇之機會，可以思及其他工作以外之事件。如此，勞工必能知識日進，獲得充分之娛樂與幸福。[6]（此為譯文中一部分）

　　以上討論大旨，就徐氏之提示與研討，於辛亥革命成功後至民國元年之一年間，中山多項言論思想，紬繹其全面利用外資主張，綜合徐氏資料，而加以補充與詮釋。用此以介紹徐氏立意宣示孫中山全面利用外資之宏偉氣魄，高遠識力，以及其謀求建設國家迅速達成富強之目的，與實現富國裕民的民生主義最終宗旨。

　　民國元年中山已充分表達其利用外資的建國主張，不幸被貪私短視的政治野心家袁世凱所延誤。一場帝制春夢，毀滅了袁氏自己，也攪亂了民國政局。真是中國人民的極大不幸。不久就爆發第一次世界大戰，整個世局俱在動盪，而中山在大戰以至其結束期間，仍繼續宣揚其全面利用外資主張。在民國6年至9年間（1917

---

[6] 《國父全集》，第2冊，頁91。

－1920），不斷宣示此項言論，抑且潛沉思慮，完成有關之重要著作，就是《實業計劃》。

徐氏徵集中山此一階段有關利用外資資料，自以《實業計劃》及《孫文學說》為兩大重心，兼輔其他散見之重要政論及函件。民國 7、8 兩年（1918－1919）中山在上海撰成《孫文學說》，於民國 8 年 6 月出版。此時世界大戰已經結束。中山乘列強戰時工業之過剩及轉化之際，計劃借為發展中國建設之資。因而分別向先進國家提出：「國際共同開發中國實業計畫」，以謀迅速促成中國之全面工業化。他向國人解說，載於《孫文學說》後面並附錄其向各國所提計劃書全文。如中山所言：

> 夫以中國之地位，中國之富源，處今日之時會，倘吾國人民能舉國一致，歡迎外資，歡迎外才，以發展我之生產事業，則十年之內，吾實業之發達，必能並駕美歐矣。如其不信，請觀美國工業發達之速率，可以知矣。當十餘年前，美國之議繼鑿巴拿瑪運河也，初擬以二十年為期，以達成功，及後實行施工，不過八年而畢厥事。是比其數年前所知之工程，已加速二倍半矣。及美國對德宣戰而後，其戰時之工業進步，更令人不可思議。往時非數十年所不能成者，而今則一年可成之矣。如造船也，昔需一兩年而造成一艘者，今則二十餘日可成矣。倘以戰時大規模大組織之工程，施之於建築巴拿瑪運河，則一個月間便可成一運河矣。有此非常速率之工程，若吾國人能曉然於互助之利，交換之益，用人所長，補我所短，則數年之間，即可將中國之實業造成如美國今日矣。中國實業之發達，固不僅中國一國之益也，而世界亦必同沾其利。故世界之專門名家，無不樂為中國效力，如海客之欲為荒島孤人效力者一也。予近日致各國政府「國際共同

發展中國實業計畫」一書，已得美國大表贊同，想其他之國
當必惟美國之馬首是瞻也。果爾，則此後祇須中國人民之欲
之而已。倘知此為興國之要圖，為救亡之急務，而能萬眾一
心，舉國一致，而歡迎列國之雄厚資本，博大規模，宿學人
才，精練技術，為我籌畫，為我組織，為我經營，為我訓練，
則十年之內，我國之大事業必能林立於國中，我實業之人
才，亦同時並起。十年之後，則外資可以陸續償還，人才可
以陸續成就，則我可以獨立經營矣。[7]

正與國際開發中國計劃配合，中山另一重要著作：《實業計
劃》，實因歐戰後各國復原之際，而欲乘此大好時機，借列強戰爭
餘資以全面建設中國。故而先撰英文本問世，民國 8 年 3 月 17 日
將英文本送交美國駐華公使芮恩施（Paul S. Reinsch）。同年 8 月《建
設》雜誌在上海創刊，始有中文譯本在《建設》上發表。[8]中山於
各國共同開發中國計劃提出施行方式與樂觀遠景。俱在《實業計劃》
「緒言」中明確指出：

> 欲使此計畫舉行順利，余以為必分三步以進：第一、投資之
> 各政府，務須共同行動，統一政策，組成一國際團；用其戰
> 爭時任組織管理等人材，及種種熟練之技師，令其設計有統
> 系，用物有準度，以免浪費，以便作工。第二、必須設法得
> 中國人民之信仰，使其熱心匡助此舉。如使上述兩層已經辦
> 到，則第三步，即為與中國政府開正式會議，以議此計畫之
> 最後契約。而此種契約，吾以為應取法於曩者吾與倫敦波令

---

[7]　《國父全集》，第 1 冊，頁 484－485，《孫文學說》。
[8]　羅家倫編，黃季陸增訂：《國父年譜》，下冊（民國 58 年台北增訂版），頁
　　750、762。

公司所立建築廣州重慶鐵路合同，以其為於兩方最得宜，而於向來中國與外國所結契約中，為人民所最歡迎者也。吾人更有不能不豫為戒告者，即往日盛宣懷鐵路國有之覆轍，不可復蹈也。當時外國銀行家不顧中國之民意，以為但與中國政府商妥，即無事不可為；及後乃始悔其以賄成之契約，終受阻於人民也。假使外國銀行先遵正當之途，得中國人民之信仰，然後與政府訂契約，則事易行，豈復有留滯之憂？然則於此國際計畫，吾人不可不重視民意也。[9]

在民國 8 年同一年中，中山又發表〈中國實業當如何發展〉一文，配合實業計劃，向國人宣揚全面利用外資的意義，特別致意歐戰後對列強資金人才技術的利用。實明顯將其《實業計劃》向國人推廣。如其所謂：

儻能知此，則欲解決資本問題，易如反掌矣。其法為何？曰歡迎外資而已，亦即歡迎機器而已。此回歐戰各國以製造戰用品而擴張其機器千百倍於前時，今戰爭停止，其所擴張之機器已多投閒置散，無所用之。若我歡迎此種製造之利器，以發展中國之實業，正出歐美望外之喜，各國必樂成其事，此資本問題之容易解決者也。至於人才問題之解決，則有二法焉：一為多開學堂，多派留學到各國之科學專門校肄業，畢業而後，再入各種工廠練習數年，必使所學能升堂入室，回國能獨當一面，以經營實業，斯為上著。然此非十年後不能成功，而當此青黃不接之秋，急須治標，故二為廣羅各國之實業人才為我經營創造也。此種人才，經此回歐戰之後，

---

9   《國父全集》，第 1 冊，頁 514－515。

多無用武之地者，在我能羅致而善用之耳。然資本人才者有
解決之道矣，則尤有重要問題者，即在我有統籌全局之計
畫，以應付此戰後之良機，利用交戰之新生資本，熟練人才，
公開發展我之宏大實業也。此予於建國方略中，特先草就發
展實業計畫一門。我有計畫，則我始能用人，而可免為人所
用也。此計畫，已先後載於建設雜誌第一、二、三期中，且
將繼續刊之，以供國人之研究。[10]

民國 10 年至 14 年間（1921－1925）是中山生平奮鬥極其艱難
危困的時期，然其對於救國建國的意見，仍然抱持全面利用外資政
策。徐氏徵集資料，多為中山數次的講演與談話。內容大旨，為其
思想的重述。仍然信心堅定，態度樂觀。但已不及民國元年及歐戰
後兩階段之具有清楚特色。

民國 13 年（1924）是中山一生最後階段。徐氏在其《三民主
義》最後講義中仍能徵集到他的全面利用外資的主張，為數雖然不
多，卻足以代表他自光緒 33 年（1907）以至民國 13 年間生平一貫
的一種思想。使我們可以參閱，可以相信，孫中山的全面利用外資
政策，是他一生中一個重要的政治思想。

研究中山思想，尤其自 1907 至 1925 之十八年間，貫串其半生
政治奮鬥之重要言論，前後多次申述全面利用外資政策，這是十分
值得注意和應該研討的。這種研討，自然會問到：中山何以那樣看
重和篤信利用外資？他的目的何在？利用外資的價值與意義如
何？它的可行性與未來展望如何？這些問題，徐氏均必思考得到。
從前文所略舉中山言論，已不難認識中山的理論、設計、方法以及
其前程的預想。中山如此大力提倡，充分表現一個政治家所承擔億

---

[10] 《國父全集》，第 2 冊，頁 167－168。

萬生民幸福的責任。擺在他面前的重大問題是「建設國家」，而且是一個貧窮落後的國家。基本問題是缺乏資金，缺乏人才，缺乏技術，缺乏建設物料。同時為了急切拯救國困民貧，又必須設想一種能迅速奏效的辦法。針對此種客觀需要，中山終於大膽設計這一套全面利用外資政策。此點根本認識，徐氏有清楚的描述：

> 什麼是中山先生所信的原理？在一個發展落後的國家，只有一個全面的，整個的，而非枝節的片斷的工業化計劃才是真正可以成功的；也只有具備一個真正可以成功的工業化計劃，才是真正具備了吸引投資的條件。這就是中山先生所信的工業化與投資的基本原理。因為一個全面的，整個的工業化計劃是必要的，所以一個全面的，極大規模的利用外資政策也是必要的；也必須有一個全面的，整個的，即真正可以成功的工業化計劃，才有全面的，極大規模的吸引外國投資的可能。這就是中山先生的全面利用外資政策的核心要義。[11]

徐氏更能領悟並深切篤信這套全面利用外資政策的重要意義。雖然直至中山逝世，他的超時代眼光少有人同情，他大膽計劃，也未見真正實施。但在中山去世後二十餘年的徐高阮，則仍深信不疑。並且提出其根本信賴與服膺：

> 中山先生的利用外資政策不是仰望政治借款；不是依賴經濟援助；不是漫然空想吸收一些外國資本；不是給予一些外國工商家以特殊的投資權利；不是尋求點綴式的技術合作；不是以某一些特殊資源引動某一外國工程家或投資家的特殊

---

[11] 徐高阮著：《中山先生的全面利用外資政策》，頁4。

興趣。他的政策是一個中外互利的大道；是中國高度開發的惟一方法；是一個極大膽的，全面的，充分利用外國資本和人才的政策；是有一個物質建設的龐大計畫而要把它整個付託給外國的投資與外國人才的經營；是要利用外國的雄厚資本，高等人才，最新技術，達成中國的全面、迅速、高度工業化。中山先生在民國元年就把他的這種政策稱為「開放政策」或「開放主義」。他那時就主張由外國許多投資者承辦修築全國二十萬里的鐵路，預計吸收資本六十萬萬元，五年至十年內全部完成，許投資者經營四十年。他在第一次大戰方結束時completed《實業計劃》，主張由一個國際投資團推進全中國的迅速、高度開發事業。他在十三年的民生主義演講裏也指出中國的交通、礦業，和一般大工業，都必須借用外國資本和人才，照美國那樣的規模進行。[12]

據此我們當可認識到徐氏用心的深刻，研考的透徹。特別提供國人以重估中山這項高瞻遠矚的偉大計劃。真是有關國家富強，萬民福祉。

三、徐氏之研究動機及實用意趣

徐高阮在民國 39 年至 43 年之間（1950−1954），連續討論孫中山的全面利用外資政策，嗣後又不斷徵輯中山直接資料，於民國 52 年（1963）刊印成書。站在學術研究立場，自然是很有必要。然而更有一種急切參考的現實需要，迫使高阮必須從利用外資的言論

---

[12] 徐高阮著：《中山先生的全面利用外資政策》，頁 10−11。

中，尋求理論與方法的借鏡。質言之，高阮研究這一問題的啟念，實
是受到現實參考的誘發，抑且應該大過於學術研究的一種客觀選擇。

徐氏選擇中山思想並提出他的全面利用外資政策加以研究討
論，是有他很重大的現實理由。總的目標，那是為了當時台灣的經
濟建設。在八年後，民國 51 年（1962），他對於此種動念做了清楚
的自白。所以不需要猜想或推敲，高阮的研究動機，已在此書中充
分表達明白。（參證徐氏著第 1－7 頁、第 26－30 頁及第 40－42
頁）高阮的研究，動機在於提供台灣經濟建設作參考，他在民國
43 年已作清楚的呼籲：

> 我們不能輕估這幾年來台灣經濟的相對安定與進步，不能故
> 作灰色的圖畫，更不能挑動不滿的情緒。但只要我們不常用
> 恐慌時代的眼光看目前的安定，只要我們不常持着農業社會
> 的觀念而滿足於現有的繁榮，只要我們肯用世界的水準來衡
> 量我們自己，只要我們能夠超越了現在的界限而更向前看去
> ——我們就會面對我們的生產力貧弱、工業不健全，及人民
> 生活低下的種種基本事實，並且會知道我們今日惟一真正的
> 需要不是在現有的基礎上繼續謀個別工業的增產，同時希冀
> 得到少量散漫的外國投資，而是：立即採取中山先生的全面
> 利用外資政策，在一個完全新的基礎上，達成台灣的全面、
> 迅速、高度工業化。[13]

高阮參考了中山的言論，也像《實業計劃》一樣，他在此同一
年，同一文中擬具了一個全面利用外資加速建設台灣的綱領。茲開
列於後俾作參考比較：

---

[13] 徐高阮著：《中山先生的全面利用外資政策》，頁 20－21。

我們今日實施全面利用外資政策應有如下的綱領：

甲、對可投資的各國提出一個台灣工業化的草案，要求這些
國家合作商定實際進行的計劃。

乙、台灣工業化計劃中應同時迅速達到的目標——

1.　重建南北部兩大港口，開築東部及中部大港口，以
適應全島高度工業化的需要。

2.　鐵路現代化；增築鐵路，首先是橫貫山地的鐵路。

3.　公路現代化；增築公路，首先是橫貫山地的公路。

4.　大規模增加電力；擴張農田、水利。

5.　建立大肥料廠；擴張農業研究及改良。

6.　石油及其他礦產的大規模調查及開發。

7.　山地林業、農業、畜牧業的開發。

8.　大小城鎮現代化；建設山地中游憩及生活的中心。

9.　建築多數漁港。

10.　建立錬鋼廠。

11.　建立大船廠；興造航輪及漁輪。

12.　大規模建築現代化的房屋。

13.　建立汽車及其他交通工具廠。

14.　開發澎湖等附屬島嶼。

丙、上項各種建設可有三種不同的借助外資的方式——

1.　特許經營，即中山先生所說的由外國投資者承辦。
外國公司創建並經營台灣所需要的某項事業，其經
營期限照通例為二十至六十年，到期或不到期我國
政府得無代價或給價收回。這個方式適用於多種生
產事業。

2.　借款承辦，即特許經營的又一方式。外國公司為台
灣某項事業負籌款及建立的責任，但事業建成後即

交給我國政府。我國政府按年支付資本的利息，滿
相當期限還本。這適用於港口、道路、水壩、房屋
的建築等。

3. 合資經營。外國公司以資本加入台灣現有的某項事
業，如鐵路、電廠，而取得相當管理權，以改進並
擴張其經營。

丁、在利用外資進行工業化期間，應有幾項平行的經濟政策
———

1. 將台灣現有的公營事業中便於本國私人經營的讓
給有能力的私人。如糖、烟、酒、樟腦等製造業
都可讓給私人，而政府應指導承受者借助外國專
門人才。

2. 工業化計劃中的事業應儘量容納本國人的投資。

3. 全台灣不論城鄉一律施行以「照價抽稅」為中心的
平均地權辦法，以防止因地價激漲而引起的暴富與
投機，而同時使政府得到地稅的大收入。

4. 普遍減低稅率，減少稅目，使勞力及資本獲得解放。

5. 以大量資金貸給農民、漁民、山地居民，尤其是以
資金幫助農民獲得更多耕地。[14]

對於這個全面經濟建設計劃，必須略作解說。其一，現代化
重要條件與基本精神之一，就是在於求效。自然必須包括全盤精
密的計劃與估斷。尤其更須持續不斷的驗證與修訂改善。徐氏的
設計，實在表現其現代精神，所持的方向是十分正確。其二，這
種計劃仍是粗略的規定原則，如要實際施行，自當各個部門作出

———
[14] 徐高阮著：《中山先生的全面利用外資政策》，頁 21－23。

更詳盡的設計。雖至千百頁巨著也未必能完全包羅。我輩參考，當然只在於能簡易的掌握大致規模。其三，最值得注意，徐氏設計已經參考了當時若干經濟上的成就，可以略窺未來遠景的輪廓。抑且就三十年後的事實驗證，徐氏計劃多已一一實現。在這一點上，使我們欽服徐氏先事預斷的眼光，可稱得上當代第一流頭腦，第一等人才。

雖然台灣地方資源並非特別豐厚，當時國民消費力尤其薄弱而台灣並非廣大市場，對於外人資本似乎並無太大引誘力。同時無論普通民眾，即使工商企業家資本家也是毫無很大信心。高阮在此種不利情勢下，却是意志堅定，勇邁樂觀，他不厭其煩的分析申說，鼓舞國人，鼓吹全面利用外資的快速實現。讀他的諄諄語詞，實亦覺得心下陰影全消。茲舉其在民國 51 年（1962）的一段解說：

> 一個全面投資與全面開發的政策不靠什麼特殊引動人的資源（那也正要導出特權），而要藉資本與知識使我們的山林、原野、地下、海中、港口、城市，以及我們還絕不能算已經充分利用了的人的勞力、精神、智慧，都成為可以無限開發的資源。在一個全面投資與全面開發的政策之下，由於工業的迅速發達及生活水準的迅速提高，我們這個地區本身就會成為一個迅速擴張的市場。我們的不平常的發達又要促進世界許多其他地區的迅速發達，因而也開擴我們所需要的國外市場。無論外來的或國內的投資，當然都不是憑着想望就可以得到的。然而正因為想望失敗，我們才要尋求偉人的思想的領導和真正有效的作法。我要着重指出的是：那種受現實拘束的，由一些片斷的建設湊成的經濟計劃，以及那種枝節的，零星的吸引外資政策，都是不切實際的，徒招失望的；

> 而只有一個全面的，整個的工業化計劃與一個全面利用外資
> 的大政策，才是切合實際的，真正可以成功的。[15]

　　徐氏苦口婆心的向經濟規劃決策者呼籲。向工商企業家呼籲，
向三民主義研究學者呼籲，向反共的政治改革家們呼籲。極力盼望
迅速進入台灣的全面工業化。他在民國 43 年（1954）已提出了十
分醇切的呼聲：

> 在四十幾年後的今日，我們的政府和民間的領袖們都應當懂
> 得立刻決定，立刻實行。我們的經濟決策者們，民生主義的
> 理論家們，羨慕西方自由企業力量的人們，工程家們，工商
> 業者們，一般討論政治改革與反極權戰略的人們，應當毫不
> 猶疑地一致贊助：立刻採取中山先生的全面利用外資政策，
> 在短短幾年裏達成一個本來是我們「夢想所不能及」的事業
> ——台灣的高度工業化。[16]

---

[15] 徐高阮著：《中山先生的全面利用外資政策》，頁 30。又，同前書，頁 42：
「所有這些事實都指出我們今日的財政經濟正如中山先生在民國元年所指
出的，依然是『日夜迫促』，『永無寬閒』，繼續『陷於應急之地』。為了解
除財政經濟的困難，我們總得經過一套根本的改革，包括這樣幾個同時並
舉的項目：（一）用大力量充實國家銀行準備；（二）將公營事業儘量大規
模移轉作民營，此項收入也用於充實國家銀行準備；（三）斷然棄絕通貨膨
脹，調整公私利息到平時標準；（四）調整薪水工資到接近合理標準。這幾
項改革乃是安定經濟，保證開發成功的基本必需條件。但要施行這樣的改
革，我們必得先有一個經濟建設的大目標與達成這個建設的信心。沒有這
樣的目標與信心，我們絕難施行任何根本的財經改革。我們只有採取一個
全面利用外資以達成高度工業化的政策，才能夠算是真正具有一個目標與
一個信心。我們有了這樣的目標與信心，則施行必要的徹底的財經改革將
是當然而且自然的」。

[16] 徐高阮著：《中山先生的全面利用外資政策》，頁 25。

　　至於推行中山全面利用外資政策後的實質結果與未來影響，徐氏在民國 43 年 6 月已作出大膽的預估與樂觀的測算。現在大約三十年後均可以用事實來作對證。最能表現一個卓越恒流的時代先驅，一個觀察敏銳識斷正確的思想家學者，一位熱心國事關懷民命知識分子，正是徐氏這段言論。我們這些後知後覺的事後聰明人，應該憑着知識良心佩服佩服。高阮的言論可以摘錄在這裡：

> 在台灣實施一個全面利用外資政策以達成全面工業化的影響將不僅是物質的，而且是精神的；不僅是局部的，而且是全球性的。
>
> 第一、　這個政策的實施將在幾年內提高我們的生產力幾十倍百倍，並且無限增強我們的信心與活力。這使我們得到政治、軍事、社會、文化大革新所需要的物質與精神條件。
>
> 第二、　生產力的提高將擴大台灣的天地，使自由中國真正可以大量容納海內外傾向自由的同胞。
>
> 第三、　這個政策是用自由企業的力量迅速造成一個全民享受高度工業化利益的新社會。這對於極權統治所強行的，以人民福利與生命為犧牲的工業化是一個最有力的挑戰。
>
> 第四、　這個政策的實施將樹立一個無前例的國際合作的榜樣。二次大戰後美國對外經濟援助，或國際間現有的片斷投資，以及美國最近增進私人對外投資的論調，都不能比擬這個全面利用外資造一個新社會的政策。
>
> 第五、　這個政策將首先為亞洲、非洲、美洲許多落後的國度所倣效，其次還要為許多雖是工業先進但在二次大戰後始終沒有脫出經濟困難的國度所採取。這就使一個

> 極大範圍內的許多區域得到開發與再開發及社會的
> 改造，使整個自由世界的物質與精神力量增加數十倍
> 百倍。
>
> 這些重要影響甚至都是不必等到建設的完成才看得到的。只
> 要我們提出並確定了計劃，只要這個計劃付諸了實行，只要
> 大建設的第一批人才與第一批物資走上了來中國的路途，只
> 要第一部機器發出了開動的鬧音，我們就可以看到整個自由
> 中國呈現出新時代的蓬勃，看到國際合作的新潮流跟隨着猛
> 進，看到極權統治者們錯諤驚奇，看到整個世界情勢要起決
> 定性的轉變。[17]

　　我個人十分服膺高阮的識見，他這段言詞，已經是我第二次引
括。在我的另一篇的研究論文中，曾經被我鄭重的用作全篇結論。
但在這裡我必須多說一句：相信這是徐氏研究的宗旨所在，全書的
精義所在，也是他個人志節的重心所在。

四、餘論

　　徐高阮研究孫中山全面利用外資政策，並將其有關論著及有關
資料編輯成冊，刊行問世。主要目的：一在介紹中山這種偉大氣魄
的建國計劃；一在提供台灣經濟建設的理論準備及遺教之實踐。尤
其是喚醒國人對於現實問題參考有效的處置方針。他這種用心，在
其「小引」中說得明白：

---

[17] 徐高阮著：《中山先生的全面利用外資政策》，頁 23－24。

> 我覺得眼前已到了一個最有利於思想的變化，最足以使人容
> 易了解中山先生的大政策的時機。我編印這本小冊，就是想
> 重新盡我的微力促起國人對一個偉大前驅者的思想的注
> 意。[18]

至於台灣建設的潛力，以至未來成就，徐氏早有充分了解，是
以態度十分樂觀，信心十分堅定，呼喚十分激切。可惜他已過世十
年，未能看到他三十年前預測的全部實現，抑且他在五十五歲中年
去世，令人萬分惋惜。

多年來反覆閱讀徐氏著作，自然誘發不少感觸，也思考一些關
鍵問題。這裡暫時不作引伸發揮，但若每人讀完此書，必定深思迴
旋，作如下種種審問：一、今日中國狀況，何以仍然貧困？二、中
國是否不需要求富圖強？三、中國是否永遠無法達成富強？四、中
國所以不能富強，其原因何在？是：外力阻撓？人民懶惰？安於貧
困？制度不良？領導無方？方法不善？人才不足？資金缺乏？等
等，可以迴思無窮。五、中國富強之需要及其達成之時會如何？六、
中國之特殊狀況與特殊條件若何？七、有何有效辦法醫貧致富轉弱
為強？八、中山遺教之參考價值何在？如何再作進一步研考發掘？
九、徐氏著作是否值得參考？十、台灣的建設成就是否值得參考？
我個人思慮不周，但願人人都能有更縝密的研判。學術貴獨立自
由，思想尤然。但願我們這一代人才，都能像徐氏的眼光識見。

最後再說一句：徐氏此書問世，代表一個從觀念認識開始的實
例。現代化必須從思想醒覺開始。先有正確認識，纔能有正確行動。
中山屢講心理建設，用意在此。如果思想錯誤，領導方向一路歧異，
乃至回頭不易。必定如同盲人瞎馬，帶使國家沉淪萬劫。讀徐氏書，

---

[18] 徐高阮著：《中山先生的全面利用外資政策》，頁 5。

不能不思念中國命運之悲慘。安得再起中山於地下，為我們今日後世開建富強的基業。

中華民國 70 年 6 月 19 日寫於香港中文大學

附記：本文之撰著，承香港中文大學聯合書院學生輔導處提供研究助理，在此特為聲敘，並申感謝。

對於吳相湘著：《孫逸仙先生傳》之補充

民國 71 年冬，吳相湘教授所著《孫逸仙先生傳》出版問世。可說是中國近代史同道中一件大事。我在 72 年夏天開始見到，因忙於休假雜務，未經細讀。但於吳氏此時完成這部巨著，認為意義重大，可以防杜一些並時邪說與曲解。隨後又見到宋晞教授的評介，（載《中山季刊》第 2 期，頁 33－35，民國 72 年 5 月刊）以及蔣永敬教授的評介。（載《中央研究院近代史研究所集刊》，第 12 期，頁 385－395，民國 72 年 6 月刊。）兩文均作精要提示與鄭重推介。足見同道學者十分重視。這兩篇書評，觀點很是中肯，於是使我更加看重吳氏著作。同時也引起我在前賢評介之外，再作一點補充的意圖。對於吳先生而言實是百川滙海，不擇細流。我願舉一兩處地方的補充，就正於學界。

其一，是關於吳著所解釋，孫逸仙與宋慶齡結婚誓約書上名字問題。載於 1771 至 1772 頁。吳氏介紹兩人結婚前後經過甚詳，篇幅佔四五頁之多，同時附列兩人結婚誓約書全文，極具參考價值。惟在 1771 頁，吳氏解釋誓約書上宋女士簽名為「宋慶琳」之事，有謂：

> 「慶齡」寫作「慶琳」，是因琳字容易寫，且沒有帶圖章，故無從鈐蓋。」（吳書：1771－1772 頁）

這種解說頗為粗率荒唐。顯然吳氏未作詳確考證，而誤信香港《文滙報》之記載。吳書註文，引 1981 年 5 月 26 日《文滙報》第

3版。當然幾家共黨報紙都一致作此解釋。吳氏輕信，引入己書，視為定論，其實則錯。

宋慶齡原名宋慶林並無錯誤，並非簽名時只求省筆。宋慶林之名自其幼年赴美留學之前即已使用。宋女士自光緒33年（1907）被南洋大臣兩江總督端方保送赴美，當時派遣候選道溫秉忠帶十一位男生與四位女生一同前往。在同年11月端方向朝廷的奏報，將他們行止去向以及各項費用交代甚為清楚詳盡，今願引括於次，以為參證：

> 臣蒞任兩江，札飭寧學司，就江南各學堂詳慎挑選。其蘇、皖、贛各學生，由各該學司及教育總會咨送投考，分科考試，評定錄取。據署江寧提學司陳伯陶詳請咨送前來。臣傳見諸生，考其學業，氣質均堪造就。遴委候選道溫秉忠護送赴美，趕於美國學校下半年開學之前，按期分送肄業。並分咨學部及駐美使臣梁誠各在案。該員溫秉忠帶領學生於中曆七月二十六日行抵美國，馳赴各校，謁商入學事宜。男學生胡敦復等十一名，已一律收入。計耶路大學四名，榦尼路大學七名。威爾士利大學以女學生胡彬夏、王季茝、曹芳芸三名，程度微有未合，令入附設預備學堂。俟試驗及格，再行升入。其宋慶林一名，另擇相當學堂升入。俟查此次派送留學美洲各學生，原因耶路各校贈有學額，而其程度能否贈給學額，尚須待各校校長察看功課方能定議。所有學費及宿膳各費，仍應一律照給。查學部定章，留學美洲大學，每人每月美金八十元，預備學堂比照大學專門減去五分之一，每人每月美金六十四元，此次派送男女學生共十五名，除內有旅寧浙江男學生曹雲祥一名，學費咨由浙江撫臣籌還不計外，共男學生十名，每年共需美金九千六百元，入預備學堂女學生四名，

每年共需美金三千七十二元。兩項併計美金一萬二千六百七十二元。札由寧蘇皖各藩司籌撥滙解，援案每人月給贍家銀十二兩，由該管學司給摺支領。所有治裝費以及川資旅費等項，先後札飭寧藩司發銀一萬五千兩，交由護送員溫秉忠核實支用造報。（《端忠敏公奏稿》，卷 10，頁 9－10）

端氏奏摺，為 1907 年當時實錄，宋女士之正名，自應以此為早。日後改用慶齡者，至少當為孫宋結婚以後之事。而宋女士實在光緒 34 年（1908）仍得進入威爾士利學校肄業。（參考宋晞著：《旅美論叢》，頁 55）

此外又有旁證。可知宋慶琳為其本有名字。其事可據宋氏大姊原名宋愛琳知之。民國 2 年（1913）孫逸仙先生與盧夫人在日本，因於 3 月 16 日盧夫人及宋愛琳所乘之汽車，誤撞電線桿，多人受傷，盧、宋二人亦受輕傷。適孫氏方在赴福岡途中，聞知頗為掛念。其事為同年 3 月 20 日及 21 日上海《民立報》報導云：「盧夫人及其女公子與宋耀如夫人及宋愛琳女士等，循東上路線，轉往東京，不意是日晚，盧夫人等所乘之汽車誤撞電線桿，車上人多受傷。幸而醫治迅速，得愈。」全文今收入《國父年譜》，頁 500－501。由此推測，宋愛琳應為宋藹齡較早之正名。並可推知民國 4 年之宋慶琳，其本人所簽字，應是完全正確，並非只求省筆起見。

至於帶送留美學生之溫秉忠其人，係廣東新寧人，為李鴻章派送幼童出洋留美就學之第二批。（1873 年到美）此時經端方奏保為出使人才。其生平概略，可見宋晞著：《旅美論叢》，頁 17。

其二，吳氏大著於香山鄭藻如、鄭觀應與孫逸仙之關係，以及孫氏上李鴻章書之經過原委，均敘述得詳盡明白。不過在其書 82 至 83 頁，所引〈農功〉一篇大段節錄文字，則直稱孫氏「他特撰農功一文提醒國人」云云，說得十分肯定。其實〈農功〉一文載於

鄭觀應：《盛世危言》，應為鄭氏之作而非孫氏之作。茲舉鄭書原篇以為本證：

> 今吾邑孫翠溪西醫，頗留心植物之理，曾於香山試種鶯粟，與印度所產之味無殊。猶恐植物新法未精，尚欲游學歐洲，講求新法，返國試辦。惟恐當道不能保護，反為之阻遏，是以躊躇未果。（《鄭觀應集》，頁737）

在此〈農功〉篇中，鄭氏所言孫翠溪其人，當指孫逸仙無疑，何以見之，可據孫氏上李鴻章書正文覭知：

> 近年以美洲逐客，檀島禁工，各口茶商，反多虧折。鄉間景況，大遜前時。覓食農民，尤為不易。文思所以廣其農利，欲去禾而樹桑，逐為考核地質，知其頗不宜於種桑，而甚宜於波革。近以憤於英人禁烟之議難成，遂勸農人栽鴉片。舊歲於農隙試之，其漿果與印度公土無異，每畝可獲利數十金。現已群相仿效，家家試栽。今冬農隙，所種必廣，此無礙於農田，而有補於漏卮，亦一時權宜之計也。他日盛行，必能盡奪印烟之利，蓋其氣味較公土為尤佳，迥非川滇各土之可比。去冬所產數斤，凡嗜阿芙蓉之癖者，爭相購吸，以此決其能奪印烟之利也必矣。印烟之利既奪，英人可不勉而自禁，英人既禁，我可不栽，此時而申禁吸之令，則百年大患，可崇朝而滅矣，勸種罌粟，實禁鴉片之權輿也。（《國父全集》，第3冊，頁10）

前文〈農功〉用詞語氣，應出鄭氏之口，而提論同邑孫氏之試種罌粟。若為孫氏所撰豈能如此自稱自己。後文正見孫氏自承試種

罌粟之經過及立心宗旨。孫氏自稱用「文」，語氣甚為清楚。惟此問題，可視作鄭孫思想關係密切，彼此必多溝通。〈農功〉一篇當為鄭氏所作，而孫氏農業改良思想以此為重要淵源。近年李金強先生撰：〈孫逸仙博士之早期思想—農業改良言論探討〉，亦重視〈農功〉一文，但謂係鄭氏修改孫作而收入本集。然李氏於註文中詳引戴季陶、吳相湘之論斷外，又據范振乾著：〈鄭觀應的改革理論〉（台大碩士論文），肯定范氏解釋，〈農功〉一文應為鄭氏所作。李金強之論文，收入香港珠海書院：《孫逸仙博士與香港國際學術會議論文集》，頁280－292。

總之，吳氏大著，問世之後，廣泛受到重視與稱譽。我個人也十分欽佩。不敢冒然評論，只是稍作補充解析，盡同道關懷尊重之意。希望能引起其他學者再多注意與討論。近代史同道之熱烈反應，以及出版家遠東公司之獲獎，適足以安慰吳氏的辛勞並獎譽其學術貢獻。但願此書能夠暢銷。

民國 73 年元月 16 日寫於香港中文大學

史地傳記類　AC0018

思想創造時代：孫中山與中華民國

作　　者 / 王爾敏
主　　編 / 蔡登山
責任編輯 / 鄭伊庭
圖文排版 / 鄭佳雯
封面設計 / 蕭玉蘋、王嵩賀

發 行 人 / 宋政坤
法律顧問 / 毛國樑　律師
印製出版 / 秀威資訊科技股份有限公司
　　　　　114 台北市內湖區瑞光路 76 巷 65 號 1 樓
　　　　　電話：+886-2-2796-3638　傳真：+886-2-2796-1377
　　　　　http://www.showwe.com.tw
劃撥帳號 / 19563868　戶名：秀威資訊科技股份有限公司
　　　　　讀者服務信箱：service@showwe.com.tw
展售門市 / 國家書店（松江門市）
　　　　　104 台北市中山區松江路 209 號 1 樓
　　　　　電話：+886-2-2518-0207　傳真：+886-2-2518-0778
網路訂購 / 秀威網路書店：http://www.bodbooks.com.tw
　　　　　國家網路書店：http://www.govbooks.com.tw
圖書經銷 / 紅螞蟻圖書有限公司
　　　　　114 台北市內湖區舊宗路二段 121 巷 28、32 號 4 樓
　　　　　電話：+886-2-2795-3656　傳真：+886-2-2795-4100

2011 年 4 月 BOD 一版
定價：400 元

國家圖書館出版品預行編目

思想創造時代：孫中山與中華民國/王爾敏著.-- 一版. --
　臺北市：秀威資訊科技, 2011.04
　　面；　公分. -- (史地傳記類；AC0018)
　BOD 版
　ISBN 978-986-221-707-8(平裝)

1. 孫中山思想　2. 文集

005.18　　　　　　　　　　　　　　　　100002880

讀者回函卡

感謝您購買本書，為提升服務品質，請填妥以下資料，將讀者回函卡直接寄回或傳真本公司，收到您的寶貴意見後，我們會收藏記錄及檢討，謝謝！

如您需要了解本公司最新出版書目、購書優惠或企劃活動，歡迎您上網查詢或下載相關資料：http:// www.showwe.com.tw

您購買的書名：_____

出生日期：_____年_____月_____日

學歷：□高中 (含) 以下　　□大專　　□研究所 (含) 以上

職業：□製造業　□金融業　□資訊業　□軍警　□傳播業　□自由業
　　　□服務業　□公務員　□教職　　□學生　□家管　□其它_____

購書地點：□網路書店　□實體書店　□書展　□郵購　□贈閱　□其他

您從何得知本書的消息？

　□網路書店　□實體書店　□網路搜尋　□電子報　□書訊　□雜誌
　□傳播媒體　□親友推薦　□網站推薦　□部落格　□其他_____

您對本書的評價：（請填代號　1.非常滿意　2.滿意　3.尚可　4.再改進）

　封面設計____　版面編排____　內容____　文／譯筆____　價格____

讀完書後您覺得：

　□很有收穫　□有收穫　□收穫不多　□沒收穫

對我們的建議：_____

_____

_____

_____

11466
台北市內湖區瑞光路 76 巷 65 號 1 樓

秀威資訊科技股份有限公司　　　收

BOD 數位出版事業部

‥‥‥‥‥‥‥‥‥‥‥‥‥‥‥‥‥‥‥‥‥‥‥‥‥‥‥‥‥‥‥‥‥‥

（請沿線對折寄回，謝謝！）

姓　　名：_____　年齡：_____　性別：□女　□男

郵遞區號：□□□□□

地　　址：_____

聯絡電話：(日) _____　(夜) _____

E-mail：_____